No.15

中国汽车产业发展报告
（2022）

ANNUAL REPORT ON AUTOMOTIVE INDUSTRY IN CHINA
（2022）

2022

图书在版编目（CIP）数据

中国汽车产业发展报告. 2022 / 国务院发展研究中心产业经济研究部, 中国汽车工程学会, 大众汽车集团（中国）主编. — 北京：中国发展出版社, 2023.9

ISBN 978-7-5177-1385-2

Ⅰ. ①中… Ⅱ. ①国… ②中… ③大… Ⅲ. ①汽车工业—经济发展—研究报告—中国—2022 Ⅳ. ①F426.471

中国国家版本馆CIP数据核字（2023）第164137号

书　　名：中国汽车产业发展报告（2022）
主　　编：国务院发展研究中心产业经济研究部　中国汽车工程学会
　　　　　大众汽车集团（中国）
责 任 编 辑：郭心蕊　梁婧怡
出 版 发 行：中国发展出版社
联 系 地 址：北京经济技术开发区荣华中路22号亦城财富中心1号楼8层（100176）
标 准 书 号：ISBN 978-7-5177-1385-2
经 销 者：各地新华书店
印 刷 者：北京华联印刷有限公司
开　　本：710mm×1000mm　1/16
印　　张：22.5
字　　数：300千字
版　　次：2023年9月第1版
印　　次：2023年9月第1次印刷
定　　价：128.00元

联 系 电 话：（010）68360970　68990535
购 书 热 线：（010）68990682　68990686
网 络 订 购：http://zgfzcbs.tmall.com
网 购 电 话：（010）88333349　68990639
本 社 网 址：http://www.develpress.com
电 子 邮 件：174912863@qq.com

编委会

序

　　全球汽车产业正面临百年一遇的大变局。在数字化转型和绿色化转型的强力推动下，全球汽车产业正在全面迎来电动化、智能网联化新时代。新能源汽车正在以远超预期的速度进入市场，对以传统汽车为主的市场产生强烈冲击，将引发全球汽车产业格局的大洗牌。

　　我国在新能源汽车引领的产业大变局中抢得了先发优势。近十年来，我国面对汽车电动化、智能化转型机遇，确立新能源汽车发展战略，完善管理制度和标准体系，着力推动技术创新、产品创新、市场创新，发展成效显著。我国新能源汽车产销量连续 8 年位居全球第一，2022 年汽车出口突破 300 万辆，成为新能源汽车最大出口国，我国新能源汽车品牌在国际舞台崭露头角。

　　汽车产业大变局为我国加快从汽车大国成为汽车强国提供了历史性机遇。在传统汽车时代，我国作为后发追赶者，充分发挥国内大市场的优势，发展成为世界最大的汽车生产国、消费国，但是，就技术、质量、服务、品牌等方面而言，我国汽车产业与国际先进水平尚有差距。新能源汽车的崛起，令我国前所未有地具备了先发优势。如果将这一先发优势维护好、发挥好，我国完全有可能在电动化、智能化汽车新时代发展成为世界汽车强国。

　　建设汽车强国，目标宏伟，任务艰巨，需要我们把握机遇，发挥优势，不懈努力。

一是要坚持战略引领。要把建设汽车强国作为汽车产业发展的明确目标。要前瞻性研究新能源汽车发展的趋势、格局，制定符合产业发展规律的战略。发展新能源汽车的国际竞争十分激烈，美国颁布的《通胀削减法案》对新能源汽车制定了一系列产业政策，我国建设汽车强国必须同时发挥好政府与市场"两只手"的作用。

二是要坚持创新驱动。新能源汽车正处于技术创新活跃期，各国企业抢占技术制高点面临同样的机遇和挑战。我国企业必须继续在电池、电机、电控技术上加强研发，除了提升现有电池的技术性能，还要密切关注和跟踪氢能源汽车等新技术。要正视我国在汽车芯片和车用操作系统等领域的不足，据 IC Insights 数据，2021 年我国汽车芯片自给率只有 5%，国产汽车操作系统市场份额小，内核大多建立在 Linux、QNX 操作系统上，生态很不健全，必须加强技术攻关和国产化应用。汽车智能网联化尚处于研发测试阶段，我国已建成 17 个国家级智能网联汽车测试示范区、4 个国家级车联网先导区。下一阶段要继续做好技术创新、监管创新、应用示范推广、法规政策优化等工作，力争在智能网联领域走在前列。

三是要坚持开放发展。汽车产业是一个高度国际化的产业，我国必须用全球视野来谋划汽车强国的建设。我国要不断提高开放水平，形成内外资企业平等竞争、分工合作的多元化汽车产业体系。受益于新能源汽车的发展，我国汽车出口快速增长，实现了从汽车净进口国向汽车净出口国的华丽转身。2021 年我国汽车出口量为 201.5 万辆，同比增长 1 倍，2022 年达到 311.1 万辆，同比增长 54.4%，未来汽车扩大出口仍有较大潜力。但要看到，与传统消费品相比，汽车作为高价值的耐用消费品，在售后服务、金融支持、品牌维护等很多方面都有更多要求，需要大力提升我国汽车企业的国际化布局和海外经营能力。出口汽车不能一哄而上、打一枪换一个地方，要稳扎稳打，深耕厚植。政府和行业组织要加强对企业的引导协调，避免恶性竞争。要对汽车大规模出口可能引发的贸易摩擦早做预案。新能源汽车未来还可能面临进口国关于电池强制回收、碳足迹报告、碳边境措施等绿色化要求，需要未雨绸缪。到一定阶段，我国汽车企业不可避免地将赴境外主要市场投资，以本地化生产来开拓境外市场。因此，提升我国汽车企业国际化经营能力十分迫切，有关部门要善加引导，既要加强管理，也要加强服务，鼓励金融机构、航运企业等更好服务汽车产业"走出去"。

四是要坚持安全发展。要统筹国内国际两个大局、统筹发展与安全两件大事，确保汽车全产业链安全稳定运行。要加强国际资源合作，保证锂、钴、镍等关键矿产品供给安全。要推动关键核心技术、零部件供应链的多元化、本地化，加快关键技术、材料攻关研发，实现国产化替代。打造产业链长板，增强防范产业链恶意"卡脖子"行为的能力。密切跟踪研判主要国家新能源汽车政策，加强在关税、标准、产品认证认可等方面的国际协调，维护汽车贸易与投资自由化、便利化的国际环境。

如果把汽车产业的全球竞争比作一场马拉松长跑比赛，我国新能源汽车在起跑阶段处于第一方阵，这是一个难得的优势，要十分珍惜。但也不能盲目乐观，而是要以"行百里者半九十"的心态，不懈怠、不松劲，善始善终，才能稳步迈向汽车强国的目标。

《中国汽车产业发展报告（2022）》以"推动汽车电动化、智能化、国际化发展　加快建设汽车强国"为主题，对建设汽车强国进行了系统研究，提出了一系列重要判断和建议。希望这一连续出版了15年的成果，能够继续为相关政府和企事业部门提供决策参考，为我国汽车产业高质量发展作出贡献。

本书是集体智慧的结晶。国务院发展研究中心的王金照、石耀东、李燕、宋紫峰、周毅、路倩、任师攀、李晓锋，中国汽车工程学会的张进华、侯福深、赵立金、郑亚莉、孙宁、赵森、雷韧、曲婧瑶、孙旭东、胡进永、刘倩军、李晓龙、任毅龙、冀浩杰、韩苗苗、李羽晏、林艳、李嘉琳、陈敏，大众汽车（中国）投资有限公司的刘云峰、苏巴鸿、孙忱、曲文闯、倪康，中国汽车技术研究中心的黄永和、朱一方、张宪国等为本书撰写付出了辛勤努力，北京交通大学李沐阳做了很多基础性工作，中国发展出版社王忠宏、梁仰椿等为本书出版做了大量工作。在此，对所有为本书作出贡献的同志表示衷心感谢。

国务院发展研究中心党组成员、副主任、研究员

2023 年 7 月

摘要

"中国汽车产业发展报告"是关于中国汽车产业发展的研究性年度报告,2008 年首次出版,本书为第 15 册。本书是众多行业专家、企业高层顾问共同撰写的全面论述中国汽车产业发展的权威性著作。2022 年度报告的主题是"推动汽车电动化、智能化、国际化发展 加快建设汽车强国",主要内容包括总报告、主题研究、产业综述三大部分。

新时代以来的十年,我国汽车产业规模持续引领全球,产业链供应链体系建设越发完善,关键技术水平持续大幅提升,特别是在新能源汽车领域形成了产业、技术、市场发展优势,培育了一批具备国际影响力的自主新能源汽车企业,产品竞争力显著提升,具备了大规模走出国门、出口海外的能力和条件,亟须抢抓汽车产业电动化深入、智能化演进、国际化发展历史性机遇,进一步强化技术创新、优化政策环境、扩大开放合作,加快建设汽车强国。

本年度报告主题研究共分为五部分。第一部分以"继续筑牢电动汽车长板"为主题,全面总结了我国新能源汽车产业取得的重大成就,客观分析了我国新能源汽车产业当前面临的国际竞争新形势和新挑战,聚焦动力电池、智能底盘、可再生能源融合、全面市场化四个领域,提出今后发展的关键任务和行动举措。第二部分以"跑赢下半场,坚持智能网联道路"为主题,深刻剖析了发展智能网联汽车的重要性和必要性,科学研判了全球智能网联汽车发展的环境变化与技术趋势,系统提出了我国智能网联汽车的未来发展路径,并围绕构建智能网联汽车产业化发展政策和法规体系提出相关建议。第三部分以"补齐操作系统和车规级芯片短板"为主题,基于对当前我国车用操作系统和汽车芯片面临的机遇、挑战及现存问题的系统梳理，研究提出推动操作系统和汽车芯片高水平发展的思路与政策建议。第四部分以"中国与世界"为主题，梳理汽车产业全球化变迁过程和当前发展现状，比较分析日、韩等后起汽车大国的发展模式与经验，研究我国在汽车全球化大格局中的位置，明确我国汽车"走出去"的战略方向，提出推动产业国际化发展的政策建议。第五部分以"加快完善面向汽车强国的行业管理体制"为主题，针对我国汽车产业政策体系发展现状和存在问题进行了深入剖析，面向新机遇、新挑战下的汽车产业高质量发展目标，围绕优化产业组织结构、推动生产管理法治化、完善智能网联汽车发展与监管顶层设计等方面提出了相关政策建议。

综观全书，《中国汽车产业发展报告（2022）》通过对全球汽车产业发展新形势下我国汽车产业发展优势和短板领域的系统梳理和全面分析，明晰了我国汽车产业面向新时期产业高质量发展和汽车强国建设目标的发展道路，对汽车产业主管部门制定产业政策、行业企业谋划发展战略、研究机构深化产业研究具有重要的参考价值和借鉴意义。

Abstract

The "ANNUAL REPORT ON AUTOMOTIVE INDUSTRY IN CHINA" is an annual research report on the development of China's automotive industry. It was first published in 2008, and this book is the 15th issue. This book is an authoritative work on the overall development of China's automotive industry, written by many industry experts and senior consultants of enterprises. The theme of the 2022 annual report is "Accelerating the Construction of an Automobile Powerhouse by Promoting the Electrification, Intelligentization and Internationalization of Automobiles". It consists of three main parts: the general report, thematic research, and development overview.

In the past decade of the new era, China's automobile industry has continuously led the global market in terms of scale. The construction of the industrial and supply chain system has become increasingly sophisticated, while the level of key technologies has witnessed a substantial and continuous improvement. Particularly, in the field of new energy vehicles, we have established advantages in terms of industrial development, technological advancements, and market expansion. We have nurtured a group of domestically influential independent new energy automobile enterprises, resulting in a remarkable enhancement of product competitiveness. We have now obtained the capability and conditions to engage in large-scale international trade and exportation. It is imperative to seize the historic opportunities presented by the deepening electrification, intelligent evolution, and internationalization of the automotive industry. We must further strengthen technological innovation, optimize the policy environment, enhance open collaboration, and expedite the construction of an automotive powerhouse.

The thematic research of this year's report is divided into five parts. The first part, "Continuing to Strengthen the Advantages of Electric Vehicles", comprehensively summarizes the significant achievements of China's new energy vehicle industry, objectively analyzes the new international competitive situation and challenges faced by the industry, and focuses on four areas: power batteries, intelligent chassis, integration of renewable energy, and comprehensive marketization. It puts forward key tasks and action measures for future development. The second part, titled "Winning the Second Half by Persisting in Intelligent Connected Road", profoundly analyzes the importance and necessity of developing intelligent connected vehicles, scientifically assesses the environmental changes and technological trends in the global development of intelligent connected vehicles, systematically plans the future development path of China's intelligent connected vehicle industry, and proposes relevant suggestions for establishing policies and regulations for the industrial development of intelligent connected vehicles. The third part, themed "Addressing the Shortcomings of Operating Systems and Vehicle-Grade Chips", based on a systematic analysis of the current opportunities, challenges and existing problems facing China's automotive operating systems and chips, studies and proposes ideas and policy recommendations to promote the high-level development of operating systems and automotive chips. The fourth part, titled "China and the World", examines the process of globalization in the automotive industry and the current development status, compares and analyzes the development models and experiences of latecomer automotive powers such as Japan and South Korea, studies China's position in the global automotive landscape, clarifies the strategic direction for China's automotive "going global", and proposes policy recommendations to promote the internationalization of the industry. The fifth part, focused on "Accelerating the Improvement of Industry Management System for an Automobile Powerhouse", conducts in-depth analysis of the current development status and problems of China's automotive industry policy system, aims at the high-quality development goals of the industry under new opportunities and challenges, and puts forward relevant policy suggestions regarding optimizing industrial organizational structure, promoting legal systematization of production management, and improving the top-level design of intelligent connected vehicle development and regulation.

Throughout the entire book, the "ANNUAL REPORT ON AUTOMOTIVE INDUSTRY IN CHINA (2022)" provides a comprehensive analysis of the global automotive industry's new situation and systematically examines the advantages and shortcomings of China's automobile industry. It clarifies the development path for China's automobile industry to achieve high quality development in the new era and the goal of becoming an automobile powerhouse. The report holds significant reference value and serves as a source of inspiration for the formulation of industry policies by the automotive industry regulatory authorities, strategic planning by industry enterprises, and in-depth research conducted by research institutions.

目录

III　产业综述

Ⅳ 附录

Contents

I General Report

II Thematic Research
Towards an Automotive Powerhouse

III Industrial Overview

IV Appendix

I

总报告

第一章
推动汽车电动化、智能化、国际化发展，加快建设汽车强国

王金照　宋紫峰　李燕　周毅[1]

新时代以来的 10 年，我国汽车产业逐步建立起完整的产业体系，形成了巨大的产销规模，技术水平逐步提高，在新能源汽车领域具有先发优势，打造了能在国际舞台崭露头角的汽车品牌，成为具有世界影响力的汽车大国和汽车消费市场，具备了大规模走出国门的能力。在汽车电动化、智能网联化大时代全面到来之际，建议以汽车电动化、智能化、国际化为抓手，稳定消费支持政策，提升供给保障能力，促进技术创新，完善体制机制，扩大开放与国际合作，加快建设汽车强国。

一　我国汽车电动化、智能化、国际化发展较快，汽车强国建设初见成效

十多年来，我国先后开展"三纵三横"技术创新，实施"十城千

---

1 王金照，国务院发展研究中心产业经济研究部部长、研究员。
宋紫峰，国务院发展研究中心社会和文化发展研究部副部长、研究员。
李燕，国务院发展研究中心产业经济研究部副部长、研究员。
周毅，国务院发展研究中心产业经济研究部研究室副主任。

2

辆"示范推广，确立以电动化、智能化为主要特征的新能源汽车发展战略，完善管理制度和标准体系，新能源汽车产业发展成效显著，具有先发优势。

（一）以电动化为主的新能源汽车产业是新中国成立以来少数走在全球前列的战略性产业

我国新能源汽车市场规模领先全球。2022 年我国新能源汽车销量达到 688.7 万辆，占国内汽车新车总销量的 25.6%，销量连续 8 年位居世界第一，占全球市场的比重由 2021 年的 53% 攀升至 2022 年的 63.6%。全国新能源汽车保有量至 2022 年年底达 1310 万辆，占全球保有量的一半以上，占我国汽车总保有量的 4.1%。

我国已掌握电池、电机和电控的核心技术。量产动力电池单体能量密度达到 300 瓦时 / 千克，处于国际领先水平，较十年前成本下降 80%。电机峰值功率密度超过 4.8 千瓦 / 千克，最高转速达到 1.6 万转 / 分钟，DHT 混合动力系统装车规模实现倍增。第三代半导体电机控制器实现多车企量产应用。新能源汽车的零部件质优价廉，比如特斯拉在华设厂投资后，供应链成本每年下降 10% 以上。

整机和零部件领域都涌现出一批龙头企业。比亚迪集团、上汽集团、吉利控股集团 3 家企业进入全球新能源汽车销量前 10 强；哪吒、理想、小鹏等新势力品牌进入全球新能源汽车销量前 20 强。全球前十大动力电池企业中我国占六席，合计市场份额达 60%，其中宁德时代市场份额达 37%，是全球最大的动力电池供应商。

国际竞争力很强。我国庞大的新能源汽车产销规模优势和完备的上下游产业链体系降低了造车成本。比亚迪汽车的国内生产成本加上运费以及 30% 关税，出口至美国的总费用仍比在当地生产便宜，特斯拉汽车在我国的生产成本比国外低20%～40%。2022年，我国新能源汽车出口67.9万辆，同比增长1.2倍，是全球新能源汽车出口最多的国家。部分自主品牌企业已经登陆传统汽车强国市场，如比亚迪新能源乘用车已进入日本、德国等，销售遍布全球40多个国家和地区。

（二）智能网联进入技术快速发展、生态加快构建的新应用阶段

第一，已形成较为完善的技术链。激光雷达、人工智能芯片、智能座舱、C-V2X、北斗导航等关键技术自主研发均取得突破。从企业产品看，华为在智能驾驶、智能座舱、网联通信等业务领域与国际领先水平保持一致，百度、阿里等企业也加快在智能座舱、高精度地图、自动驾驶算法、云服务等方面的布局。

第二，市场化应用驶入快车道。一是大量具有网联功能的L1、L2级汽车快速涌入市场，通过蜂窝网络、无线网络、蓝牙等方式进行交互，2022年L2级乘用车新车渗透率达到34.5%。二是具备L3、L4级自动驾驶功能的汽车开启大规模商业化应用，上汽、广汽、长城、蔚来等陆续发布配备了激光雷达、高清摄像头及高算力芯片的车型产品。

第三，智能网联汽车示范区及新型基础设施建设规模处于领先地位。我国智能网联汽车应用示范工作取得积极成效，已经授牌17家国家级智能网联汽车示范区、4个国家级智能网联示范先导区、16个智慧城市基础设施与智能网联汽车试点城市。新型基础设施方面，已建成5G基站222万个，全球占比超过60%，完成3500多千米道路智能化升级改造。

第四，政策法规标准体系逐步建立。我国先后制定了《汽车驾驶自动化分类》《汽车软件升级通用技术要求》等国家标准，已完成第一阶段智能网联汽车标准体系的建设，报批发布相关标准39项，初步建立了能够

支撑驾驶辅助、低级别自动驾驶的智能网联汽车标准体系。同时积极参与国际标准制修订，由我国牵头和参与制定的国际标准法规有 19 项。

（三）我国汽车企业"走出去"步伐加快

"走出去"是我国汽车产业发展的重大战略，经过多年积累，我国车企"走出去"的内容和形式也在不断丰富，由整车出口向散件出口再向本地投资建厂迈进。

从出口看，当前我国汽车出口出现了快速增长的势头。2021 年，我国汽车出口 201.5 万辆，同比增长 1 倍。2022 年，由于海外供给不足和我国车企出口竞争力的大幅增强，汽车出口突破 300 万辆，达到 311.1 万辆，同比增长 54.4%，有效拉动行业整体增长。根据我们测算，未来汽车出口潜力仍然很大。

整车企业持续推进海外本地化发展并继续扩大当地投资。近年来，中国品牌车企加大海外市场布局力度，加快在重点市场投资建厂步伐，提高本地化生产水平。据不完全统计，截至 2021 年年底，31 家主要中国品牌车企在海外建立 67 个工厂，产能约为 176 万辆。例如，2021 年 5 月，上汽集团巴基斯坦 KD 工厂正式投产；7 月，一汽集团缅甸 KD 工厂投产。

汽车零部件企业加快在海外投资布局。我国汽车零部件加速融入全球产业体系，纷纷扩大海外投资布局，通过海外并购、投资建厂等多种方式进一步提升技术创新与产品供给能力。例如，北京海纳川收购汽车天窗供应商英纳法，南京奥特佳收购空调国际集团，赛轮轮胎在柬埔寨投资的轮胎项目已实现投产与销售。

二 我国汽车电动化、智能化、国际化发展潜力和重大意义

汽车电动化、智能化、国际化发展具有较强潜力，能显著拉动经济增长、保障能源安全和促进碳减排，是我国由汽车大国迈向汽车强国的必由之路。

（一）以电动化和智能化为主要特征的新能源汽车消费和出口有望持续增长

随着电动化、智能网联化技术日益成熟，新能源汽车的功能更加丰富，性价比不断提升，国内对新能源汽车的需求将会持续增加。从全球来看，2025 年和 2030 年新能源汽车产销规模预计将达到 2100 万辆和 4800 万辆。多家机构的研究显示，2025 年国内新能源汽车消费有望达到 1100 万辆，2030 年将达到 2000 万辆，国内市场占有率分别为 38% 和 65%。在国内消费快速增长的同时，还能实现大规模出口，2025 年和 2030 年出口有望达到 130 万辆和 350 万辆。

（二）汽车电动化、智能化、国际化发展能有效拉动经济增长、保障能源安全和促进碳减排

有效拉动消费和经济增长，促进经济高质量发展。按照新能源汽车价格 15 万元 / 辆的标准估算，2025 年和 2030 年新能源汽车将形成约 1.8 万亿元和 3.5 万亿元的销售规模，净增 GDP 约 4400 亿元和 7400 亿元。另外，新能源汽车是低碳化、智能化两大战略发展方向交叉融合的重要载体，其大规模发展会极大带动我国低碳、数字经济领域的技术创新和产业发展，有利于抢占未来发展的制高点。

大幅减少对进口石油的依赖，保障国家能源安全和构建新发展格局。

新能源汽车以家用为主，年行驶里程约为 1 万～1.5 万千米。2030 年，我国新能源汽车保有量有望达到 1.2 亿辆。常规情境下，耗电量将达到 1380 亿～1540 亿千瓦时，可替代的汽油为 4300 万～4800 万吨；极限情境下，通过拼车或转为运营车辆等方式可解决大量的出行需求，能够大幅降低交通用油，对保障国家石油安全极具战略意义。

具有很好的减排效应。2025 年和 2030 年，新能源汽车可直接减排二氧化碳约 3680 万吨和 1.1 亿吨。此外，新能源汽车也是一个可移动的储能装置，若实现有序充放电，可以帮助电网"削峰平谷"，有效应对光伏和风力发电大规模发展带来的波动性，保障电网稳定运行，促进可再生能源大规模发展和碳减排。

三　电动化、智能化、国际化推进过程中还存在一些问题

我国新能源汽车有较好的发展基础并初具领先优势，但要想持续保持领先优势，成为全球生产、消费和创新中心，还要做好电动化持续发展、智能化升级、国际化开拓三方面工作。目前来看，还存在一些问题。

（一）电动化持续发展方面有难度，还需政策持续助力

锂、钴、镍等电池材料对外依存度过高。我国锂、钴、镍资源总量不足，对外依存度分别为 79%、97%、92%。我国已在海外布局，例如，智利、阿根廷、澳大利亚和津巴布韦等的锂矿，刚果（金）和巴布亚新几内亚等的钴矿，印尼和俄罗斯等的镍矿，均有我国企业参与。目前资源供应能够得到保障，但未来国内消费量会大幅增加，加上国际资源民族主义情绪上升，地缘政治紧张，未来供应存在风险。

在市场拓展、技术创新和生产管理上还存在一些重要的制约因素。市场拓展上，新能源汽车价格总体偏高，财税支持政策逐步退出，加上充电桩缺口较大，消费制约持续扩张，自主品牌车企中除比亚迪已跨过规模效应门槛实现盈利外，其他企业均未盈利。技术创新上，下一代电池技术储备相比日、韩明显不足，存在先发优势被超越的风险。生产管理上，企业普遍反映投资准入和企业准入管理限制较多，影响企业活力释放。

（二）智能化总体进展顺利，但在关键技术创新、应用示范推广、法规政策等方面还存在不足

汽车芯片和车用操作系统国产化率偏低。每辆燃油车含芯片 300～500 个，电动汽车芯片超过 1000 个，智能汽车特别是高等级自动驾驶汽车芯片超过 3000 个。据 IC Insights 数据，2021 年我国汽车芯片自给率只有5%。智能化涉及的高端大算力芯片、部分通信芯片需 7 纳米及以下先进制程工艺，我国还不具备制造能力。另外，国产汽车操作系统市场份额小，且内核大多建立在 Linux、QNX 上，生态很不健全。

智能网联汽车应用推广还有待突破，完全的智能和自动化还有漫长道路要走。当前智能网联汽车以低速、封闭或限定区域应用场景为主，主要涉及停车场自主泊车、港口运输、矿山运输、微循环巴士、环卫清扫、末端配送等，而行驶速度较高、行驶环境复杂的场景大部分仍处于测试阶段。此外，我国相关法律法规尚未针对自动驾驶汽车做出调整，《中华人民共和国道路交通安全法》《中华人民共和国公路法》《中华人民共和国保险法》等都不涉及自动驾驶方面的内容。有企业反映，智能网联汽车是新兴事物，而传统监管方式亟待创新。

（三）国际化开拓方面还需尽快破题

我国车企国际化刚刚起步。与其他国家的跨国车企相比，我国车企国际化布局和海外经营能力仍有较大差距，2021 年欧洲十大新能源汽车消费品牌除特斯拉外，其余均为欧洲本土品牌。企业布局海外市场缺乏统筹协调，扎堆现象严重，无法实现规模经济，售后服务体系也跟不上。此外，电动化的充电标准、智能网联化的信息安全管理标准，还需加快与国际标准对接，进入国际市场还存在壁垒。

国际竞争日趋激烈。奔驰、宝马、大众等跨国车企正在加速新能源汽车的技术研发和产业化进程，推出全系列新能源车型。跨国车企具有强大的研发、制造、渠道能力和较高的品牌价值，我国新能源汽车虽然低成本优势将长期保持，但技术和产品优势恐将在未来 2 ～ 3 年后被拉平。同时，各国政府也开始重视新能源汽车发展，美国出台《通胀削减法案》排斥我国新能源汽车进入其市场，土耳其对我国新能源汽车加征 40% 关税，不排除未来欧美联手对我国围堵打压。

四 加快建设汽车强国的思路与举措

中国汽车产业的全面崛起，将是世界汽车产业发展史在 21 世纪最重要、最令世人瞩目的篇章。加快建设汽车强国，要坚定不移推动汽车电动化、智能化、国际化发展，坚持系统观念和问题导向，在消费、供给、开放发展和体制机制等方面下功夫，把我国打造成全球汽车尤其是新能源汽车的生产、消费和技术创新中心。

（一）稳定支持政策，充分释放国内消费潜力

购置补贴退出后，仍要以其他方式支持新能源汽车消费。市场的持续扩大对车企达到规模经济、保持领先地位极为关键，目前已免征新能源汽车购置税至 2025 年，以巩固并保持我国新能源汽车产业的竞争优势。新能源汽车购置税恢复征收时，可考虑将购置税款列入个人所得税抵扣项目。继续深挖市场结构性潜力，加速向三线以下城市及农村市场下沉。建议增加限购城市购车指标，逐步取消限制性政策。

促进新能源商用车推广应用，加速商用车电动化。在城市物流配送时间、限行区域等方面向电动物流车倾斜，促进城市物流用车电动化，鼓励支持新能源重型商用车在矿区、机场、港口、厂区、景区、园区等特殊场景的推广应用。发展车电分离和换电模式，缩短重卡补能时长，提升用户消费积极性。借鉴乘用车领域实施双积分的成功经验，研究出台商用车领域的双积分政策。

支持智能汽车场景建设，全面推动智能网联汽车大规模消费。一是以封闭、限定区域典型应用场景为突破口，率先推动智能网联汽车商业化发展。形成"业主＋工程承包/管理公司＋自动驾驶解决方案企业＋整车企业"的商业化发展新模式。以切实解决末端交通需求为切入点，以"高峰区间＋平峰网约"创新运营模式构建微循环巴士移动出行服务。加快推动无人配送、无人环卫、无人安防巡逻等场景的功能型无人车商业模式成熟发展。二是以城市道路、高速公路典型场景的大规模应用示范为落脚点，持续推动智能网联汽车产业化进程。加快自动驾驶公交车应用示范，加强搭载 L1、L2 级辅助驾驶功能自动驾驶公交应用推广。加强推动辅助驾驶功能 L2 级脱手与 Robotaxi 的典型场景的应用示范，逐步扩大功能应用范围。以 L2 级高速干线物流规模化应用为重要牵引，逐步推动高级别自动驾驶技术落地发展。

（二）优化供给结构，提升供给保障能力

加强对海外锂、钴、镍等矿产品的控制，保障资源供应。锂、钴、镍主要分布在与我国外交关系相对友好的国家，应加强与资源国开展实质性深入合作，积极推动获取海外优质矿产，保护我国企业的海外权益。此外，在保障可持续发展的前提下加大国内锂、钴、镍资源勘探开发力度，开设锂、钴、镍开采证办理的绿色通道，加快建设战略性关键矿产储备制度和电池回收利用体系，支持国内期货和现货市场发展。

加快车用芯片和操作系统"卡脖子"技术攻关和国产化应用，提升产业链稳定性和竞争力。电动化涉及的控制类芯片、功率芯片等，我国有设计制造和封装能力，建议由行业主管部门出面，将芯片设计、制造企业与汽车企业等上下游企业有效组织起来联合攻关，通过建立推荐产品目录、首批量产品保险和财政补贴等措施，给具备条件的国产芯片以装车验证机会，通过使用来实现技术迭代升级，争取在未来 2 ～ 3 年实现国产化率的大幅提升。智能化涉及的高算力自动驾驶芯片、高端通信芯片等，我国短期之内不具备 7 纳米及以下制程工艺制造能力，要充分利用在 14 纳米制程工艺的制造能力，通过 3D 封装、系统优化等手段提升此类芯片综合性能，为新能源汽车智能化发展提供兜底保障。对于芯片设计、制造、封装、EDA 设计工具和车用操作系统底层技术的短板环节，建议设立车规级芯片和车用操作系统科技研发专项，加强技术攻关，加大对国内开源社区建设支持力度，并促进国产芯片与国产操作系统的适配，形成自主产业生态。

加强固态电池和智能底盘前沿技术攻关，以应对未来技术的快速演进。将固态电池和智能底盘列入科技重点研发计划并给予持续高强度支持。可由电池龙头企业和整车龙头企业牵头，联合科研院所、上下游企业参加的创新联合体承担攻关任务，加快聚合物、硫化物和氧化物等多种固态电池技术研发，加快现有液态锂离子电池体系向全固态电池体系过渡，突破智

能底盘线控技术及底盘与电池深度集成技术。通过分场景、分阶段实施，加快搭载固态电池、智能底盘汽车的示范运营，以商业化应用带动技术研发良性循环。

加大充电桩、配套电网、智能网联基础设施建设力度，支撑新能源汽车大规模发展。鼓励新建小区私人停车位基本实现 1∶1 配建充电桩，鼓励老旧小区建设共享充电桩；科学规划公共充电桩选址，提高充电便利性。做好电网规划与布局，加大配电网建设力度。完善峰谷电价与分时电价政策，引导有序充放电。加强国家和行业智能网联基础设施标准的驱动和引领作用，在交通信控等设备、通信协议标准的制定过程中加强统筹；推动与智能辅助驾驶公交、乘用车 L2 级脱手等相适应的交通诱导和交通信控设施建设，推进城市级交通基础数据平台建设。

（三）扩大开放、合作共赢，打造全球新能源汽车生产、消费和技术创新中心

进一步扩大开放。扩大对他国开放能促进他国对我国开放，要通过扩大开放为"走出去"营造良好的外部环境。在投资准入等领域做到与国内企业一视同仁，避免舆论过度宣传自主可控而使跨国车企对我国的政策方向产生疑虑。在政府采购、产业规划、标准制定、国家创新计划等领域，除涉及国家安全外，提高跨国车企的参与感和获得感。

支持新能源汽车"走出去"。"走出去"是汽车产业高质量发展的重要体现，是建设汽车强国的必由之路。坚持出口与投资并重，优先向欧洲、东南亚、南美等市场发展，登陆日本、德国等汽车强国市场要把握好节奏，尽可能减少贸易摩擦。要加强海运物流保障，支持国内航运公司发展与大规模汽车出口相匹配的滚装船运输能力。引导车企战略性地开发重点市场，可撮合车企建立汽车"走出去"协调机制，每个市场以 2～3 家车企为主经营，以实现规模经济，精耕细作。通过贸易协定谈判或其他多边、双边机制建设，

将汽车产品列入重点降税产品清单，实质性推动印度（汽车关税为到岸价的125%）、越南（汽车关税为到岸价的50%）等高汽车关税国家降低关税。鼓励中资金融机构"走出去"，完善汽车"走出去"财税金融支持政策。

加强国际协调与合作。加强与欧盟在碳足迹计算、产品质量认证认可方面的国际协调，加快汽车产品碳足迹管理体系建设。研究加入联合国世界车辆法规协调论坛制定实施的《关于采用统一条件批准机动车辆装备和部件并相互承认此批准的协定书》（简称《1958年协定书》）的可行性和路线图时间表，减少进入国际市场的认证壁垒。加强与美欧新能源汽车标准的合作，主导形成于我有利的统一标准，探索在充电、汽车信息安全等领域与国际标准互联互通。积极探索国际业务合作，提速海外市场纵深发展，在智能网联等我国优势领域为全球用户提供解决方案，积极搭建国际科技合作平台，制订联合技术攻关计划，实现关键技术创新突破，推动国际合作的程度、层次、领域、形式不断升级。密切跟踪研判美国新能源汽车补贴政策、土耳其对我加征关税等的影响，倡导共同维护WTO规则，创造自由公平的贸易环境。

（四）完善体制机制，激发企业创新活力

优化汽车产业投资管理。适度增加优质产能，重点支持优质企业合理的投资需求，做大龙头企业，对于一些看得准的优质新建项目也要给予准入。完善代工产品准入管理制度，明确代工生产的产品质量和产品一致性责任归属，优化准入门槛，在保证安全有序生产前提下鼓励代工生产，以有效利用现有产能。鼓励头部车企兼并重组闲置产能，地方政府协助处理涉及的资债纠纷、职工安置和其他历史遗留问题，降低电动化转型成本。规范地方投资和招商引资行为，不得领投造车企业，对造成重大损失的予以通报问责。

完善对企业和产品的管理。推动整合相关法律法规涉及汽车行业、车辆产品相关规定，明确相关部门职能边界和协作机制，减少职权交叉和重

复管理，可考虑适度整合《道路机动车辆生产企业及产品》、汽车CCC认证、环保信息公开、营运车辆达标管理中的同类事项。尽快完善车辆管理法律法规体系，加强事中事后监管的执法能力建设，加大对违法违规行为的处罚力度，确保相关法规得到有效实施。

加强跨部门统筹协调，必要时设立由国务院牵头的"建设汽车强国领导小组工作机制"。工作机制的主要任务是协调重大政策研究和实施：一是推进实施智能网联发展战略，在协调跨部门、央地协同联动的重大事项上，明确汽车管理的主负责部门、配合部门；二是协调制定智能网联汽车发展重点领域规划和政策，解决汽车产业主管部门难以解决的法律、标准、规则关系平衡的重大机制问题；三是统筹推动重大工程和试点示范，指导汽车芯片攻关、基础设施布局、生产力布局、汽车海外发展等重大联合机制落实。

构建敏捷监管的智能网联政策体系。一是推动产品准入管理创新，强化事中、事后监管。加快标准法规创新，驱动L3级及以上智能网联汽车产品准入管理。拓展智能网联汽车的内涵和外延，统筹将多种车辆的智能网联新业态、新模式纳入汽车监管。将智能网联汽车从事后召回延伸至事中监管，创新沙盒模式的市场监管机制。二是做好交通法规制度的修订，推进自动驾驶车辆保险创新。制定人类驾驶员与"自动驾驶系统"类别规则，明确自动驾驶系统在法律层面的地位，为厘清交通事故责任主体以及自动驾驶系统上路的合法性做好前瞻性的立法铺垫。明确L3级及以上级别智能网联汽车交通事故责任划分规则，加快保险制度创新。三是坚守安全底线，加强智能网联汽车信息安全监管。强化智能网联汽车数据从产生、存储、使用、管理到销毁的全生命周期管理。健全传感数据、通信数据包、地理信息、个人隐私等数据的分类分级管理，对智能网联汽车数据衍生的安全威胁等开展全业态下的安全知识图谱建设。组织专业安全机构、汽车厂商、服务商建立漏洞和威胁信息的发现、验证、上报、处置联动机制，加强对车辆及通信、云端的威胁监测和防护。

II

主题研究
迈向汽车强国

第二章
继续筑牢电动汽车长板

赵立金　曲婧瑶　赵森　孙旭东　胡进永[1]

发展新能源汽车是实现汽车产业绿色低碳转型的重要举措，是助力"双碳"目标达成的重要途径，也是我国从汽车大国迈向汽车强国的必由之路。作为国民经济的支柱性产业，汽车的全面电动化将对国家经济与社会产生诸多重要且深远的影响。"十三五"以来我国加大力度推动汽车产业电动化转型发展，已取得了有目共睹的成绩。不管是逐渐走在世界前列的新能源汽车技术，还是逐步形成领先规模的销售市场和充电设施网络，都反映出我国汽车电动化转型发展战略已取得阶段性成果，并在世界范围内处于引领地位。电动汽车产业的长板优势为我国加快汽车强国建设提供了坚实基础。面对全球汽车电动化转型的产业发展新格局，仍需进一步巩固和提升我国电动汽车产业的优势地位，加快实现迈向汽车强国的重大国家战略目标。

1　赵立金，中国汽车工程学会秘书长助理、国际汽车工程科技创新战略研究院副院长。
　　曲婧瑶，中国汽车工程学会国际汽车工程科技创新战略研究院汽车电动化中心研究员。
　　赵森，中国汽车工程学会国际汽车工程科技创新战略研究院汽车电动化中心研究员。
　　孙旭东，中国汽车工程学会国际汽车工程科技创新战略研究院汽车电动化中心研究员。
　　胡进永，中国汽车工程学会国际汽车工程科技创新战略研究院汽车电动化中心研究员。

一、坚持以高质量发展引领电动化转型，加快建设汽车强国

（一）电动汽车产业长板优势形成，成就我国的全球引领地位

在汽车强国战略的引领下，我国汽车产业总体上在技术创新、产品质量、工业和信息化融合、基础技术强化、绿色发展等方面均取得了重要成就，特别是电动汽车在我国汽车强国战略中的关键地位得到持续巩固，在全球新能源汽车产业中的引领作用持续加强。

1. 我国坚定践行纯电驱动战略，构建产业转型的重要基础

我国较早地认识到经济社会发展全面绿色转型的重要意义，以及汽车产业电动化转型的全新发展机遇，一直以来坚定不移、稳步有序地推动我国汽车产业电动化转型升级。从 2001 年启动"863 计划"电动汽车重大科技专项至今，国家相继出台了《节能与新能源汽车产业发展规划（2012—2020 年）》《新能源汽车产业发展规划（2021—2035 年）》等一系列有效推动产业长期稳定发展的政策。这些政策确立了"以纯电驱动"为我国汽车工业转型的主要战略取向，并从实施科技专项研发和技术创新工程、加快试点示范与推广应用、推动基础设施建设、完善产业管理制度、建设标准体系等多个层面，系统推进我国新能源汽车产业发展。

通过一系列产业支持政策的有效实施，为我国在整车产品技术持续进步、产业链不断完善以及消费者推广应用等方面营造了良好的产业发展环境，并取得了诸多发展成效。总体来看，核心技术实现持续突破，关键技术性能指标处于国际先进水平；产品技术水平与竞争力稳步提升，正逐步获得国内外市场的认可；产业链基本完备，已初步具备保障产业安全的能

力；基础设施不断完善，运营及服务模式多样化发展，消费者购买与使用意愿大幅提升；行业节能减排效益显著，为促进"双碳"目标达成做出了重要贡献。

2. 我国电动汽车市场规模全球领先，自主车企竞争优势提升

由我国引领的全球新能源汽车市场，在整体汽车市场下行、零部件供应短缺以及国际形势复杂多变等不利环境下，抵御了来自需求侧和供给侧的双重压力，保持了连续的正向增长。2022 年，全球范围内新能源新车销量首次突破 1000 万辆，市场渗透率达到 14%。我国新能源汽车的生产和销售自 2014 年起始终居于全球首位，2022 年，国内销量继续保持了同比 93.45% 的高增长，达到 688.7 万辆，其中乘用车 654.8 万辆，市场渗透率达到 27.6%，新能源汽车保有量达到 1310 万辆，位居全球第一（见图 2-1）。在消费补贴政策大幅退坡的背景下，国内市场增速依然强劲，充分表明我国新能源汽车市场正逐步迈进政策与市场双驱动的全新发展阶段。

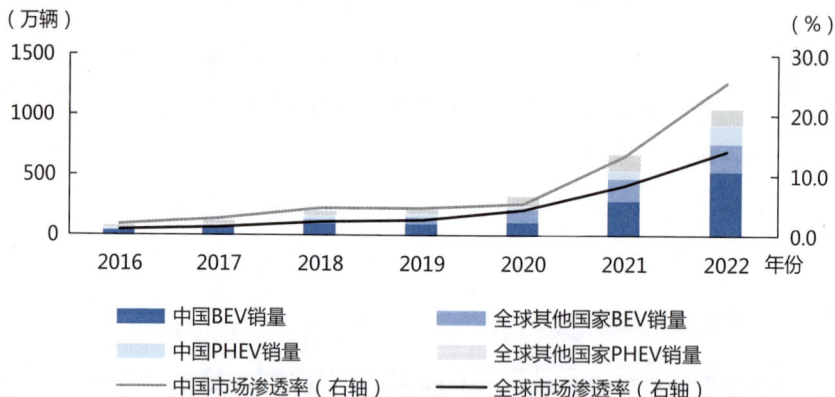

图 2-1　2016—2022 年中国与全球新能源汽车销量及市场渗透率（含乘用车和商用车）

注：BEV 即纯电动汽车，PHEV 即插电式混合动力汽车。
数据来源：EV-Volumes，中国汽车工业协会。

从市场格局上看，全球主要车企近年来均实现了新能源汽车销售的增长。得益于蓬勃发展的国内市场，我国已培育形成了多家具有较大规模体量的国产新能源汽车品牌，并在全球新能源汽车市场份额中占据了重要地位。其中，比亚迪的市场份额已跃升至全球新能源车企销量排行的首位，并成为全球最大的插电式混合动力汽车生产企业。在全球销量排名前十位的车企中，我国国产品牌已占据半数席位。我国国产品牌新能源乘用车在国内市场的销量占比已超过80%（见图2-2）。

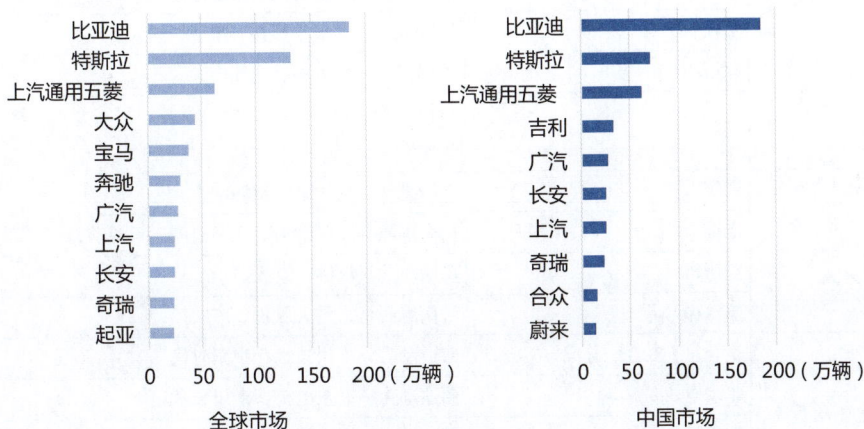

图 2-2　2022 年新能源汽车销量排名前十位的企业及其销量

数据来源：Clean Technica，中国汽车工业协会。

3. 我国培育形成完备产业链体系，核心环节具备国际竞争力

我国新能源汽车产业已在关键环节形成了较为完备的上下游产业链体系。在电池单体、正负极材料、电解液及隔膜、驱动电机、电机控制器及减速器，高压配电系统，热管理系统等关键环节，国内已培育形成多家具有国际竞争力和全球市场份额的本土供应链企业。产业链具备了一定的关键技术储备能力和充足的产能供应保障能力，并实现了国内产业链上下游的良好配套关系。以汽车整车、电池、电驱动总成制造企业为龙头，为之

配套的上下游企业、研发及测试服务机构等构成的产业链体系已初步形成（见表2-1）。

表 2-1　国内新能源汽车产业链重点企业

环节	产品	产业链重点企业
动力电池	电池单体	宁德时代、比亚迪、中创新航、国轩高科、蜂巢能源、亿纬锂能、欣旺达
	正极材料	宁波容百、天津巴莫、北京当升、湖南长远锂科、贵州振华新能源、深圳德方纳米、厦门夏钨新能源、巴斯夫杉杉、湖南裕能新能源
	负极材料	贝特瑞、璞泰来、杉杉、凯金、尚太、星城
	电解液	天赐材料、新宙邦、江苏国泰
	隔膜	恩捷股份、星源材质、中材科技、河北金力、沧州明珠
氢燃料电池	系统	上海重塑、亿华通、新源动力
	电堆	广东国鸿、潍柴动力、江苏清能、新源动力
	空压机	广顺、武汉汉钟、雪人股份
	氢气循环泵	济南思明特、雪人股份、广顺
电驱动系统	三合一/多合一总成	弗迪动力、汇川技术、中车时代
	驱动电机	弗迪动力、方正电机、汇川技术
	电机控制器	弗迪动力、汇川技术、阳光电动力
	减速器	弗迪动力、五菱工业、青山变速器、建安工业
配电系统	OBC/DCDC及集成产品	弗迪动力、威迈斯、台达电子
热管理系统	压缩机	华域三电、南京奥特佳
	空调及两器（蒸发器、冷凝器）	重庆超力、南京协众、豫新
	阀件	三花智控、盾安

资料来源：中国汽车工程学会梳理。

产业链关键环节已形成全球竞争优势，占据市场重要地位。我国锂电企业产品出货量在全球市场的占有率达到70%以上。2022年，全球动力电池装机量排名[1]领先的3家企业分别是宁德时代、LG新能源和比亚迪。

[1] *Global Top10 Battery Makers' Sales Performance in 2022*，SNE Research。

其中，宁德时代的领先优势继续扩大，比亚迪上升至第 3 位，国内电池企业有 6 家跻身前 10 位，合计市场占有率已达到全球的 60%。宁德时代、比亚迪、远景动力、蜂巢能源等企业已配套国外车企，实现了直接或间接对外出口配套。在电池原材料环节，我国负极材料的国际市场占有率已处于领先水平，出货量占全球总出货量的 70% 以上；电解液市场集中度不断提高，部分国内企业已进入国际主流电池企业供应链体系。在电驱动产品方面，弗迪动力、蔚来驱动科技、汇川技术等国内企业的装机量已占据国内大部分市场份额，精进电动等企业还实现了对国外车企的出口配套（见表 2-2）。

表 2-2　2022 年全球排名前 10 位电池企业销售额及出货量情况

排名	电池企业	销售额（百万美元）	销售额占比（%）	出货量（吉瓦时）	出货量占比（%）
1	宁德时代	34557	27.50	270	39.10
2	LG 新能源	15391	12.31	103	14.90
3	比亚迪	120086	9.60	84	12.20
4	松下	7478	6.00	36	5.20
5	SK On	5821	4.60	44	6.40
6	三星 SDI	4477	3.60	49	7.10
7	中创新航	3549	2.80	17	2.50
8	国轩高科	3115	2.50	24	3.50
9	欣旺达	1368	1.10	9	1.30
10	蜂巢能源	1092	0.90	8	1.20

数据来源：SNE Research。

4. 我国电动化核心技术创新迭代，多领域产品国际领先

纯电动技术方面，我国车企在纯电动专属平台集成技术上已处于全球前列。比亚迪、吉利、广汽、长城、长安等国内车企均已成功研发纯电动专属平台（见图 2-3），部分企业已完成了多轮平台技术迭代，主要产品性能得到大幅提升，在中国轻型汽车行驶工况（CLTC 工况）下，续驶里

程普遍达到 400 ~ 600km，行业平均电耗低至 12.5kWh/100km 左右。全新专用平台技术具备的优势特征包括：动力总成集成化、模块化，可实现灵活配置；高端车型开始搭载 800V 高压平台，满足大功率快充需求；动力电池布置空间最大化，实现不同动力与续驶里程配置；搭载线控底盘系统，支持高级别智能驾驶功能；采用一体化集成热管理系统，提升电动汽车环境适应性。

图 2-3　比亚迪 e3.0 纯电专属平台

混合动力技术方面，我国插电式混合动力技术总体已处于国际领先水平。随着我国汽车产业在发动机、变速器等传统技术领域的不断积累提升，以及在电驱动和动力电池领域的快速发展，我国在插电式混合动力技术领域实现了新的突破和引领。2021 年至今，国内主流车企陆续推出了各自的新一代混合动力技术，其中混合动力专用发动机最高热效率均超过 41%，部分企业已超过 43%，混动变速器也实现了多挡多模 DHT 总成的量产应用，部分企业研发应用了全球首创的架构方案。

动力电池技术方面，我国动力电池关键技术已居于全球"领跑"位置。在关键材料方面，正负极材料克容量已实现全球领先，磷酸铁锂克容量达 150 ~ 165mAh/g，三元材料克容量达 195 ~ 220mAh/g，硅碳负极达 700mAh/g。在电池单体及系统集成方面，磷酸铁锂单体电池比能量达 210Wh/kg，三元电池比能量达 300Wh/kg，系统体积集成率可达 75%。在电池制造方面，我国动力电池制造设备的精度和制程能力指数（Process Capability Index，Cpk）有较大提升，同时生产线的自动化程度明显提高，逐步从半自动化向组合自动化、一体机化发展。在梯次及再生利用方面，我国已形成较完善的梯次利用技术及商业模式，并通过湿法回收实现电池金属材料回收率达到 95% 以上。

电驱动技术方面，我国电驱动系统关键技术指标已与国外水平相当。驱动电机最高转速提升至 18000rpm，峰值效率达到 97.5% 以上；基于硅基绝缘栅双极晶体管（IGBT）和碳化硅功率器件的电机控制器，峰值效率分别达到 98.3% ～ 98.5% 和 99.0% ～ 99.5%。三合一电驱动总成已成为乘用车主流应用方式，采用碳化硅功率器件和扁线电机的总成最高效率达到 93.5% ～ 95.0%，CLTC 工况下综合效率达到 88.2% ～ 90.0%，高电压平台下功率密度达到 2.2 ～ 2.7kW/kg。商用车电驱动总成已形成直驱电机、单电机 + 多挡变速器、多电机 + 减速器并联等多种构型方式，直驱电机功率密度达到 0.6 ～ 0.8kW/kg，高速电机功率密度达到 1.5 ～ 1.6kW/kg，动力总成最高效率达到 93.0% ～ 94.0%。

氢燃料电池汽车技术方面，我国燃料电池汽车技术，尤其是在商用车领域的应用已处在国际前列。商用车整车产品的续航里程（500km）、燃料经济性（6 ～ 7kg/100km）等性能指标已超过国外水平。国内企业的燃料电池技术，在额定功率（180kW）、最高效率（63%）、质量比功率（713W/kg）等指标方面已与国外水平相当，并已实现 -35℃ 的电池堆低温无辅助冷启动性能，达到全球领先水平。在制氢、储氢、运输等氢能基础设施环节，我国也在加快发展，正逐步接近国外水平。

5. 我国新能源汽车加快国际化发展，多措并举实现"走出去"

新能源汽车出口量位居全球第一。在我国产业规划制定国际化发展目标以及国外大力扶持推进产业转型的大背景下，海外新兴经济体与主力成熟市场对新能源汽车的潜力需求持续增长。同时，在我国车企持续推出新能源智能网联汽车产品和不断发展创新商业模式的加持作用下，2021

年，我国新能源汽车出口 54.6 万辆，同比增长约 1.5 倍，占到总出口量的 25.8%，成为全球新能源汽车第一大出口国。2022 年，我国新能源汽车出口量达 104.6 万辆，同比增长近 1 倍，出口占比进一步提升至 31.5%（见图 2-4）。

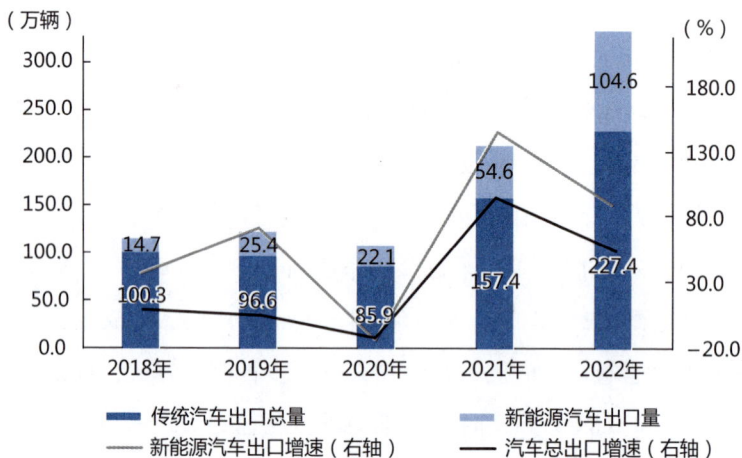

图 2-4　2018—2022 年中国电动汽车出口量与同比增速（含非插电式混合动力汽车）

数据来源：海关总署。

　　欧洲市场中国新能源汽车产品销量持续增长，自主品牌国际竞争力快速提升。目前我国已有上汽、比亚迪、吉利、东风、红旗、蔚来、小鹏等十余家国内车企实现了对欧洲市场的整车出口销售，主要覆盖英国、挪威、荷兰、丹麦、比利时等国家，上市车型数量达到数十款，部分车型销量已过万台（见表 2-3）。目前国内主流新能源车企超过七成已计划在未来 3～5 年重点布局德国、法国等欧洲主力汽车市场，更有超过半数的车企计划进入北美洲市场（见图 2-5）。

表 2-3　我国新能源车企主要出口国家和车型

车企	主要出口国家	主要车型
上汽通用五菱	印度尼西亚、日本	五菱宏光 MINIEV、五菱 AirEV、五菱 GSEV

续表

车企	主要出口国家	主要车型
上汽	澳大利亚、新西兰、沙特、卡塔尔、智利、德国、法国、英国、意大利、西班牙、挪威、瑞典、丹麦、荷兰、比利时、卢森堡、以色列、奥地利	MG ZS、MG HS、MARVEL R、MG MULAN、MG eHS、MG5 EV、MG EP、Euniq 5、Euniq 6、Maxus V80、Maxus eDeliver 3、Maxus eDeliver 9
小鹏	挪威、瑞典、丹麦、荷兰	G3、G3i、P5、P7
蔚来	挪威、德国、荷兰、丹麦、瑞典	ES8、ET7、EL7、ET5
哪吒	泰国、尼泊尔、以色列、缅甸、老挝	哪吒 V、哪吒 U
长城	泰国、巴西、文莱、老挝、缅甸、德国	欧拉好猫、哈弗 H6、魏牌摩卡
吉利	挪威、以色列、哥斯达黎加、菲律宾、智利、白俄罗斯、马来西亚、新加坡、沙特、卡塔尔、科威特	几何 A、几何 C、E200、eTX、领克 01、Atlas Pro
比亚迪	日本、泰国、印度、荷兰、英国、法国、德国、澳大利亚	唐 EV、汉 EV、Atto3、宋 PLUS DM-i、海豹、海豚
红旗	阿联酋、挪威、韩国、日本	E-HS9、H9
东风小康	法国、泰国	SERES 3
东风岚图	挪威	FREE

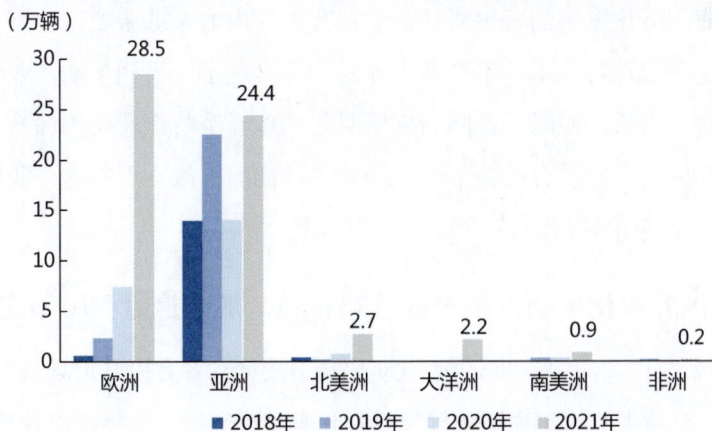

（万辆）

图 2-5　2018—2021 年我国新能源汽车在各大洲的出口量趋势

数据来源：海关总署。

中国新能源车企海外建厂、销售，输出中国经验及运营模式。目前我国已有上汽、吉利、奇瑞、长安、长城等车企在海外建厂，主要有泰国、印度尼西亚、巴基斯坦、马来西亚、俄罗斯、巴西等。长城在俄罗斯、泰国、巴西建立了全工艺的整车制造工厂，相较于大部分企业采用的 KD（Knock Down）[1] 工厂组装生产模式，进一步提高了自身对海外工厂经营的参与度，推动了国内车企在海外的本土化产品研发、市场推广及品牌建设。2022 年 9 月，长城泰国工厂实现了第一万台新能源汽车产品下线。此外，多家国内新势力企业陆续登陆海外市场，将直营商超店、服务快修站、整车订阅、车电分离等国内创新的新零售模式和新服务模式同步输出到海外市场。

（二）全球加速推进市场化，我国新能源汽车产业发展面临新形势、新问题

"双碳"背景下，全球汽车产业电动化转型发展趋势逐步统一。经过多年的产业深耕，我国新能源汽车已进入全面市场化拓展期，我国汽车产业首次获得了全球竞争与合作的战略先机，迎来了依托电动化转型加速我国汽车产业国际化发展的历史机遇。包括我国在内的全球主要汽车强国近年来均已进一步针对技术、市场及产业链环节实施了一系列推动产业和市场发展的有力举措。同时，伴随后疫情时代全球经济与产业结构和布局的深度调整，以及产业融合趋势下多领域跨界赋能的广阔发展空间，我国新能源汽车产业将面临新形势、新机遇与新问题。

1. 国外强化电动汽车产业战略布局，加紧追赶我国领先地位

美国、日本、欧盟加码产业电动化转型政策，着力提升市场推广力度。近年来，全球主要汽车大国积极通过强化电动化转型、加严排放管控法规、实施消费补贴激励、完善基础设施建设等手段持续大力推进汽车产业电动

1　指从国外进口汽车总成，在国内进行组装。

化转型。欧盟在绿色经济复苏计划以及 2050 年率先实现碳中和目标的引领下，碳排放法规愈加严苛。在 2021 年提出的"Fit for 55"一揽子计划中，更高要求的汽车二氧化碳排放标准和 2035 年"禁售燃油车"等相关立法提案相继达成协议通过。美国拜登政府重新明确了电动化发展方向，以到 2026 年将乘用车的行业平均油耗较 2021 年降低至少 30% 为目标，对在特朗普政府时期放宽的燃油经济性监管标准和惩罚力度进行了大幅加强。美国先后通过了《基础设施投资和就业法案》和《通胀削减法案》两项与新能源汽车密切相关的立法，一方面将投资 75 亿美元在美国建立一个全国性的电动汽车充电网络；另一方面取消了汽车企业 20 万辆的补贴数量上限，同时新增二手车购置补贴，并将在未来十年持续提供长期的财政补贴支持。日本一方面继续支持氢燃料技术路线；另一方面开始加大对纯电动与插电式混合动力汽车的推广应用力度，补贴额度较先前分别提高约 1.1 倍和 1.8 倍，同时加大了对 V2H（Vehicle to Home）系统推广及充电基础设施建设的支持力度。

欧美提高国际贸易壁垒，吸引产业链关键环节向本土转移。碳中和目标引发的国际贸易低碳化趋势持续加深，欧洲正在率先树立起新的碳壁垒。由"指令"升级为"法规"的《欧盟电池与废电池法规》经表决通过，新电池法规通过制定电池产品在碳足迹和回收利用等方面的约束条件，凭借低碳能源优势，吸引更多电池产能在欧洲布局，从而使欧盟摆脱对进口电池的依赖，有效弥补了欧盟在产品成本上的劣势，将助力欧盟争夺全球电池产业主导权。此外，同期达成协议的碳边境调节机制（CBAM）在后续的修正案中提出要进一步扩大碳税的征收范围，如在未来将电池纳入 CBAM，进一步加强这一系列以"碳"为切入点的单边措施的影响力。美国采取了具有贸易保护主义色彩的政策手段。《通胀削减法案》要求：享受补贴的整车产品，其电池关键原材料价值量要大比例来自美国或与美国签订自由贸易协定的国家；电池部件制造或组装的价值量到 2029 年要

100% 来自北美。此外，自 2024 年起，如果电池组件或关键原材料中包含来自"外国敏感实体"的产品，将无法申领税收抵免，而美国政府对"外国敏感实体"拥有自由裁定权。该法案在短期内不会对我国新能源汽车产业造成直接影响，但仍可能会在未来一段时间内一定程度上影响我国动力电池产业积累的先发优势。

欧洲、美国、日本、韩国加强技术创新投入，提升动力电池产业全球竞争力。欧洲发布的《Battery 2030+》是地平线计划重点支持的以碳中和为目标的电池发展计划，通过六大项目研究安全、低成本、可持续、寿命长的超高性能电池，开发新的电池化学物质，在整个价值链中为欧洲电池行业提供新工具和突破性技术，并通过数字化领域的新工具来加速电池的发展，使欧洲在新能源领域保持长期领先地位（见图 2-6）。欧洲电池联盟（EBA）已汇集 750 多个利益相关方，主要任务是技术创新以及新技术的产业化，目标是到 2030 年实现 40% 的关键原材料和 90% 的电池产品在欧盟内采购。美国发布的《美国国家锂电池蓝图 2021—2030 年》（以下简称《蓝图》）旨在在国内建立一个锂电池材料及技术安全可控的完整供应链，具备锂电池材料加工能力，以及正负极材料、电芯、电池组的生产能力。《蓝图》设定关键材料获取、替代品研发、产业激励、回收利用、人员培训 5 项目标（见图 2-7）。日本最新的《蓄电池产业战略》明确提出以加强液态锂电池投资、提升全球产业竞争力、占领新一代电池市场为基本思路，并将通过扩大国内基础设施一揽子政策、构建全球联盟和全球标准、确保上游产业安全、开发下一代电池技术等举措，加快恢复其在电池产业中的地位。韩国近年来先后发布了"2030 二次电池产业发展战略"和"充电电池产业革新战略"。通过公私合作，支持大规模电池研发；培育韩国本土电池生态体系，稳定电池供应链；扩大公共 / 私人消费市场，刺激中小企业和初创企业的研发，确保韩国电池产业生态系统以及全球份额的稳定增长。

通过修改LIBs已有的最先进的材料并诱导自愈功能来定制LIBs材料，从而获得创新的、更高性能的、能够延长寿命的、安全可靠的锂离子电池

将电池价值链上的领先专家、能力和数据与人工智能（AI）、高性能计算（HPC）和自主合成机器人技术集成在一起，将导致电池创新5~10倍的急剧加速

开发自修复过程，以提高锂金属电池的寿命和能量密度，比目前锂离子电池的水平提高50%。将尹发新的自修复致热致液晶体解质和压电隔膜技术，在电解质设计中应用多尺度模型，并使用分析算法来监测枝晶生长

通过在单个电池上集成一系列机械、声学、热和先进阻抗传感器，在不对寿命/循环寿命产生任何实质性负面影响的情况下，对电池模块进行快速充电

开发一种用于锂离子电池的传感技术，实时测量电芯单元内部的温度、压力（如机械应变、气体析出）、电导率和阻抗（分别用于阴极和电解液）

对锂离子电池单元内的关键参数进行实时监测，以提供更高精度的充电、健康、功率、能量和安全(SoX)指标，从而提高电池安全性和质量、可靠性和寿命（QRL）

BAT4EVER
This project is funded by the European Union

BIG-MAP

HIDDEN

SPARTACUS

sens bat

INSTABAT

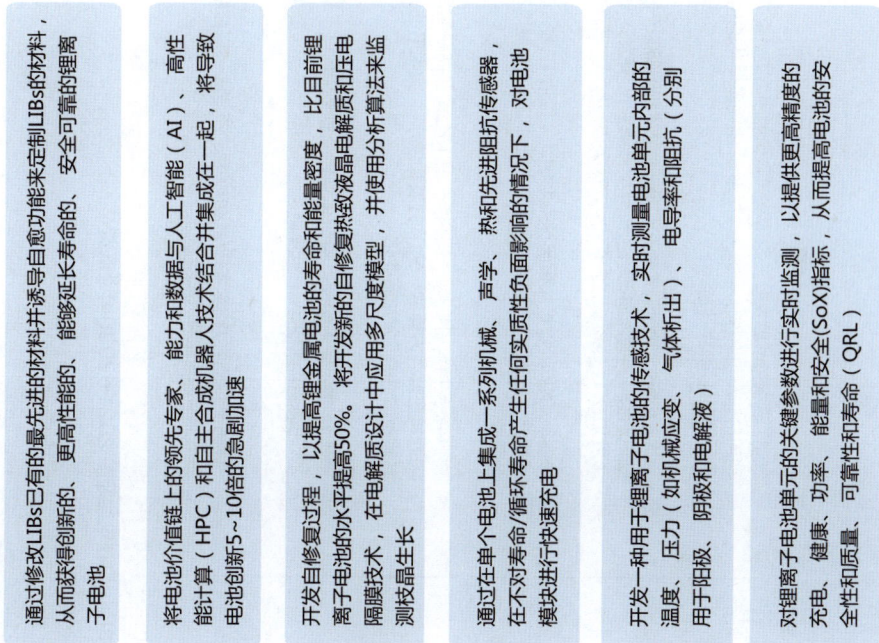

图 2-6　欧洲《Battery 2030+》计划概览

举措1：通过鼓励安全、公平和可持续的国内采矿企业的增长，利用与盟友和合作伙伴的合作关系，建立多样化的供应体系，确保锂电池原材料供应

举措2：通过扩大现有产能和利用现有技术创造新的产能，增加关键电池材料的国内加工和生产；实施研究、开发、演示和部署（RDD&D）计划，以发现和生产关键电池材料的替代品

举措3：实施能够扩大美国锂电池制造（包括电极、电池和电池组生产）的政策和支持，满足未来电力和电网存储以及安全应用的需求

举措4：支持科研机构、国家实验室和公司在商业和国防应用锂电池和电池材料方面的研究、开发和演示，实现未来电力和电网存储以及安全应用电池材料技术革命性的开发和商业化

举措5：通过贸易学校、社区学院和公立大学项目，培养训练有素的电池供应链员工，促进职业转型和公平准入

举措6：确定建立和实施公私伙伴关系的新方法，以鼓励私人投资，并确保与国家蓝图一致

目标1：确保安全获取原材料和精炼材料，并为商业和国防应用寻找关键矿产的替代品

目标2：支持能够满足国内电池制造需求的材料加工基础发展

目标3：激励美国电极、电池和封装制造业

目标4：实现回收再利用和关键材料大规模回收，并形成具有竞争力的完整价值链

目标5：大力支持科学研发、STEM教育和劳动力发展，保持和推进美国电池技术的领先地位

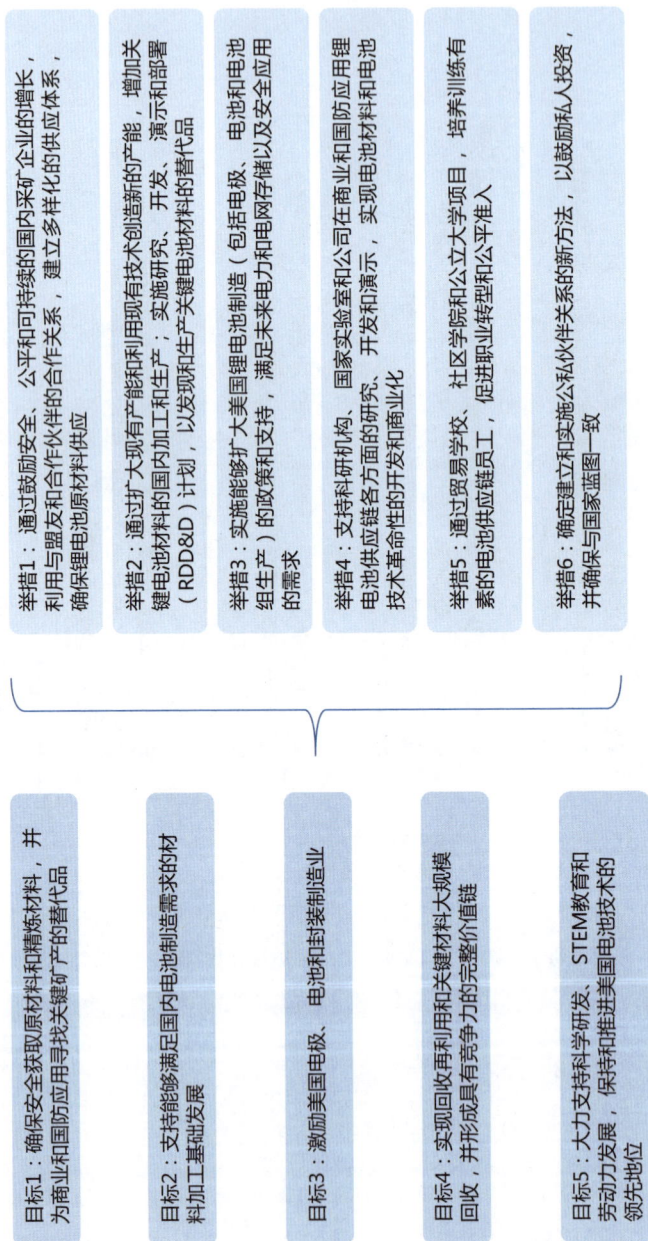

图2-7 《美国国家锂电池蓝图 2021—2030年》概览

　　国外企业战略转型提速，国内企业将面临激烈的国际竞争。面对全球汽车产业电动化转型的确定性和紧迫性，当前包括大众、宝马、通用、福特、Stellantis（斯特兰蒂斯）、雷诺—日产—三菱联盟、丰田等在内的主要车企均已开始加大力度推进自身转型，目标是到 2030 年前后，实现全球电动汽车销量占自身汽车总销量的 50% 以上，欧洲市场销售车辆则要接近 100% 实现电动化。大众汽车集团的目标是到 2025 年实现全球 BEV 市场的领导地位，为此，其在 PR70（第 70 个五年规划 2022—2026 年）的投资规划中，计划在研发与资本支出环节投入 890 亿欧元，保障到 2026 年具备 350 万辆纯电动汽车产能，以应对愈加激烈的国际电动汽车市场竞争（见图 2-8）。相较于大众以往的投资规划，其针对纯电动汽车和电气化的投资占比和金额均有大幅提高趋势。

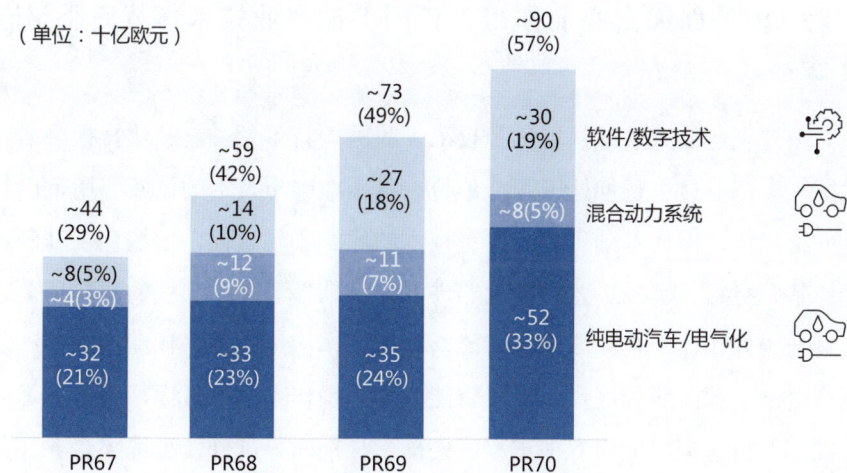

图 2-8　大众汽车集团 4 个五年规划对比

2. 国内激励政策逐步退坡，市场驱动全面电动化发展尚存难点

　　电动汽车尚未覆盖全应用场景需求，暂未形成全面替代优势。当前国

内市场已呈现出乘商结构、车型级别、地域推广等层面的发展不均衡。从单车视角审视新能源乘用车作为替代性产品的综合表现，其已能够在城市代步、共享出行等大部分使用场景中实现对传统能源汽车的替代，甚至为用户带来更优的使用体验。但在长途出行、极寒环境等特定场景下，较大的续驶里程衰减与较差的充电便利性，极大地影响了部分消费者的购买意愿。商用车由于品类多样、应用场景复杂，且以总拥有成本（TCO）为核心目标的用户需求相对单一，加之政策支持力度与市场化程度较弱，致使商用车尤其是中重型货车的转型路径尚不明确，基于当前的政策驱动力度，较难在短期内实现规模化应用。总体上，新能源汽车仍然在使用便利性、安全性、环境适应性、总拥有成本等方面未能形成相较传统能源汽车的完全替代优势，面向全面电动化目标仍然存在一定发展难点。

3. 内外部因素叠加作用，我国关键产业技术环节面临潜在风险

国外企业加大基础领域资源投入，我国的技术瓶颈与产业短板凸显。我国汽车产业过去长期处于跟跑地位，虽然在整车技术的创新应用上已具有一定优势，但在基础研究及关键技术的原始创新方面，依然存在基础理论、基础材料、基础工艺、基础器件及基础软件等多个领域的薄弱环节，并且与国外相比，在面向未来智能新能源汽车应用的下一代动力电池、氢燃料电池、智能线控底盘、人工智能、车用操作系统等方面，关键技术储备和产业化应用层面尚有一定程度的落后。同时，国外传统优势企业在关键技术与产业链环节正通过构建联盟制定行业规范、横向整合提高垄断地位等方式，进一步巩固其原有优势地位。我国汽车产业面对当前复杂的国际形势，在关键零部件、核心控制系统及软件、测试技术等方面仍面临较大的"卡脖子"风险。

（三）筑长板补短板，巩固和提升我国汽车电动化转型领先优势

全球的汽车电动化浪潮正在孕育新一轮的战略机遇，发展新能源汽车已成为我国从汽车大国迈向汽车强国的必由之路。同时，全球主要汽车强国正不断加大在新能源汽车相关领域的持续投入，并将我国作为赶超目标。面对国际竞争的新形势以及新挑战，我国需要抓住新能源汽车发展机遇不放松，继续加快电动化时代下的汽车强国建设。

2020 年发布的《新能源汽车产业发展规划（2021—2035 年）》已对我国汽车产业未来十五年的发展作出了全面且清晰的战略部署。如何在新阶段、新形势下以保障产业竞争力优势和促进产业可持续发展为目标，继续筑牢我国电动汽车长板，加快迈向汽车强国，需要我们进一步明确产业发展方向，以技术创新赋能高质量发展为核心，以实现关键产业链自主安全可控为保障，以场景应用驱动市场全面电动化为目标，以建立清洁完备的社会补能体系为支撑，提出更加聚焦的关键任务与举措。

1. 强化技术创新与资源保障，巩固动力电池引领优势

动力电池是关乎汽车电动化转型最重要的技术与产业链环节之一，其技术水平对提升用户全生命周期的使用体验发挥决定性作用，其产业优势对占据全球新能源汽车产业的主导地位起到重要支撑作用。电动汽车的全面市场化发展很大程度上依赖于动力电池的技术进步、稳定供应与成本优化，而现有技术在能量密度、充电速度、安全性能、资源供给、价格成本等方面仍未能实现对传统能源技术的完全替代。同时作为电动化时代汽车价值链中的核心环节，动力电池的上下游产业已成为各大汽车强国竞相争夺的重要领域。

为进一步巩固和提高我国动力电池在全球的竞争地位，需要多措并举

开展重点工作。通过建立协同创新联合体，开展下一代电池技术攻关，并着力推动和探索固态电池的示范运营和产业化。强化关键原材料市场监管机制，完善资源保障体系，加大国内外矿产资源的开发和投资力度，依托技术创新不断提升资源利用率，综合推动关键原材料实现稳价保供。加强法规制度与监管机制建设，加快动力电池回收市场化商业模式创新，促进废旧动力电池的综合利用。协同有序推进动力电池碳足迹研究与海外产能布局，助力国内企业应对碳壁垒、加快"走出去"。

2. 以智能底盘为抓手，培育新能源汽车产业全新优势

智能底盘是汽车电动化衔接智能化发展的重要载体，也是我国电动汽车产业推动产业升级、培育全新优势的重要抓手。伴随着汽车电动化转型，我国已在汽车动力系统方面实现了"换道超车"，但在底盘技术及产业链方面，底盘控制技术及关键零部件仍存在产业短板。智能底盘作为电动汽车和智能汽车两条赛道的交汇点，以及承载动力、底盘、智驾等多领域融合的重要平台，显露出多学科交叉融合及带动性和外溢效应极强的产业特点，易催生出原始技术创新，开启全新竞争赛道，已成为智能新能源汽车价值链中重要的创新增长点。

为顺应智能底盘发展趋势，需要抢抓新能源汽车产业新发展机遇。应重点加强攻关智能底盘在拓扑构型、一体化集成、协同控制方面的技术研发。发挥智能底盘平台技术对产业链的带动和支撑作用，夯实我国集中式电驱动总成发展，实现永磁、绝缘等关键材料以及高速轴承、半导体功率器件等核心零部件的完全自主可控；突破分布式驱动技术和产业化应用，助力高效率、低成本、轻量化的电驱动总成技术和车型产品快速迭代。加速推进包括线控制动、线控转向和电控悬架在内的线控执行机构的技术储备、产品预研、产业化应用和国产化替代，加快补齐智能底盘产业技术短板。推动国内产业在芯片、工具链、标准等关键环节上形成深度协同的技

术研发应用体系和整车—零部件合作伙伴关系，助力构建智能底盘产业新生态。

3. 实现车能融合应用，助力新能源汽车绿色低碳发展

与可再生能源融合是电动汽车在工业和能源变革时代下实现其重要使命的关键手段。新能源汽车全生命周期的碳减排潜力释放，极大程度上受到电力系统清洁化程度的制约，作为可再生能源重要的存储和消纳载体，实现电动汽车与电网的双向融合互动，可以减少伴随电动汽车数量增长对电网系统各环节带来的冲击，并在一定程度上弥补可再生能源发电的间歇性特征，提高可再生能源的入网和利用比例，从根本上促进能源方式的绿色转变，加快绿色能源消费替代进程，更好地实现发展电动汽车的初衷。

为推进新能源汽车与可再生能源融合发展，需要加快提升新能源汽车绿色低碳水平。要明确车能融合分阶段发展目标，制定车能融合规模化发展的指导性政策。依托有序充电试点项目，开展标准验证工作，强化试点对于标准转化的支撑作用，夯实智能有序充电大规模商用的技术和标准基础，打通交流桩与车辆之间的通信，并结合试点完善商业模式，加大政策保障力度，确保智能有序充电模式具备规模商用所需要的商业和政策支撑条件；联合电力、能源、充电、整车等行业，依托政府部门顶层设计，开展跨行业联合技术创新与商业模式探索，推动车网互动（V2G）产业协同，促进产业链上下游合作，加强 V2G 参与市场交易试点，构建车网互动市场体系，并加快车网互动标准体系建设，扩大 V2G 试点示范；总结光储充微电网试点项目经验，形成光储充一体化站点建设的标准化设计方案和通用方法，建设一批标准化设计站点，为试点提供实践支撑，并加大光储充站点参与电力批发市场、绿电交易和碳交易的试点力度，为光储充在绿电消纳中发挥更大作用奠定基础。

4. 加快全面市场化替代，持续促增电动汽车市场规模

市场规模是评价汽车电动化转型进程的关键指标，也是拉动产业持续推进全面电动化转型的必要条件。在全球经济下行的形势下，新能源汽车作为扩大国内需求、促进经济增长的重要支柱，受到消费端财税类补贴退出叠加市场强劲需求导致的上游供应紧张的不利影响，电动汽车的成本与价格预计仍会在一定时间内无法快速下降。当前消费者的购车观念更加趋于理性，总拥有成本的提高将阻碍市场渗透率的持续快速增长，加之存在国外进一步加强封堵和限制我国电动汽车产业"走出去"的风险。因此，持续开拓国内市场，加快提升产业规模，发挥规模经济与学习曲线效应的正向作用，推动电动汽车原材料、零部件及整车产品成本的持续优化，降低用户全生命周期的使用成本，将是保障其市场潜力充分释放的关键。

为加快推进汽车市场的全面电动化进程，需要持续牵引我国汽车产业高质量发展。应充分挖掘和发挥我国超大规模市场和新型举国体制的潜力与优势。制定采取价格区分的推广应用政策，持续推动电动汽车的性价比提升，重点完善居民小区公共基础设施建设，全力释放经济型乘用车在首购市场中的潜力。持续完善下沉市场鼓励政策的长效机制，强化实施淘汰老旧车辆、新能源置换补贴等消费升级政策，倡导企业做好产品开发和营销服务的下沉适配，加速释放下级市场的消费升级潜力。发挥路权政策的引导作用，驱动产品技术平台换代升级，进一步推动城市商用物流车推广应用。适当提高政策规划中的新能源商用车应用比例要求，持续探索推动换电重卡等特殊场景下的技术路线发展和商业模式创新，加快封闭与半封闭场景下的新能源商用车推广应用。

二. 加大投入和持续创新，保持我国动力电池产业长期全球领先

动力电池作为新能源汽车最核心的零部件，已成为各国政府和主流车企重点布局和规划的领域。我国动力电池产业需持续加大投入和创新，保持全球领先地位。目前我国动力电池关键技术取得长足进步，在关键材料克容量、电池比能量、系统集成效率等方面得到全面提升，已实现全球领先。此外，我国动力电池产业链建设已逐步完善，关键材料及动力电池的产量和出口量均居全球第一，下游动力电池回收利用体系初步建立，形成了较完善的梯次利用技术及商业模式。总体上看，我国已在动力电池关键技术、市场规模、供应链方面处于全球领先水平，但在基础研究、原材料供应、电池回收、碳足迹研究等方面与国外尚有差距。全固态电池研发方面，我国起步较晚，在基础研究及技术开发上落后国外 3～5 年；电池原材料供应方面，我国对外依存度较高，恐有供应安全风险；电池回收及再利用方面，我国行业监管力度不足，未实现退役电池全面规范化处置；碳足迹研究方面，我国动力电池碳足迹核算标准与方法论研究滞后，在全球竞争中处于不利地位。

（一）加大全固态电池等下一代电池研发力度，巩固动力电池产业先发优势

高比能、高安全性、低成本动力电池技术不断进步，全固态电池成为下一代电池的必争高地。

虽然液态动力电池的能量密度仍有发展空间，但运行安全性存在较大风险，其综合性能难以满足行业高质量发展的要求。全固态电池作为下一代电池技术的重要发展方向，有望突破传统液态电池的瓶颈，具备兼顾高

能量密度、长循环寿命、高安全性能、宽温度范围等综合特性的潜力，正在成为全球汽车强国铆力发展的下一代电池新赛道。目前我国在固态电池、锂硫电池、钠离子电池的质量能量密度方面已达到全球先进水平，但在循环寿命上还稍有差距。我国应未雨绸缪，加大固态电池研发及产业化力度，通过多种手段激励全固态电池等新体系电池研发和创新，推动新体系电池产业化进程，积极探索车载应用前景。为促进我国在全固态电池领域取得先发优势并巩固我国动力电池产业全球领先地位，应积极采取相关举措以推动技术进步和推广应用。研究制定下一代动力电池国家顶层规划，加大固态电池研发支持力度，通过设置国家重大专项和建立固态电池协同创新联合体，开展重点攻关；加强整车与电池系统协同设计，研发固态电池专用生产设备，加大原材料资源保障力度，鼓励车企开展固态电池搭载和示范应用，实现固态电池的持续降本和应用规模稳步提升。

1. 建立固态电池协同创新联合体，凝聚全国力量开展重点攻关

我国固态电池的顶层设计稍显不足，技术路线尚不明确，存在资源投入分散和研发周期长的问题。美国、欧洲、日本、韩国均已发布战略大力布局支持固态电池产业发展，我国虽然在国家重点研发计划中对固态电池等新体系电池设置了专题研发项目，但尚缺少国家层面的战略和顶层设计。技术方面，固态电解质、正极、负极有多种路线，在选择时要充分考虑电芯性能、大规模制造可能性、制造合格率、制造成本等因素。国外在聚合物以及硫化物方面已深耕多年，目前已进入量产加速验证阶段，初步形成了一定专利壁垒，全球固态电池专利数量最多的前五家企业分别是丰田汽车、松下控股、出光兴产、三星电子、村田制作所，均为日、韩企业。而我国以氧化物路线为主，硫化物研究仍处于起步阶段，未来技术路线尚不明确，资源投入较为分散，导致研发效率较低。全固态电池电解质的选择需同时兼顾电导率、加工性、稳定性和制造成本等，研发方向上重点围绕高电导率、高界面稳定性、高材料稳定性三个核心指标开展攻关。

一是研究制定下一代动力电池国家顶层规划，明晰固态电池技术发展方向及路线，建立国家投入长效机制。建议在系统总结过去二十多年国家锂离子动力电池产业发展经验基础上，研究编制下一代动力电池国家顶层规划，深入研判国际固态电池技术专利壁垒及最新发展态势，明确我国固态电池主要发展方向及技术路径。建立国家层面长效投入机制，实施国家下一代动力电池产业技术创新专项工程，持续支持以固态电池为代表的下一代动力电池的基础科学、工程化、示范应用及回收利用等方面研究。

二是加大固态电池研发支持力度，重视基础科学研究，强化产学研高效协同，开展行业联合技术攻关。充分利用现有资金渠道，通过国家科技计划和工业强基、增强制造业核心竞争力、工业企业技术升级改造等国家重大工程，加大对固态电池的技术研发和产业化支持力度。国家牵头形成固态电池协同创新联合体，充分发挥科研院所及高校在基础研究方面的优势，集中力量尽快攻克固态电池锂离子和电子输运、固—固界面反应等科学问题；鼓励以企业为主体的联合创新体系建设，集聚行业优势力量搭建联合技术攻关机制，系统解决高电导率固态电解质合成及放量工艺、全固态电芯界面融合技术等工程难题。

2. 加强固态电池工程化及产业化探索，推动开展示范运营

全固态电池整车搭载还有工程技术与成本问题待解决。固态电池虽具有本征安全性，但仍存在一定的热失控和热扩散风险，需要针对电池系统热扩散的不同阶段采取安全与防护措施，提高电芯级别的热失控预警能力和系统级别的热扩散防护能力，对整车的热管理设计、系统/底盘集成、结构件设计、全生命周期监测和管理提出了新的需求。此外，固态电池产业链体系还不完善，与现有产业链兼容度较低，且存在原材料供应链安全风险，原材料对外依存度很高，进而导致固态电池成本高企。

一是加强整车与电池系统的协同设计，提升固态电池安全性能。建议

整车企业和电池企业围绕全固态电池整车搭载特性，建立联合研发机制，开展协同设计。针对全固态电池本征安全问题开展专项研究，通过主动安全与被动安全设计，提高电芯级别的热失控预警能力和系统级别的热扩散防护能力。

二是加大研发特定工艺制造设备与原材料资源保障力度，促进实现远期降本。建议针对全固态电池研发新型生产工艺，同时定制化开发部分设备，加快全固态电池用高性能材料的研发，进一步完善供应体系；建立关键原材料资源保障体系，鼓励国内企业在海外加大对关键资源的投资并购，以及国内矿产资源勘探开采力度，提高原材料自主可控程度。

三是鼓励车企开展固态电池搭载与示范运营，加速推进产业化应用。根据国内外整车企业和动力电池企业的规划，预计 2025 年前后将建立全固态电池试制线并推出搭载的原型车，2030 年前后将可能实现全固态电池小规模量产并正式装车使用，但大规模上车时间仍需根据研发进展而定，若材料层面的关键科学问题和产业层面的高效生产工艺 / 低成本化无法有效解决，其量产时间将不及预期。建议鼓励车企择机在中高端车型上率先应用固态电池，推进固态电池产业化应用与示范运营，同步开展市场及技术评估，为规模化应用提供经验。

（二）加强上游原材料资源保障，实现动力电池产业供应链的安全可控

加强上游原材料资源保障，可实现动力电池产业供应链的安全可控。动力电池已成为未来能源存储的必争领域之一，各国全力争取实现自给自足。其中动力电池产业供应链的安全可控离不开原材料资源，目前我国还存在原材料资源供应风险，亟须加强上游原材料资源保障。从产业链角度分析，整车企业对动力电池产业带动效应显著，动力电池企业可进一步带

动关键材料放量增长。目前，我国上游关键材料出货量及出口量居全球前列，基本实现自给自足。

1. 建立关键原材料资源保障体系，实现关键原材料稳价保供

原材料价格涨幅过大，带给整车及电池企业极大成本压力。2021年以来，新能源汽车的旺盛需求驱动锂电池市场强势增长，电池级锂材料价格持续走高，远超市场预期，导致在电池产业链的利润分配方面，锂矿端的议价能力和利润获取能力最强。原材料碳酸锂价格在2022年年底达到了最高点60万元/吨，2023年以来，价格逐渐下降，恢复到正常价格区间。目前，合计拥有全球过半锂资源的阿根廷、玻利维亚和智利拟形成"锂佩克"组织，若计划落定将会对全球锂资源定价产生很大影响，锂资源可能成为"白色石油"，全球对于战略矿产的掌控将显著趋紧。

一是建立关键原材料价格监测、分析预警机制，加强市场供给调节。建议宏观经济和行业主管部门将锂、钴、镍等动力电池关键原材料纳入国家战略性资源储备，加大对国内富锂地区锂资源勘探和开发力度，鼓励国内企业在海外加大对关键资源的投资并购力度。同时研究建立关键原材料价格监测、分析预警机制并及时发布信息，加强市场供给调节。

二是强化对关键材料市场及金融监管，促进市场回归正常秩序。建议市场监管部门将动力电池原材料纳入市场监管范畴，对违法经营、囤积居奇的企业通过约谈、调研、通报等方式进行劝导和警告；同时建议对资本恶意炒作等行为加强金融监管，发挥国内期货市场对原材料价格的引导作用，打击自媒体哄抬物价，促进市场回归正常秩序。

2. 加大国内矿产资源勘探开采力度，提高原材料自主可控度

目前我国矿产资源的国内自主可控度较低，存在被限制进口的风险。产业聚集之下，我国动力电池制造产业链纵向一体化程度高，但上游加工、

中游制造与下游需求之间存在供需不平衡，尤其是受制于资源分布，锂、钴、镍等长期依赖进口，存在一定纵向风险。目前我国锂、钴、镍的资源分布占比均不到10%，三元正极材料的前驱体主要是镍和钴，我国对外依存度较高：镍资源方面，我国储量400万吨，主要依靠从印度尼西亚、俄罗斯等国家进口；钴资源方面，我国目前探明储量仅8万吨，主要依赖从印度尼西亚和刚果（金）进口，资源相对短缺。矿产资源保障问题需协同电池产业进行全盘规划。

一是加大战略性矿产资源的勘查力度，加快矿产品基地建设。继续加大战略性矿产资源的勘查力度，形成一批战略储备矿产地，以保障国内矿产资源大循环。做好重要矿产品保供稳价工作，保障产业链供应链安全。加大金属矿石等国内勘探开发力度，加快矿产品基地建设，增强国内资源保障能力，强化进出口调节，坚决遏制高耗能、高排放、低水平项目盲目发展，促进重要矿产品安全供应、价格基本稳定。

二是加速矿产资源开采技术研发，提升战略性矿产资源国内保障能力。由于地质环境复杂、采掘环境多变，矿山开采面临巨大挑战，矿山智能化、绿色化发展成为当前采矿业发展的新趋势，有序、高效、科学地进行矿物开采已经成为我国采矿业发展的重要方向。国内青海、西藏优质盐湖以及川西等锂矿资源分布地区的地理和气候条件较为严苛，并且品位较低，开采难度和成本相较国外高出很多，需要国内企业在境内项目投资和新型提锂技术上不断升级。加速推动大数据技术、无人驾驶技术、自动化技术、高精度GPS定位技术、深部开采技术、物联网技术等创新技术在矿产开采中的应用，不断提高开采效率和减少环境污染。

3. 加强对国际重要矿产投资并购，增强全球资源配置灵活性

全球各国对于战略矿产的掌控将显著趋紧，原材料产地抱团哄抬价格。全球矿业正在经历新一轮的深度调整，电动汽车相关新兴矿产资源成为各

个国家和企业必争的"战略要地"。我国在本轮全球矿产业变革中已处于具有一定优势的较领先地位，尤其是以赣锋锂业、天齐锂业为代表的锂资源企业，以洛阳钼业、金川集团为代表的钴资源企业，以及以青山集团、中冶集团为代表的镍资源企业，在全球拥有多个世界级资源项目，在产业链中占据了重要的主导地位，已提前锁定了一定规模和比例的矿产资源权益，为我国关键矿产的资源安全提供了重要保障。

一是加强国际重要矿产投资并购，抵御关键资源被限制进口的风险。关键矿产资源的地理分布集中度高，供应链容易受到地缘政治不稳定、自然灾害等的影响，未来仍存在被限制进口的风险。建议对外继续加大重要矿产投资，并促进海外矿产投入转化为资源进口储备，提高抗风险能力。

二是加速原材料产地产能建设，完善全球产能布局增强资源配置灵活性。通过科学预测未来全球新能源汽车及动力电池产业的产能规划和产量，对海外地区的工厂布局和产能建设进行合理规划。通过全球不同区域原材料产能的科学、均衡布局，增强我国企业在全球资源配置中的灵活性。

4. 加强电池材料体系技术创新，提高稀有原材料资源利用率

持续加强技术创新，通过电池替代材料和生物质材料减少电池贵金属用量。由于对锂离子电池的需求不断增长，镍、钴和锂的价格不断被抬高，可能造成原材料资源紧张的局面，现有电池材料体系不能完全满足可持续发展的需要。为实现可再生能源的持续利用，除了开展传统的电池替代材料研发外，由于生物聚合物具有可持续性、可再生和环保等众多优点，利用生物材料开发有机电极材料已成为国内外研究的热点。

一是开展电池替代材料研发，降低电池中贵重金属用量。目前动力电池主要基于锂离子电池体系，里面的锂、镍、钴等金属材料来源有局限性且成本高企，亟须研发电池替代材料。建议在现有锂离子电池体系的基础上，开展关键材料的替代和降本，如三元正极向高镍低钴、高镍无钴方向

发展，磷酸铁锂正极向磷酸锰铁锂方向发展；建议构建新的动力电池体系，研发钠、钙、铝和镁等新的金属离子电池体系，解决目前动力电池原材料供应安全和成本问题。

二是探索生物质材料在电池中的应用，加速可持续电池开发。为实现可再生能源的持续利用，开发可再生、可持续、绿色的电池材料迫在眉睫。建议探索木质素、聚多巴胺、黑色素、紫癜素等生物材料在有机电极材料中的应用特性，挖掘其应用在正极、电解质等材料中的潜力；建议加速可再生电池和可持续电池的研发及产业化，研究以生物材料和可降解材料为主要部件的绿色电池，实现电池的全体物质可降解，最大限度减少对环境的污染。

（三）落实监管制度与创新商业模式，促进废旧动力电池综合利用

动力电池回收在促进资源保障的同时，利于环境保护和材料降本。回收利用虽然看似是动力电池产业链的最终端，但实际上也是产业链的源头。动力电池的回收对于资源保障、环境保护和材料降本均有着极其重要的意义。我国动力电池上游矿产资源相对匮乏，锂、镍、钴的进口依存度十分高，动力电池回收过程中提取的有价金属等稀有资源可以重复利用，在保护环境的同时，可产生巨大的经济价值和社会价值。

1. 强化电池回收监督管理，建立规范有序的市场环境

当前动力电池回收行业已进入关键期，回收标准不够健全、无序竞争等乱象依然存在，阻碍规范化发展。我国对电池回收的环保要求非常严格，因此正规企业管理成本较高，而一些环保水平低的"小作坊"则以低廉的经营成本赚取高昂的差价。目前动力电池回收监管仍存在漏洞，对从业企业监管不严，导致可追溯环节容易失控，"小作坊"因此铤而走险，最终导致绝大多数退役电池流通至"小作坊"。

加强法规制度建设，落实生产者责任延伸制，强化监督管理机制。建议国家立法机构加快对动力电池回收利用立法，加大对相关责任主体的履责约束力度，切实保障生产者责任延伸制度有效落实，避免退役动力电池流入不规范渠道处理；建议地方有关主管部门加强联动执法，继续加强对退役动力电池回收的全流程溯源管理，对车企、电池厂以及车主等持有电池的源头进行管理，保障退役动力电池在规范渠道得到回收及再利用。

2. 建立回收网点共建共享机制，探索创新商业模式

我国已在全国各地区建立电池回收服务网点，但还存在分布不均衡的问题。截至 2022 年年底，190 余家汽车生产、动力电池综合利用等企业在全国 31 个省（自治区、直辖市）的 326 个地市级行政区设立了 14573 个回收服务网点。目前，占新能源汽车总产量约 90% 的新能源汽车生产企业已设立回收服务网点，覆盖全国 31 个省（自治区、直辖市），分布主要集中在京津冀、长三角、珠三角及中部新能源汽车保有量较高的地区，还存在区域分布不均衡、布局不合理的问题。

一是加强行业协作，探索回收网点"共建共享"合作模式。建议通过政策引领政府牵头，将电池级原材料供应商、动力电池制造商、新能源车企及电池应用商、梯次利用企业、电池回收企业有效互联，共同参与动力电池回收利用网络的构建，通过上下互联式的沟通和协作，保障动力电池回收产业健康发展。推动新能源汽车生产企业和废旧动力电池梯次利用企业通过自建、共建、授权等方式，建设规范化回收服务网点。倡导行业机构联合产业链上下游相关企业主体，发挥各方资源优势，探索建立"共建共享"回收服务平台，率先在新能源汽车保有量较大的区域进行网点铺设和规范改造，优化网络布局，逐步取缔不合规或利用率极低的网点，实现资源的最大化利用。

二是探索商业模式，实现动力电池回收市场化发展。在推行商业模式

过程中，需要发展动力电池大规模、快速、低成本的检测方案，依托动力电池大数据分析技术，结合大量线上和少量线下检测的方式，实现批量高效检测。针对具体电池的价格评估，应引入评估机制，结合行业价格标准、历史交易数据和电池分类应用场景，建立一套大数据评估算法以实现退役电池价值评估。充分发挥产业链主体优势，探索创新商业模式，有针对性开展动力电池回收利用效益评估、动力电池成组集成技术成本分析，以及再利用场景经济效益和社会效益分析。在此基础上进行创新商业模式试点示范，如"以租代售""废料换材料"合作模式等，对具有价值的循环经济发展模式进行推广。

（四）及早应对国际动力电池碳壁垒，实现动力电池与整车协同"走出去"

2020 年年底，欧盟发布《欧盟电池与废电池法规》草案，除对动力电池关键材料回收提出管理要求外，首次明确了动力电池生命周期碳足迹管理的要求，草案目前已在欧盟理事会和欧洲议会获得通过。当前，我国在电池技术、制造和产业链等方面已取得领先优势，而欧盟正意图以碳足迹为突破口，重新定义产业竞争和贸易规则，将给我国动力电池产业持续引领行业发展带来严峻挑战，亟须组织行业力量积极应对。

1. 加强我国电池碳足迹研究，加快打破国际绿色贸易壁垒

欧盟发布《新电池法》，对电池碳足迹声明提出明确要求。该法规旨在使投放到欧盟市场的所有电池更具可持续性、循环性和安全性，针对电池生命周期的所有阶段，从设计到废物处理，为电池行业创造循环经济。《新电池法》既是迎合低碳、环保的全球趋势，也是欧盟在电池产业争取有利地位的方略。动力电池生产制造企业所生产的动力电池的碳足迹要向欧盟汇报，并根据相关规则来计算碳足迹。我国在电池碳足迹核算标准与方法

论方面存在空白，在后续国际竞争中将处于不利地位。

一是加快动力电池碳足迹核算标准与方法论研究，保持国际竞争优势。建议国家部委指导，加强动力电池碳足迹相关工作的对内统筹、对外协调。动力电池碳足迹管理是当前国际绿色贸易壁垒的关键管理工具，动力电池碳足迹的研究、发布以及国际协同是融入国际规则体系、保持我国动力电池产业竞争力的关键抓手，亟须从部委层面加强指导，统一数据发布、畅通国际对接渠道，推动关键规则和数据的国际互认。

建议行业组织牵头，推进发布动力电池碳足迹关键数据和共识报告。建议由行业组织牵头，在前期汽车生命周期排放评价研究工作组的基础上，进一步推动动力电池上下游企业参与，深入开展基础数据调研和碳足迹评估工作，对外发布行业权威、共识的动力电池全生命周期碳排放数据，评估我国动力电池产业风险，提出应对措施建议。

建议多渠道做好国际合作与交流，加强研究成果的国际影响力和国际互认。在国家部委指导下，与欧盟委员会联合研究中心（JRC）建立对接机制，充分发挥行业组织、国际组织、国际会议平台的作用，从政府、行业、企业等层面打通动力电池碳足迹的国际交流与合作渠道，通过组织研讨会、联合研究、参与成果审议、联合发布成果等形式加强基础数据和成果的国际互认。

二是推动动力电池生产过程低碳排放，力争实现"零碳"生产。"零碳"生产未来将成为动力电池产业链企业参与竞争的核心要素，上下游企业必须迅速做出反应。动力电池产业需注重生产过程的低碳排放，要从碳排放量占比高的材料生产和电池组加工环节着手，加强从原料生产到回收全产业链需求创新。动力电池生产评价要引入碳足迹要求，动力电池生产管理体系要引入零碳排放标准，不断促进"零碳"生产技术研发及应用。

目前动力电池产业链上下游企业已纷纷开启"零碳"转型。头部动力电池企业宁德时代早在 2019 年就已成立公司可持续发展委员会，投入了大量人力、物力，全面梳理研究产品碳足迹，以及研究探索如何实现全生命周期降碳。在生产制造环节，2022 年 3 月，全球知名认证机构 SGS 为宁德时代全资子公司四川时代颁发了 PAS2060 碳中和认证证书，宁德时代宜宾工厂成为全球首家电池"零碳"工厂。比亚迪、蜂巢能源等电池企业也纷纷启动企业碳中和规划研究，并开始建立零碳产业园。除动力电池生产环节，锂电池材料生产环节的脱碳减碳和碳足迹追踪也迫在眉睫，如成都巴莫科技有限责任公司宣布通过 PAS2060 体系认证，取得 SGS 颁发的 2021 年"零碳"工厂达成碳中和宣告核证声明证书，成为全球首家达成"零碳"的正极材料生产基地。

2. 有序推进海外电池产能布局，扩大海外本土化配套能力

海外市场需求激增让动力电池储运难题日益凸显，直接在整车生产企业当地建设动力电池工厂，为其进行快速配套，已经成为当前全球产业链合作下的最优选择。近年来，国内多家电池生产企业国际业务收入均呈现飞速增长态势，一方面由于国内部分动力电池企业的技术水平与产品质量已处于全球领先水平，在国际市场上具备一定的竞争优势；另一方面以欧洲为代表的海外新能源汽车市场迅速崛起，为我国动力电池企业"走出去"提供了机遇和市场空间。出于发展考虑，主机厂基本会遵循"本土化采购"的原则，动力电池企业在海外建厂，不仅可以有效降低运输成本，同时也可以更好地配套当地车企。2022 年以来，已有亿纬锂能、远景动力、蔚蓝锂芯、蜂巢能源、宁德时代、国轩高科等多家锂电池企业披露"出海"投资计划。

一是加强政府统筹指导和协调，研究制定动力电池产业"走出去"推进策略。加强政府统筹指导和协调，加强政企协同，在汽车强国战略的指引下，研究制定动力电池产业"走出去"推进策略，重点支持我国具备优

势的动力电池出口和优势产业链企业国际化布局，推动动力电池产品、技术、标准、服务和资本"走出去"，加快培育以技术、品牌、质量、服务等为核心的动力电池产业国际竞争新优势。

组建动力电池企业海外发展联盟，推动动力电池企业与供应链企业协同"走出去"。鼓励有条件的企业进行海外投资、并购、设立海外研发中心和营销服务机构。依托境外经贸合作区、工业园区等大力推进海外动力电池产业园区建设。

二是深入实施FTA战略和加强专业服务体系建设。积极与"一带一路"沿线国家和地区、我国主要出口国家商签FTA、投资保护协定。支持专业机构搭建动力电池产品出口及国际化服务平台，为企业提供海外市场和政策法规咨询、检测、认证、研发、培训等服务。

三　以智能底盘为载体，带动电动汽车产业链升级

伴随汽车电动化的深化、智能化的发展，汽车底盘也经历了从传统底盘、电动底盘逐步过渡到智能底盘的技术变革。智能底盘的内涵和外延不断扩大，其核心支撑技术涵盖线控制动、线控转向、电控悬架、底盘域协同控制系统、电驱动系统以及与底盘深度集成的动力电池系统等，是汽车电动化和智能化两条赛道的交汇点，成为产业链、价值链不同层面的创新增长点。

国际整车企业加大智能电动底盘的研发投入。特斯拉于2012年首次量产针对电动汽车设计的"专用底盘平台"，2021年推出三电机驱动底盘构型，2022年量产三电机/四电机驱动纯电底盘平台的重卡产品SemiTruck；大众继MEB纯电动平台后，又研发出SSP机电一体化平台以应对电动智能出行需求，未来5年计划投入890亿欧元；通用汽车研发的奥特能（Ultium）

智能电动车平台已经实现量产，到 2025 年预计在电动化智能驾驶领域投资将达 350 亿美元；丰田即将量产线控转向系统与异形方向盘，并计划 2026 年推出全新专用平台；奥迪、保时捷、奔驰已经量产主动悬架、主动稳定杆等技术。

国际底盘零部件巨头多措并举进一步提升产业集中度，力求保持领先优势。全球汽车底盘电控系统配套供应被博世、电装、采埃孚、摩比斯、大陆、天纳克等德、美、日传统汽车工业强国企业长期垄断，且作为一级供应商具有提供整个底盘产品和解决方案的能力与资源优势。博世通过收购与采埃孚成立的合资公司巩固转向系统业务，并与舍弗勒建立研发合作伙伴关系，实现技术互补，完善产品组合，并依托控制技术积淀领衔高阶驾驶体验，不断推出跨域融合车辆动态控制系统和稳态漂移控制技术等；采埃孚先后收购美国天合汽车集团和商用车底盘控制领先供应商威伯科，完成在乘用车和商用车的转向、制动、悬架业务上的深度扩张，进入智能底盘横、纵、垂全域集成量产阶段；日本精工和德国蒂森克虏伯成立合资公司，在转向系统业务领域展开合作；耐世特与大陆集团成立合资公司，开发制动转向协同控制软件，为自动驾驶级别系统提供备用安全层。

底盘新势力集成商纷纷通过滑板底盘进入产业赛道。滑板底盘是电动化与智能化融合发展最典型的代表，驱动电机高功率密度、小型化以及分布式技术的成熟、底盘线控化的飞速发展，为滑板底盘的发展奠定了核心技术基础。滑板底盘的概念为整车实现"上下分体式开发"提供了可能，通过标准化底盘平台匹配不同上车体快速重构功能，形成多场景应用的产品矩阵，有利于促进产业降低成本，支持 L4 级别以上的自动驾驶多场景落地，还可与自主垂直起降飞行器耦合助力三维立体交通发展。国外新兴企业 Rivian 于 2012 年对滑板底盘实现上下分体研发，并于 2021 年量产基于 CTC 集成技术的分布式四驱电动皮卡；REE 基于轮边驱动角模块滑板底盘的颠覆性拓扑构型即将在商用车场景实现量产。

经过多年的发展，我国整车企业在汽车正向设计与开发方面已取得了显著进步，但在底盘集成设计和控制技术方面积累仍较为薄弱。面对智能底盘发展趋势，我国新能源汽车产业应当抢抓机遇，通过系统攻关突破智能底盘集成设计技术，巩固动力电池及驱动电机产业积累的长板优势；通过产业链上下协同补齐国产制动、转向、悬架等关键执行部件的产业短板，实现新能源汽车产业链的全面升级及高质量发展。

（一）加大智能底盘拓扑构型和一体化集成研发力度

加强智能底盘构型集成研发创新。面向未来智能电动汽车产品形态和应用场景需求，针对承载车身和非承载车身技术路线，开展智能底盘系统拓扑构型和集成创新路径研发。研究基于集中驱动、分布式驱动、线控制动、线控转向、电控悬架、底盘集成控制等核心支撑性构型技术在乘用车和商用汽车底盘的适应性，研究如何规避借由硬件堆叠达成智能驾驶、多场景应用等任务需求，最大限度发挥智能底盘"域内协同"和"跨域融合"控制的优势作用，通过构型优化提升整车架构的性能和兼容性。

攻关一体化压铸技术助力底盘集成技术研发。攻关电池底盘一体化新结构，提高一体化压铸工艺方面关键核心技术的自主化水平，实现模块化、轻量化、高集成化的纯电底盘平台，提高整车平台架构兼容性、扭转刚度等性能指标，降低电池与底盘集成化产品成本。同时，通过大型一体化压铸技术带动高强免热处理铝合金材料开发应用，攻关一体式铝压铸控性控型、钢铝连接等基础工艺，带动企业生产效率提升。

研发软硬解耦的一体化底盘控制架构及协同控制技术。研究智能底盘动力学域与自动驾驶域电子电气架构方案，实现面向服务的软件硬件标准接口，支持动力、底盘和自动驾驶感知、状态信息和决策规划融合。在协同控制技术上，充分发挥电动化产业积累的经验，利用电机响应特性和在制动上的深度参与，实现多系统联合控制，重新定义智能汽车驾乘开发属性目标和体系方法。突破线控底盘数理模型建模技术、运动参数观测与预瞄算法、动力学矢量实时解算方法，研究转向、制动、悬架和轮胎在极限工况下以及多目标高效协同的联合控制算法、人机共享驾驶机制的决策和平滑过渡机制等。在智能底盘新属性下，突破底盘冗余设计与失效运行技术，加强智能底盘域内线控执行系统多元异构冗余方案研究、底盘失效机理与诊断技术研究、多余度底盘系统协同容错切换控制技术等，完备智能底盘控制理论，为高级自动驾驶提供安全可靠的执行保障。

（二）通过智能底盘带动电驱动系统产业升级

新能源汽车销量及渗透率不断提升，带动我国电驱动系统技术产业快速成长，2022 年我国自主品牌电驱动系统在国内乘用车的市场占有率超过 50%。比亚迪、特斯拉、大众、蔚来、零跑等乘用车企业都培育建设了自研的电驱动系统设计生产能力，电驱总成产品在高速、高压化、高集成化、高效率、低噪声等方面都取得进步。智能底盘高集成化、高模块化、轻量化和构型灵活性的发展，以及动力底盘集成控制对车辆稳态、极限工况控制边界的提升，将进一步促进电驱动系统平台化、高功率密度、低损耗以及持续工况性能的提升。

一是通过智能底盘带动集中式电驱动总成发展。为满足智能底盘模块化、小型化、高效化及高性能需求，进一步攻关驱动系统高转速技术、低损耗新型铁芯材料、高温膜电容器材料、第三代宽禁带半导体国产化芯片设计和工艺技术、高效一体化油冷热管理技术等，带动高牌号、薄规格、无取向硅钢、低重稀土永磁体、非晶纳米晶、软磁复合材料等新型铁芯材料技术工艺进步；提升高速轴承耐磨与轴电流、轴承寿命控制可靠性；促进高耐温等级和高 PDIV 特性的驱动电机绝缘材料及 SiC/GaN 等低损耗、高可靠功率模块的国产替代进程，助力电驱产业实现完全自主。

二是通过智能底盘带动分布式驱动技术突破和产业化应用。重点研究轮毂驱动与机械制动集成与匹配技术，轮毂电机热导与冷却散热技术，防尘防水、低阻动密封技术，抗震能力和可靠耐久性技术，扭矩矢量分配技术，面向行驶安全的分布式驱动底盘故障诊断与容错系统控制技术，等等，探索降低关键零部件与材料的成本，从而开发出高效轻量化电动轮总成（见图2-9）。在此基础上，突破轮毂电机与制动、转向和悬架系统深度集成技术，开发360°角模块满足特殊场景应用需求，依托轮毂电机高集成度的优势开发滑板平台，助力电动化、智能化趋势下的乘用、商用、越野等车辆快速迭代。

图2-9　Protean 电动轮

图片来源：Protean 官方网站。

（三）发展智能底盘，补齐线控执行机构技术短板

智能底盘核心线控执行机构包含线控制动、线控转向和电控悬架。底

盘线控执行机构的自主开发水平代表了产业整体水平。目前各类系统关键电控零部件均由国外头部供应商占据市场主要份额，并且国外企业已完成下一代产品相关研发和测试，具备量产能力。国内线控制动技术处于量产应用及完善阶段，线控转向技术渗透尚处于起步发展阶段，半主动电控悬架技术在电动车领域加速应用。比亚迪、长城、一汽、吉利、长安、东风等整车企业和恒隆、世宝、蜂巢易创、弗迪动力、伯特利、同驱、保隆科技等关键零部件企业在智能电动底盘集成及关键线控执行机构的研制和应用方面已具备了一定基础，但核心技术、产品可靠性、成本竞争力、市场份额与国外相比仍存在较大差距。

1. 线控制动

加速推进电子液压线控制动系统（EHB）产业化应用，带动上游核心部件国产化。目前 EHB 以博世（见图 2-10）、大陆、采埃孚、万都、爱德克斯等企业产品为主，占据了国内量产市场 85% 以上的份额。我国的芜湖伯特利、弗迪动力已经量产 One-Box 集成式 EHB 系统。

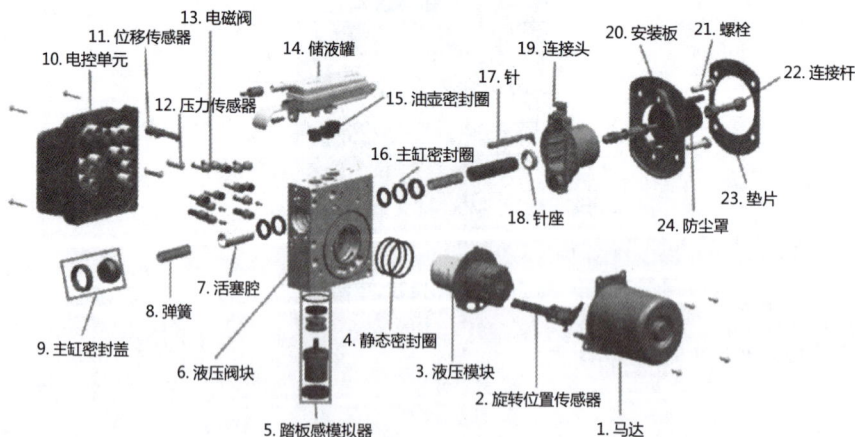

图 2-10　博世智能集成线控制动系统（One-Box）

线控制动系统核心"卡脖子"零部件主要包含：高可靠性主控芯片、ASIC专用集成芯片、三轴陀螺仪芯片、高精度小量程油压传感器、高性能无刷电机、高精度线控电磁阀及其部件、滚珠丝杠。其中，ASIC专用集成芯片用于无刷电机驱动、电磁阀驱动和轮速处理等，针对性强，应用场景较为集中，我国需要加紧开发应用；滚珠丝杠、线控电磁阀中的顶针和隔磁环等零部件在精度、可靠耐久等方面仍与国外先进水平存在差距。上述"卡脖子"技术的共同点是对材料、加工精度和耐久后性能衰减要求高。

制动系统零部件企业需要进一步攻关面向L3级别的EHB系统多层冗余备份技术，攻关高精度线控电磁阀液动力学设计技术，实现电动助力、踏板解耦、踏板感觉模拟或补偿、最大化制动能量回收、主动制动等功能，完成基于国产芯片、高精度线控电磁阀、滚珠丝杠等各类核心部件的冗余EHB系统开发和实车匹配验证，通过自主线控制动产品量产应用带动我国微机械加工技术和检测技术不断成熟升级。

预研电子机械制动系统（EMB），完成下一代产品技术储备。EMB完全摒弃液压助力装置，采用电机直接施加制动力，结构简单，响应速度快，是线控制动未来发展方向。2021年布雷博发布的SENSIFY线控制动系统预计于2025年量产，采用了EHB与EMB系统融合的协同制动系统方案。面向未来，为充分发挥电机控制积累的经验并深度参与其中，需要联合产学研多方力量抓紧研制EMB系统，攻关高级别系统冗余设计、无传感器夹紧力控制、传感器故障诊断算法、复杂环境下无刷电机可靠性工艺等，完成EMB系统的技术储备和实车匹配开发。

2. 线控转向

线控转向技术建立在电动助力转向系统的技术积累上，目前博世、万都、蒂森克虏伯、捷太格特、采埃孚、舍弗勒等国外头部供应商已完成乘用车全解耦线控转向产品和商用车全冗余电子液压转向系统的研发和测试阶段，已基本具备线控转向系统的量产能力，而国内供应商大部分仍处于研发验证阶段。

乘商并举，加快满足高级别自动驾驶应用的全冗余纯电、电子液压转向系统技术攻关。开展电控转向系统冗余策略与失效模式下的安全机制研究，攻克满足高级辅助驾驶功能的转矩叠加、转角叠控制、绝对转角控制等技术，以及路感模拟策略、转向阻力矩观测辨识、可变传动比控制算法、车辆稳定性控制算法、自适应末端锁止等关键技术，积累控制算法及功能安全技术，实现随速助力、应急转向、主动回正等自动转向功能，满足线控转向系统产品功能安全认证。

3. 电控悬架

在整车电动化、智能网联架构赋能下，电控悬架系统需求愈加强烈。自 20 世纪 80 年代开始，奔驰、莲花、奥迪、沃尔沃和丰田等主要汽车公司将半主动悬架和主动悬架作为底盘开发的重点研究方向，目前国外主动悬架技术已经成熟。

依托空气弹簧和电控减震器在中高端电动汽车技术渗透，带动核心零部件国产化和性能提升。孔辉、保隆等国内企业生产的空气弹簧产品逐渐成熟，但是在兼顾疲劳与爆破性能上，还与大陆、威伯科等存在差距。压缩机总成主要集中于大陆、威伯科、安美科等企业，需要进一步攻克多腔气囊总成设计、空气弹簧疲劳耐久技术、空簧非承压式隔膜密封、压缩机隔振及排气降噪等技术，完善多腔空气弹簧开发，研制基于高精度比例的电磁阀减震器或磁流变减震器，带动空气弹簧国产化囊皮迟滞特性性能提升，培育自主高精度控制阀一体化设计装配工艺。

开展全主动悬架产品研发和产业化应用。基于零部件企业已有基础，跟踪研究主动稳定杆、电机驱动或者液压作动等不同技术路线解决方案。

产学研联合攻关高响应带宽执行器技术、频率自适应控制技术、全域作动力控制技术、温度载荷补偿、路面识别与悬架系统预瞄控制等技术，助力智能底盘提供高阶驾驶体验。

（四）研发体系深度协同，构建智能底盘产业新生态

我国汽车底盘产业的零部件产业资源整合能力较弱，尚无国际知名一级供应商，制约自主品牌整车全面电动化安全高质量发展。应充分发挥行业组织协调作用，协助整车、多级上游底盘零部件企业开展跨产业资源对接和整合；联合产学研各方，依托重大攻关项目推动自主底盘性能开发工具链和验证平台应用推广；依托团体标准先行先试的效率优势，加大线控底盘适应性标准供给，全面支撑底盘系统关键技术和重点产品攻关。

1. 建立整车—零部件深度协同伙伴关系

一是构建整车和零部件供应商深度合作模式。在传统底盘体系下，整车厂往往较为依赖制动、转向、悬架等单一系统集成商完全进行各自控制系统软硬件设计、验证、标定等研发活动。但是在智能底盘技术体系下，底盘域集成控制技术成为整车的看家本领，需要底盘系统与动力、制动、转向、悬架等多系统进行软硬件深度协同研发、参数信息共享、互为系统备份，进而驱动整车和零部件新型合作伙伴关系以及数字化模型开放共享的研发模式建立。借助智能底盘整零深度协同开发体系，充分发挥自主零部件企业本土化服务快速响应和控制系统较为透明的优势，共同积累、开发、验证数据库、知识库、模型库，缩短业务链和开发周期，提升整车与零部件的技术水平和市场竞争力，带动产业生态升级。

二是通过行业组织协助企业开展产业资源垂直整合。一方面，在产业化层面，通过创新联盟组织行业内及跨行业的 IC 零部件产品、各类高精度传动机构、先进实验室等共性资源，开展系统集成、零部件等多层面深

度对接，协助整车、零部件企业分别进行不同级别的上游部件资源整合。同时，组织开展部件级别的物理接口和通信接口标准化、技术路线等深度研究，推动行业整体产业链研发、制造整体降本。另一方面，在前沿共性技术层面，通过高校和企业供需资源对接，发挥高校在数理模型理论研究、智能控制算法研究、先进材料研发等方面的优势，增强企业在跨域电控系统融合控制、底盘全矢量控制技术等前沿技术的储备。

三是带动国产芯片在汽车动力底盘领域的规模化应用。在智能底盘时代，电控系统芯片用量逐步增加，特别是通信芯片、安全芯片和传感类芯片，目前其核心技术和市场均主要掌握在美国、德国、日本等国传统零部件巨头企业手中，对我国构建自主安全的智能底盘产业链形成巨大挑战。依托智能底盘产业生态发展契机，聚集整车企业、底盘系统 Tier1、国产芯片企业，联合软件公司、方案设计公司、协同横向和纵向价值链上的优势力量取长补短，建立更加完善的产业生态，从有针对性的产品应用场景和成熟芯片入手，分层推进国产芯片类零部件市场导入，培育车规级高可靠性国产芯片研发能力、品质波动管理和产能建设，通过市场规模化积累设计、工艺和封装经验，降低成本。

2. 聚焦智能底盘研制国产开发测试工具链

当前 Autosar 汽车开放式系统架构是长期"统治"汽车电子软件基础结构和开发工具链领域的行业标准，无论是整车厂、零部件厂、半导体厂还是工具链开发商，都纷纷加入并遵循 Autosar 的架构和标准。与传统底盘相比，智能底盘在产品开发中需要引入功能安全、预期功能安全和信息安全，对开发目标体系、开发测试工具链、评价认证体系、开发周期都提出了更高的要求，同时需要海量场景和数据驱动双闭环。

建议以满足性能和安全性双轨并行开发需求为主线，搭建基于模型和数据驱动的深度协同开发环境，助力整车零部件共享开发；以安全风险分析软件、场景生产软件、底盘域控制器在环仿真系统及智能底盘车辆在环仿真系统为国产工具链培育突破口，积极开展国产软件工具和硬件装备的研制和应用，助力智能底盘开发测试平台应对安全性目标与大量复杂运行场景的重大变革。此外，包括模拟试验的交通参与物及其控制系统，国内可积极研制以替代进口。

3. 建立智能底盘在前瞻标准技术方面的优势

通过研制前瞻性的智能底盘标准，进一步规范市场、促进创新、降低产业整体成本，并为提升我国智能底盘产业竞争力打好基础。建议先行突破线控化法规和适应性标准研究，加快智能电动底盘线控化法规和适应性标准研究。重点研究 EMB 线控制动、全解耦线控转向新技术产品技术条件要求，功能安全设计要求及测试方法，制动转向融合控制评价方法等。面向长期，从解决智能技术"黑盒模型"的可解释性入手，重点研究基于数据、虚拟现实结合的场景驱动的测试评价标准体系，研究车云协同加速测试技术前沿标准，建立自主智能底盘技术体系，在技术产业竞争中逐步建立竞争优势。

四　加强与可再生能源融合，推进电动汽车更高水平绿色低碳发展

经过多年发展，我国新能源汽车和可再生能源均已步入全面、快速、规模化发展阶段，但市场高速发展的同时，两者也面临着日益严峻的挑战。可再生能源具有强烈的波动性特征，规模持续增大将对电网造成严重冲击，上网或并网消纳问题成为可再生能源大规模开发的严峻挑战。同时，电动汽车数量增多，将增加社会用电量，加大电网负荷的峰谷差，增加配电网的负荷容量，对发电、输电、配电和供电均有重大影响。为了解决上述问题，

电动汽车与可再生能源融合发展应运而生。近些年，在政策与市场的双轮驱动下，我国各级政府和经营主体共同推进有序充电、车网互动（V2G）、光储充微电网等技术的探索与实践，积极有序地开展车能融合示范项目（见表 2-4）。从国家层面出台的相关政策来看，我国已经将车网互动纳入政策支持和鼓励范围，但缺乏明确的车网互动方面的战略目标，未提出明确的发展路径，未形成有效的跨部门协同推进机制，同时，地方也缺乏配套的支持政策，各项工作由相关企业自行推动，从而影响车网互动的基础设施建设和各层面的推广部署。

表 2-4 车能融合分类别示范项目

序号	城市	项目名称	示范技术
1	上海	大学校园风光储充微电网项目示范	风光储充微电网
2	青岛	工业园区光储充微电网应用示范	光储充微电网、V2G
3	盐城	盐城综合能源微电网示范	风光储充微电网
4	北京	城镇社区集中式智能有序充电	有序充电
5	保定	工业园区车网互动 V2G 应用示范	V2G
6	深圳	公共充电场光储充检微电网项目示范	光储充检微电网
7	山西	基于大电网需求响应交易促进可再生能源与电动汽车融合应用	有序充电
8	镇江	退役动力电池梯次利用于工业园区储能	退役动力电池梯次利用

（一）加快标准验证与商业模式创新，推动有序充电规模化应用

有序充电是泛在电力物联网在用户侧的场景之一，指在满足电动汽车充电需求的前提下，运用峰谷电价的经济措施或者智能控制措施，优化调整电动汽车充电时序与功率（见图 2-11）。我国作为世界上拥有电动汽车数量最多的国家，有序充电的市场潜力极大，国内多地开展了有序充电试点项目，在电网主网以及配网层面通过有序用电、区域调度，建立了协同

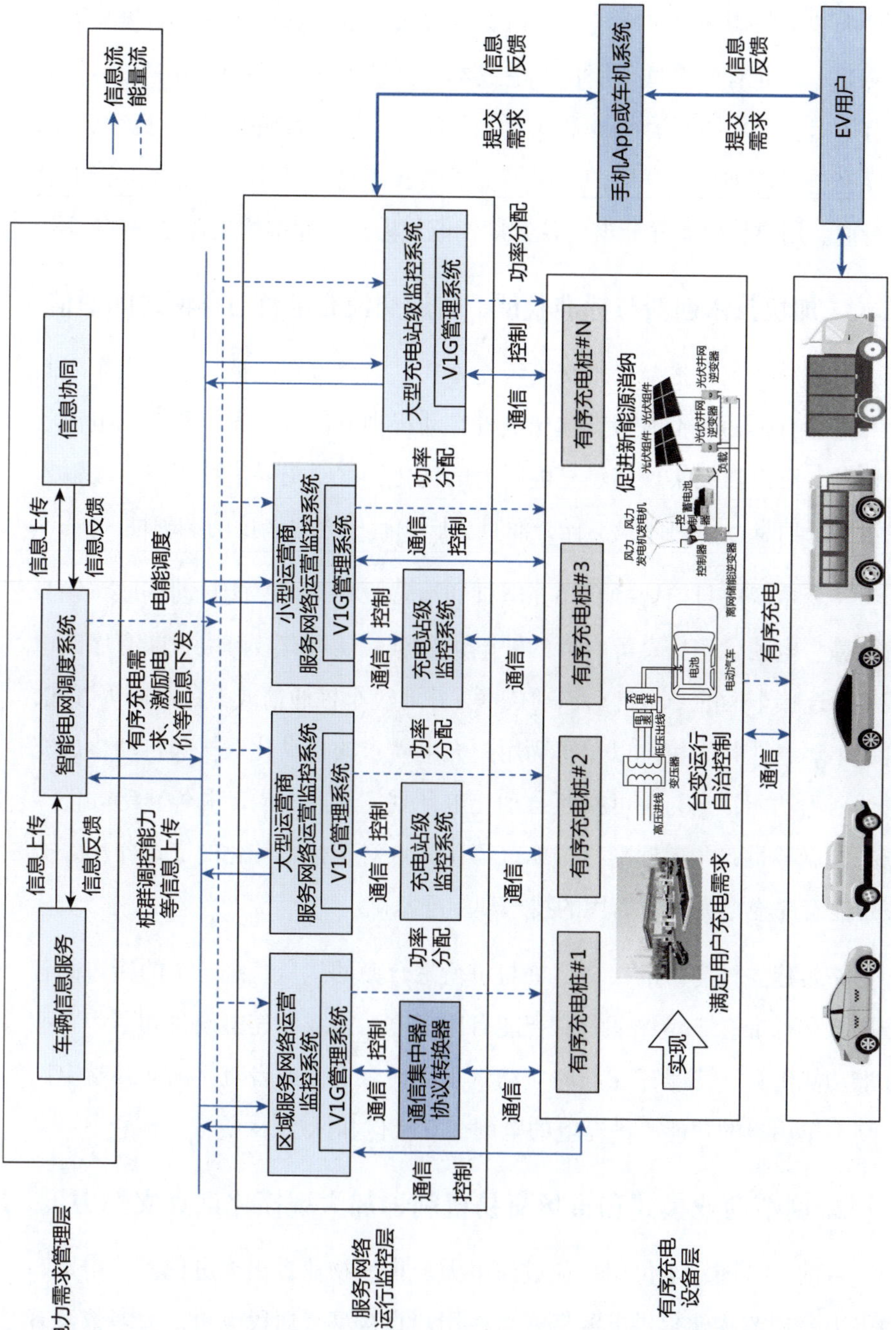

图 2-11 有序充电典型架构

互动的智慧能源体系，实现了以市场手段激励电动汽车用户主动参与需求响应，一方面有效降低了用户充电成本、提升了充电设施利用率，另一方面有效提升了新能源消纳及需求响应能力，进而形成源荷发展的良性循环。有序充电示范项目的开展，积累了宝贵经验，提升了政府、车企、充电设施行业、用户等对有序充电的认知度，但规模化商业推广仍存在一些障碍。

1. 加快技术创新与标准验证，打通交流充电桩与车辆之间通信

目前小区充电主要采用交流慢充方式，而交流充电桩与电动汽车之间交互信息有限，并不能够支撑充电桩自动识别电动汽车身份和获取电池状态信息，难以自动实现车辆充电行为的优化调度，仍需依靠用户手动输入电池状态信息，用户体验不佳，而且会影响有序充电调度的准确性。

应着重解决目前智能有序充电桩和运营服务平台不能自动获取车辆身份信息、电池状态信息等方面的缺陷，重点验证可有效解决智能有序充电桩与所连接车辆的身份自动识别技术，并通过车桩通信或平台对接等方式，实现车辆电池状态信息以及车辆用户充电需求的自动化对接和自动生成充电计划等功能，车与桩可按照自动充电计划完成充电启动和停止等功能。依托试点项目，开展标准化工作，强化试点对于标准转化的支撑作用，夯实智能有序充电大规模商用的技术和标准基础。

一是建立桩与网的接口、桩与负荷聚合商的接口、桩与车的接口的各方协议和标准；二是保证所有智能有序充电功能成为充电设备和量产车型标准功能配置；三是建立面向电动汽车负荷聚合商或者直接面向终端电网电动汽车用户的智能有序充电的电网交互接口和标准体系。

2. 创新商业模式和市场交易机制，加大规模化试点支撑力度

目前小区固定车位用户通过向电力公司或物业提出充电桩安装申请，由电力公司或物业提供电源接入点，用户直接享受居民电价，大多数没有

采用峰谷电价，现行小区充电建设模式和电价机制尚不支持智能有序充电模式的应用。未来智能有序充电模式尚不确定，电网企业和智能有序充电运营商的责权界面区分尚不合理，智能有序充电运营商形成局部垄断后侵犯消费者合法权益暂时无法避免，智能有序充电运营商的投资回报收益也不能得到保障，等等，以上方面都面临很大挑战，对应的配套政策要求尚不清晰，企业开展相关试点示范缺乏稳定的经营回报预期。

针对智能有序充电模式，要加大"表前统一开展电网升级改造，表后实现统一智能有序充电运营"等新型小区智能有序充电桩建设运营模式的试点力度。结合试点完善商业模式，加大政策保障力度，确保智能有序充电模式具备规模商用所需要的商业和政策支撑条件。结合试点，探索电网直接调控与第三方平台调控等多种模式。同时，推广动态分时充电电价机制，鼓励居民智能有序充电桩通过聚合商参与电力批发市场交易试点。

一是建立符合电网安全运行调度和市场交易规则的智能有序充电资源参与电力交易机制、流程和标准规范；二是建立车网协同电力网络和信息网络安全管控机制，修订智能有序充电模式下的电力设施建设与控制保护标准规范；三是通过示范验证，完善针对不同运营模式和技术路线的合理技术架构与标准体系，为规模商用奠定基础；四是在通过示范充分验证的前提下，针对小区智能有序充电桩、智能有序充电场站等应用条件较好的场景，优先明确具体业务规则以及监管要求，在合适区域率先推广应用，促进车网互动分领域、分阶段有序推进。

（二）加强顶层设计，推动产业协同，扩大车网互动（V2G）试点示范

电动汽车双向充放电（车网互动或 V2G），指在满足电动汽车充电需求的前提下，将电动汽车视作储能装置设施，当电网负荷或本地负荷过高

时，由电动汽车向电网负荷或本地负荷馈电；当电网负荷或本地负荷过低时，可通过有序充电调整本地负荷的峰谷差（见图 2-12）。从以往试点示范项目来看，车网互动可有效提升配网供电能力、延缓配电网投资，V2G充电桩根据配网台区负载率、光伏发电功率对电动汽车的充放电功率进行双向智能动态调整，实现电动汽车 V2G 参与配网削峰填谷调峰、台区重过载治理优化、提升台区清洁能源消纳能力等多项辅助服务，有效降低配网投资，提升配网运营效率。目前我国 V2G 还在探索阶段，市场整体还不成熟，需加强顶层设计推动产业协同，扩大试点示范。

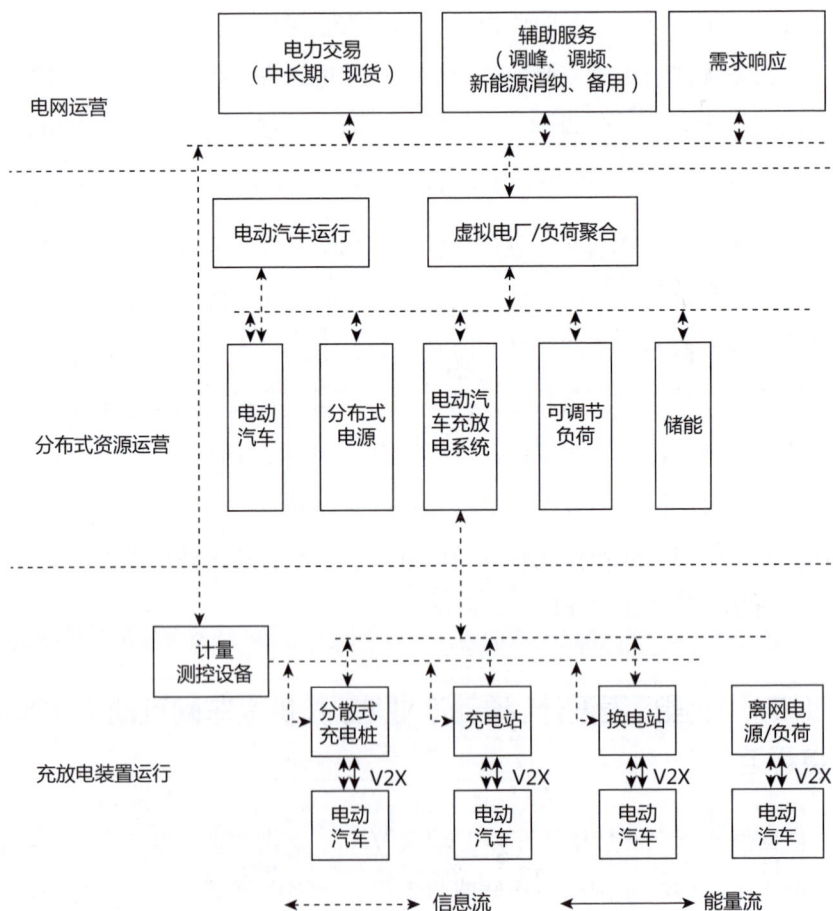

图 2-12 V2G 功能框架

1. 明确发展目标和路径，促进产业链上下游合作与协同

目前，我国电力、能源、充电、整车制造等行业都已意识到了车网互动的重要意义和潜力，政府部门已加快开展能源交通协同转型的顶层设计，并逐步明确车网互动分阶段发展目标。

明确国家战略保障，一是明确车网互动目标和任务指标，包括车网互动总体目标和年度目标、电网等基础设施升级目标以及电力价格和市场改革目标；二是强化政策保障能力，建立标准强制推广和认证机制，强化电网、通信等投资保障机制，加强对地方完成情况的督导与考核。建立跨行业合作平台，出台车网互动发展路线图，明确发电企业、电网企业、负荷聚合商、主机厂、充电基础设施制造及运营商的具体职责，更好引导和促进产业链上下游合作与协同。

2. 加强 V2G 参与电力市场交易试点，构建车网互动市场体系

电动汽车价格机制问题存在于充电和放电两个方面。充电方面，当前电动汽车充电价格按目录电价执行，难以适应当前新能源大规模并网以及未来大量电动汽车可调资源的环境。放电方面，虽然目前部分 V2G 试点项目在用电高峰时段设计了放电价格，但低于用电价格，这样既不能充分反映 V2G 的实际价值，也无法有效引导用户的合理充放电行为。

我国电力现货市场仍处于建设阶段，各地进展情况不同，用户参与度不足，电动汽车还无法深度参与电力辅助服务市场和现货市场。首先，目前车网互动需经过负荷聚合商、虚拟电厂、调度中心、交易中心等多个环节，流程复杂，实施周期长。其次，现有需求响应试点集中在大体量、集中式工业负荷上，分散但数量巨大的各类电动汽车资源在不同场景下的车网互动商业模式开发不足。最后，目前部分地区需求响应、第三方调峰辅助服务费用只与终端用户结算，影响负荷聚合商的积极性。

建议引入动态灵活的充放电价格机制，激励电动汽车有序充放电。一是完善充放电定价机制。在负荷低谷期可制定更低的电价，激励电动汽车大规模参与充电，减轻系统调峰压力；积极探索V2G放电价格设计，在负荷高峰期，同步提升电动汽车的充放电电价，形成对车网互动的有效激励。二是对电动汽车充放电电价进行动态调整。参考电力批发市场交易情况，以批发电价为基准，建立充放电电价动态调整机制。三是细化充放电电价峰谷时间范围。对充放电电价进行细化，出台多个时间段的电价。

建议扩大第三方辅助服务试点范围。国内部分地区已率先实现了从竞价、出清、运行、补偿到结算全流程的电动汽车参与调峰市场的模式，建议将该模式推广至国内其他区域，并按照"谁受益、谁分摊"的方式，将调峰服务费用疏导到电力用户侧。在电动汽车具备较高的充放电管理能力，即响应时间、控制精度达到电网调频的要求时，可参与调频、备用、爬坡等新型辅助服务。

建议将电动汽车纳入辅助服务市场主体。首先，建立统一的竞争平台。允许各类资源，包括电动汽车资源与发电侧的资源进行公平竞争，按照效果进行补偿，只需提供"同性能、同数量"的辅助服务，就可获得相应的服务费。其次，按照调节性能拉大收益差距。应在价格机制方面充分反映电动汽车调节优势，将响应速度、调节精度等指标体系纳入考核指标，提升电动汽车V2G的竞争力，提高市场主体利用V2G的积极性。

建议引导电动汽车进入电力现货市场。一是允许具有一定聚合规模的电动汽车进入市场，逐步降低聚合的功率门槛。二是赋予电动汽车聚合主体双重身份。三是应鼓励电动汽车充放电参与分布式发电交易，合理制定交易价格。

3. 加快车网互动应用技术与标准支撑体系建设，扩大 V2G 试点示范

车网互动应用技术研究尚处于起步阶段，缺乏统一成熟的标准规范。首先，现有车辆和充电桩的产品标准与功能设计对车网互动考虑不足，车、桩、网之间存在通信技术问题，导致互动方案落地面临关键信息和功能的缺失。其次，可信认证网络安全技术不成熟，缺乏试点验证，不能支撑跨平台开展大范围的业务协同。最后，缺乏针对 V2G 设备并网的相关标准和测试及认证要求，V2G 并网需要出台进一步的行业规范等。

车网互动需开展跨行业技术创新与标准体系建设。一是加快研发适用于车网互动的电动汽车，建设具备双向充放电功能的新型充电设施，加强智能配电网与新能源发电、电动汽车充放电的技术融合。二是加快业务数据互联互通，实现跨平台数据资源的共享，推动智能网联可信认证在智能基础设施领域的融合应用与延伸开发。三是建立车网互动支撑标准和测试认证体系，加强国际标准合作，构建覆盖"车—桩（站）—聚—网"各环节的互动标准体系，奠定规模化商用的标准基础，加强与国际标准衔接，提升国际市场话语权和竞争力。

（三）强化标准化和试点示范，加速推进光储充微电网系统建设

光储充一体化通过对光、储、充等关键技术的高度集成化设计，系统性地满足了新能源发电、移动能源、电动汽车充放电等不同应用场景需求，并且加装优化调控策略之后，在时间上更大效益地实现了能源分时复用，空间上实现了能源的空间搬移，形成了一套绿色能源供应链解决方案（见图 2-13）。在分布式光伏方面，光伏发电对于降低用电成本及提升可再生能源消纳方面的效果较为显著，与充换电设施存在巨大协同发展的空间；

在储能的应用方面，合理地配置和利用储能系统可以提高光伏发电等本地可再生能源的利用率，有效提升系统运行的效益。

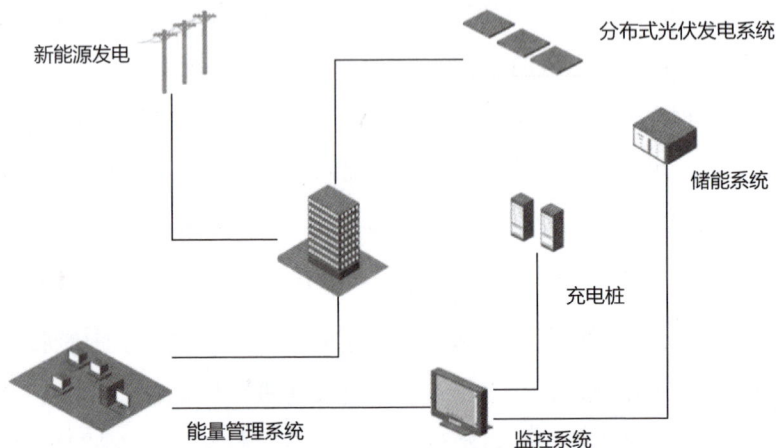

图 2-13　光储充一体化示意图

　　根据试点示范情况，光储充微电网已具备一定推广条件，试点示范经验可以为未来相关微电网系统的建设和综合优化提供借鉴意义，为相关政策标准的出台提供经验与参考，后期应结合电动汽车数量的增长，进一步研究如何发挥其在微电网中的作用。但从目前的示范项目来看，光伏等清洁能源消纳能力不足，缺乏高效的消纳手段，同时光伏易受到场地资源和地理因素的限制，难以满足充电站实际的电力需求；光储充一体化建设还存在经济性问题，初始建设成本高，投资回报周期较长，短期内无法实现经济效益。

1. 研究制定标准化设计方案和通用方法，提供试点实践支撑

　　随着新能源装机比重的不断提升，受新能源资源、装机容量增长、电力需求增长等边界条件共同影响，新能源消纳存在一定的不确定性。例如，系统调节能力提升有限、新增装机存在不确定性、跨省跨区交易组织难度增加，都将对光伏等新能源消纳造成影响。同时，光储充一体化建设需要

丰富的场地资源，但考虑到城市面积有限，光照条件好的地理位置并不多，光储充一体化建设有时并不能完全满足充电站的需求，缺少标准化的设计方案和通用方法。

建议积极总结现有试点项目经验，形成光储充一体化站点建设的标准化设计方案和通用方法，并试点建设一批标准化设计站点，加强对标准化设计的光储充试点项目的运行监测和仿真计算，对标准化设计和通用方法的科学性与合理性进行评估，迭代优化标准化设计方案和通用方法。通过标准化设计方案和通用方法的规模试点验证，为光储充一体化站点在全国推广提供成熟的设计方案和有力的试点实践支撑。

2. 加强微电网参与电力批发和绿电交易，扩大试点应用

目前，光储充一体化仍处于发展初期，市场尚未培育起来，市场认知度低。光储充场站建设多是政策驱动和汽车企业、电池企业投资的试点项目，商业模式主要是收取电费或额外增加的服务费，短期内难以实现盈利。同时，电力市场交易机制的改革也为光储充一体化站点进入电力市场创造了有利条件，亟须进一步探索利用电力市场，从而提升光储充一体化的效益。

加大光储充站点参与电力批发市场、绿电交易和碳交易的试点力度。光储充一体化站点相比常规充换电站具有更好的可调度性，且其自身能够提供的光伏电量仅占其充电电量的较小比例，要实现充电场站的高比例绿电或者"零碳"电力，需要光储充一体化场站参与电力批发市场和绿电交易。在现有光储充一体化场站实现内部可再生能源优化消纳基础上，进一步将参与外部批发市场和绿电交易引入其试点范围和相关控制策略验证当中，开展一批光储充一体化站点参与批发市场和绿电交易试点项目，为光储充在绿电消纳中发挥更大作用奠定基础。

五 深度挖掘国内市场潜力，加快推进电动汽车全面市场化进程

经过十余年的产业培育与推广应用，我国已经成为全球最大的新能源汽车消费市场（见图 2-14）。从 2015 年到 2022 年，我国新能源汽车销量从 33.1 万辆提升到 688.7 万辆，渗透率从 1.35% 提升到 25.6%。

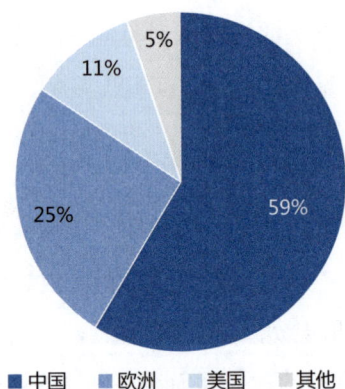

图 2-14 2022 年全球部分国家和地区新能源汽车销量占比

数据来源：EV-Volumes。

各项消费激励政策发挥了市场培育的作用，新能源汽车市场实现了从"0"到"1"的跨越。新能源汽车推广应用从早期依靠政策的"单轮驱动"逐步转向"政策＋市场"的"双轮驱动"。同时，各项配套设施政策逐步推进并落地，消费和使用环境持续优化。2022 年中国汽车保有量达 3.19 亿辆，其中新能源汽车达 1310 万辆。对存量燃油车的替换，是汽车行业与能源行业实现低碳化的必由之路，为新能源汽车提供了广阔的发展空间。在当前中国经济下行压力加大的背景下，汽车行业已经成为助力稳住宏观经济大盘的支柱行业，新能源汽车消费的拉动作用越发明显。面向汽车全

面电动化的发展目标，我们需要进一步加大政策驱动力度，持续提升产品技术水平，构建可持续发展的消费环境，推动我国汽车产业高质量发展。

（一）深挖私人消费市场结构性潜力，加速新能源乘用车全面替代

我国新能源乘用车市场已经进入加速成长期。2022年，我国新能源汽车销售688.7万辆，市场渗透率达25.6%；2022年，我国新能源乘用车累计销售650万辆，市场渗透率达27.6%，提前3年完成《节能与新能源汽车技术路线图2.0》中"到2025年达到25%"的上限目标。根据创新扩散理论，市场渗透率越过20%是创新产品从早期市场迈向大众市场的标志性拐点。我国新能源乘用车在2021年第四季度的市场渗透率达到20%以后（见图2-15），保持持续上升态势，进入依靠普通大众消费的加速增长期。新能源乘用车市场的核心竞争要求正在转向优质产品供给、整车成本管控与运行安全保障，逐步形成产品升级驱动消费升级的市场发展新动能。

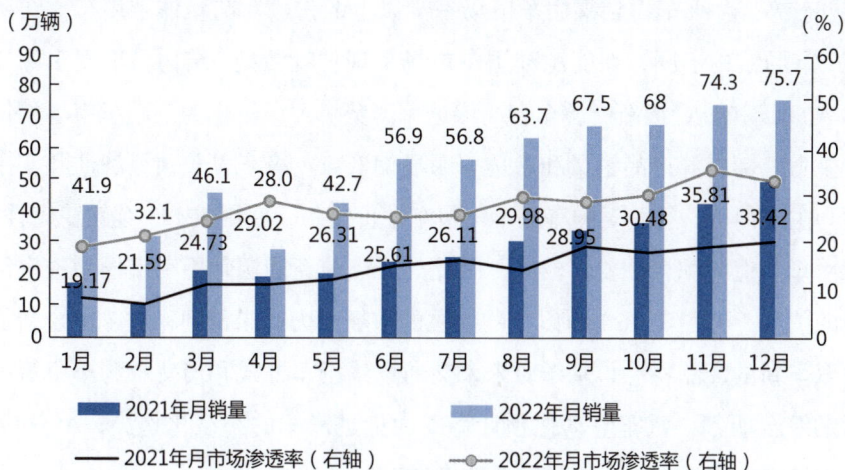

图 2-15 2021 年和 2022 年中国新能源乘用车月销量和月市场渗透率

数据来源：中国汽车工业协会。

随着电动汽车短板方面（续航里程、充电速率、起火安全性）的技术突破，以及消费端调控政策发挥关键作用，主流消费者对新能源汽车的认知已经发生改变，接受度和满意度不断提升，私人消费占比已达到80%，非限购城市的私人消费比例提升至70%，市场驱动力逐步增强。面向全面市场化，下一步要继续深挖市场结构性潜力，加速新能源乘用车全面替代，推动产业链的可持续发展。总体上要继续着力实施针对新能源汽车的普惠性政策，在全国各地扩大实施针对燃油车型置换新能源车型的补贴鼓励政策，加快引导存量传统能源汽车的替换。此外，要在更多使用环节上为新能源汽车用户创造实际的便利性和经济性优势。考虑在公共停车费、过路过桥费上给予一定的减免优惠，鼓励市场资源和社会资本投入到新能源汽车服务产业中，在维修服务、补能设施建设、金融保险、二手车交易等领域给予税费减免、财政补贴以及鼓励商业模式创新等方面的政策支持。

1. 发力提升经济型乘用车渗透率，释放首购市场潜力

我国乘用车市场经过多年发展，已经形成以 A 级车为高点的"纺锤型"态势，A 级车占到乘用车市场一半以上的份额。与整体乘用车"纺锤型"市场结构不同，新能源乘用车市场呈现"哑铃型"结构，呈现出两端的 A00 级和 B/C 级新能源车型高渗透率态势。A 级车作为乘用车市场的销量主力，新能源产品销量和渗透率明显偏低。A 级车以兼顾经济性和实用性为主要消费特征，对购车成本（整车性价比）、使用成本、续航稳定性、二手车残值等综合性要求较高，因此处于当前新能源乘用车市场渗透率最低的位置（见图 2-16），以首购为主的市场潜力尚未得到释放。结合新能源汽车新的产品特性，基于对未来交通场景用车方式和消费者购车决策因素的综合研判，汽车电动化预计将助力推进汽车的小型化趋势，A0 和 A级的经济型产品将成为市场主要的发展对象。

乘用车市场各级别车型结构占比 | 新能源乘用车各级别车型市场渗透率

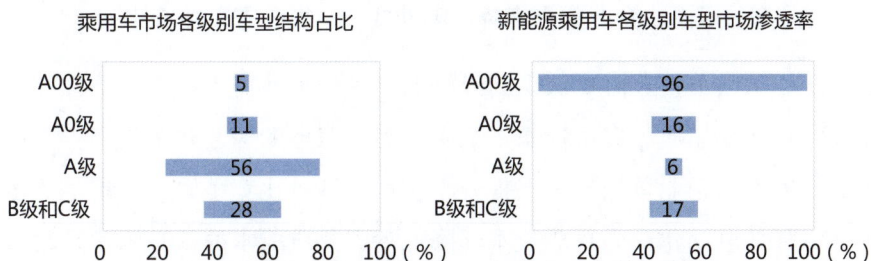

图 2-16 2021 年乘用车及新能源乘用车市场结构

数据来源：中国汽车工业协会，乘用车市场信息联席会。

经济型乘用车是首购消费的主力市场。未来我国乘用车市场能否实现新能源车型对传统燃油车型的全面替代，关键就是经济型产品能否将渗透率提升到平均水平、能否成为首购消费人群的主流选择。经济型车型渗透率的提升，将取决于政策层面、产品层面、基础设施层面的综合作用与全面协同。

（1）政策层面，需实施鼓励和促进购买政策，取消限制性政策

在购买环节，对新能源乘用车的推广应用采取一定的倾向性政策，并设立退坡机制。总体上针对新能源汽车产品继续给予消费端的政策支持，进一步将购置税优惠政策延续至 2025 年。其中，对于经济型产品采取全额减免，对于中高档车型按照 2024 年全额减免、2025 年税额减半的退坡方式，适当减小政策支持力度，发挥财税政策的导向作用，将厂家和消费者供需两端的关注点转移到经济型产品上。

同时，需要取消目前存在的一些不利于经济型车型推广应用的限制性政策，如对购买经济型新能源乘用车的限制措施、购买身份中的本地户籍或居住证的限制、必须要拥有停车位的购买限制、小区或住所提前安装好充电桩的限制、对车长的限制等，以促进经济型乘用车进入家庭，避免鼓励新能源乘用车的"高消费"。

73

（2）产品层面，企业要重点降低电池成本，提升整车性价比

新能源汽车企业需要认识到经济型产品的消费需求兼顾经济性和实用性，对产品品质、成本控制、全生命周期服务的综合要求很高。在产品供给方面，企业首先要重点提升整车产品性价比竞争力，关键是要多措并举降低电动化动力总成成本。降低动力总成成本的核心因素是动力电池成本，这需要整车企业与电池企业以及供应链协同发力，通过提升能量密度、降低原材料价格促进电池成本的有效降低。同时，对续航里程指标进行精准的设计，根据中国用户的实际情况将续航指标设置在合理范围内，不盲目比拼续航里程指标，以有效降低电池用量，促进整车成本优化。

（3）基础设施层面，重点提升居民小区公共电桩覆盖度

针对经济型车型用户的续航里程焦虑问题，不能依靠大电池用量来解决，核心是要解决日常补能的便利性问题。经济型乘用车用户在个人停车位方面的消费能力有限，安装私人充电桩受到限制。在推动居民小区公共充电设施建设方面，需要充分发挥政府的引导作用，结合老旧小区改造、城市更新升级等工作，探索充电服务企业、物业服务企业、车位产权方等多方参与且可持续的市场化合作，鼓励智能充电管理、分时共享等运营模式，加强基础设施布局与电网侧协同，促进居民小区公共充电桩的普及。

2. 加速向三线以下城市及农村地区市场下沉，释放消费升级潜力

当前，我国新能源乘用车市场渗透率处于快速提升阶段，消费格局呈现以一、二线城市为主的市场特征。受新能源汽车的销售网络、服务网络、补能网络及营销推广策略等因素的影响，三线以下城市及农村地区的新能源汽车消费潜力未得到有效释放。2022 年，新能源乘用车下沉市场份额有

所提升（见图 2-17），但三线以下城市及农村地区的新能源乘用车市场渗透率仍低于整体乘用车市场。挖掘下沉市场的增量将为新能源乘用车发展带来长期动力。

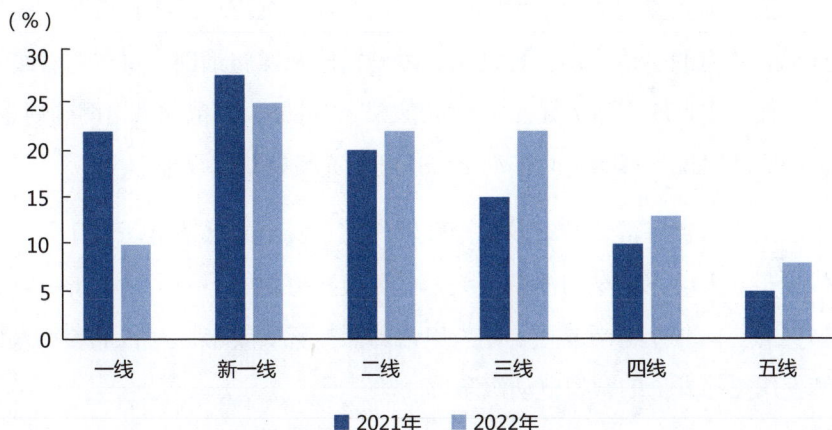

图 2-17　2021 年和 2022 年各级别城市新能源乘用车市场份额

数据来源：中国汽车工业协会。

　　2020 年新能源汽车下乡活动开展以来，获得了消费者的普遍认可。据中国汽车工业协会统计，2021 年新能源汽车下乡车型共销售 106.8 万辆，同比增长 169.2%，增速高出行业整体水平 10 个百分点。三线以下城市及农村地区在使用新能源汽车上具有一些天然优势，如电价便宜、充电设施建设方便、停车场地宽裕等。在下沉市场方面，未来需要政策层面、产品层面、服务层面的同向发力与全面协同，释放新能源乘用车的消费升级潜力。

（1）政策层面，需持续加大财税补贴力度，支持新能源产品下沉

　　一是形成下沉市场鼓励政策的长效机制。从 2020 年到 2022 年的三年间，四部门（工业和信息化部办公厅、农业农村部办公厅、商务部办公厅、国家能源局综合司）出台《关于开展新能源汽车下乡活动的通知》一般是在当年第二季度或第三季度，每年的实施时间有限。未来需要形成长效机制，保障从每年年初开始实施下沉市场的鼓励支持政策，有利于地方政府的相关配套政策安排尽早到位。

二是增强政策的协调力度。国家层面启动下沉市场的指导政策，同时发挥地方政府的主体作用，推动制定配套措施和实施细则。重点在省级政府层面根据本省的实际情况，对下沉市场划定补贴人群范围做出明确规定，提供相应的财税支持，同时推动下沉市场的充换电基础设施建设。

三是实施支持消费升级政策。鼓励淘汰不安全的低速电动车，促进老年代步车、电动三轮车的消费升级，对置换购买新能源乘用车给予一定的补贴支持。同时，适当放宽老年人申请驾照的资质要求，有利于老年人购买和使用更加安全的微型电动汽车。

（2）产品层面，需针对性开发适合下沉市场的新能源产品

国家应定期发布《新能源汽车推广应用推荐车型目录》，对下沉市场的产品方向给予指导，引导汽车企业有针对性地开发下沉市场产品，对价位、功能、安全、续航等指标做出有针对性的规划和设计。

企业需要针对下沉市场的消费者对价格敏感但对出行半径要求不高的特征，研发更适合短途场景的高性价比产品。针对低速电动车消费升级的蓝海市场，可应用新一代低成本的正极锂替代材料电池，开发性价比更高、尺寸更小的新一代微型电动汽车，向平台布局更优、尺寸更精简、空间利用率更高、价格更有竞争力的方向发展，这种产品将对改善三线以下城市及农村地区的出行环境起到积极作用。

（3）服务层面，需跨行业协同推进销售、服务、补能网络下沉

一是销售网络下沉。充分利用现有传统汽车销售网点推动新能源汽车下沉，以灵活可行的销售策略吸引现有下沉网点转型升级。同时，创新销

售渠道模式,贴近用户生活场景,因地制宜地将新能源汽车带到超市、集市、交易市场进行展示,并利用新媒体平台加大宣传力度,线上线下结合促进下沉市场销售。

二是服务网络下沉。采取符合下沉市场用户特点的服务模式,增加服务网点数量,健全售后服务体系。充分利用现有传统汽车的服务体系,推进新能源汽车的维修、保养服务网络建设。充分运用远程诊断与网络指导等手段,提升维修服务质量。

三是补能网络下沉。加快下沉市场的公共补能基础设施建设,根据三线以下城市及农村地区的特点,重点对公共区域、乡镇街道加快充电桩建设。通过制定地方性建设补贴、设置充电服务费上限等政策,促进充电基础设施的下沉。

（二）政策与场景驱动协同推进,加速新能源商用车进入成长期

我国新能源商用车近几年发展呈 V 形走势。2018—2020 年,受补贴退坡等因素影响,新能源商用车市场渗透率连续下滑。2021 年国家"双碳"战略启动,新能源商用车销量呈现恢复性增长。2022 年,新能源商用车累计销售 33.7 万辆,渗透率达到历史高点 10.2%（见图 2-18）。从市场渗透率指标上看,新能源商用车仍未走出市场起步期。

中国新能源汽车销量引领全球,其中新能源乘用车是绝对主力,占比已超过 95%,新能源商用车的贡献度不足 5%（见图 2-19）,这与商用车在整体汽车市场中近 20% 的占比是非常不匹配的。

目前我国商用车保有量约占汽车总量的 15.6%,而使用阶段的能源消耗和碳排放占比近 60%。从车辆排放阶段构成来看,现存国Ⅳ及以下排放标准的商用车占比超过 60%,低排放标准车型仍占市场主流。从实现"双碳"

（万辆）   （%）

图 2-18　2015—2022 年新能源商用车销量及市场渗透率

数据来源：中国汽车工业协会。

图 2-19　2015—2022 年中国新能源汽车市场车型结构

数据来源：中国汽车工业协会。

目标角度出发，商用车电动化将是"双碳"战略的重点推进领域，加速淘汰老旧燃油车，为推广应用新能源商用车提供了广阔空间。

在供给侧方面，需要尽快出台商用车领域的双积分政策，借鉴乘用车领域实施双积分的成功经验，促进商用车企业加大研发力度，带动产业链协同提升技术水平并优化成本结构。同时，现阶段需要加大市场需求侧的政策力度，促进新能源商用车的推广应用，力争到 2025 年实现《节能与新能源汽车技术路线图 2.0》中规划的新能源客车 30%、新能源货车 14%的市场渗透率目标。

1. 通过路权政策驱动，促进城市物流车的推广应用

城市物流车是商用车中使用场景比例较高的车型。根据《专用汽车》期刊对八大类物流专用车销量的统计，2021 年我国城市物流车占据专用车市场份额的 75%，城市物流车销量为 111.1 万辆。其中新能源城市物流车销量达 13.1 万辆，占比约为城市物流车的 13.5%；2022 年新能源物流车总销量达 23.58 万辆，同比增长 90.66%。

城市物流车是商用车市场的重要组成部分，也是商用车电动化的重要领域，优先在城市物流车领域发力，将有力带动新能源商用车市场渗透率的整体提升。提升城市物流车的电动化渗透率，需要根据城市物流使用场景的特点制定政策措施。重点依靠路权政策驱动新能源物流车的更新置换，同时在产品层面提升电动化平台技术水平，从政策和产品两个层面发力提升新能源城市物流车的市场渗透率。

（1）政策层面，通过路权政策驱动，促进物流车新能源化

在国内城市的货车运行管理中，限制时间段、限制行驶路段已经成为多年来的城市常态化管理政策。对城市货运物流车的限制性管理政策，是基于对燃油货车的排放污染、行驶噪声等因素的考量。尤其是前几年，个别城市出现了对黄牌车的全天候限制政策，造成了城市物流配送时间长、限行区域多、物流成本高等诸多问题。对于货车进城管理，许多地方政府出台了备案制、审批制，并要求产品具备盲窗、全封闭厢体等配置，给货车运输公司和货车从业者带来诸多不便。所以，路权限制问题是城市物流

运营的最大痛点，解决路权问题是引导城市物流车新能源化的政策发力点。

相比传统燃油货车，新能源物流车在行驶过程中具有零排放、噪声低的产品优势。对新能源城市物流车可给予城市内通行证优先权，并给予全时段、全城域的通行政策，同时可设置专供新能源城市配送车辆装卸货使用的限时停车位和停靠优先权。从维护城市环境角度，对燃油类货车尤其是老旧燃油车保持限制政策的连续性。

发挥政策的协同作用，加速城市物流车的新能源化。一是通过路权优先政策，拉动购买新能源物流用车的需求；二是通过环保政策加速淘汰老旧燃油城市物流车，推动存量物流车更新升级为新能源车型；三是在城市物流公司的资质要求上，可对新能源物流车的比例做出一定要求，促进现有物流公司和新增物流公司使用新能源产品；同时给予达标的物流公司一定的运营补贴，促进物流公司提高新能源物流车的使用比例。

（2）产品层面，通过开发专用电动平台，提升电动化技术水平

在新能源城市物流车产品中，多数传统车企选择"油改电"的技术路线，导致车辆自身重量较大、电池耗电量大、整车成本高，并且无法发挥新能源电动车的低使用成本优势。而纯电动乘用车已经越过"油改电"阶段，进入"以电池为中心"的全新专用平台阶段，有效实现了能效提升与成本下降。

新能源城市物流车领域的轻微型商用车同样需要开发专用平台，采用电驱桥/电驱轮等新型底盘平台（见图 2-20），优化电池布置，发挥平台空间布局优势，提升货车运载能力，同时配合整车低阻力集成技术、高压电气平台技术提高整车能效。轻微型商用车企业需要认识到开发全新的纯电动平台是降低全生命周期成本（TCO）的必由之路。在开发纯电动平台的过程中，将会打破现有轻型与微型商用车的划分标准，轻型与微型商用车的界线将被打破，车身承载形式（如轻客的欧系与日系）的区分将不再重要，现有城市物流车的产品格局和市场竞争局面将被彻底颠覆。

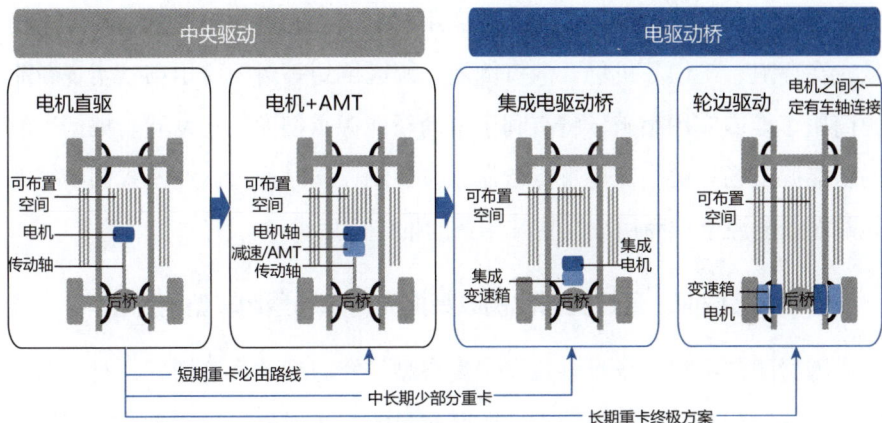

图 2-20　商用车驱动系统构型发展趋势

资料来源：罗兰贝格《商用车前瞻技术趋势白皮书》。

2. 通过政策驱动与商业模式赋能，加强封闭与半封闭场景推广应用

虽然电动化技术正在不断成熟并驱动商用车电动化走向实际运营阶段，但还存在着基础设施不够完善、消费者里程焦虑等难题，在全生命周期成本方面，相比传统燃油车，目前还不能在全场景形成经济性优势。相关机构经过专题研究（综合考虑新能源商用车制造成本、基础设施建设、商业环境、传统燃油车节能减排合规成本等因素），通过测算总体拥有成本，预计到 2025 年前后，中短途货车运输、客车运输、固定区域作业等应用场景具备经济性优势；预计到 2030 年左右，中重型物流运输、环卫作业等应用场景可实现经济性。以上这些因素，使得商用车电动化推广难度增加。所以，在新能源商用车推广策略方面，要优先选择基础设施建设可控、路线相对可控的特殊场景率先应用。

商用车的特殊应用场景主要为封闭场景和半封闭场景，封闭场景主要有矿区、机场、港口、厂区等，半封闭场景主要有园区、景区、高速干线物流、公交等。封闭与半封闭场景应用路线固定，中低速居多，使用频率高、

能耗高，多为点对点固定作业，是商用车电动化和自动驾驶落地的首选场景。在环卫、矿山、机场、港口倒短、园区倒短等封闭应用场景实现新能源商用车推广应用突破，将有利于带动新能源重型商用车发展。根据当前的新能源市场态势，需要重点依靠政策驱动，同时通过商业模式创新等方式赋能新能源重型商用车在特殊场景的推广应用。

（1）政策层面，通过更新比例政策推动特殊场景用车新能源化

因封闭与半封闭场景多数属于生态型、资源型的环境场景，对环保排放、低碳运行有着较高的需求，所以对封闭与半封闭场景用车，实施特殊的新能源化政策是顺应环境保护和资源保护的形势要求。《新能源汽车产业发展规划（2021—2035 年）》中提出加快新能源汽车在城市公交、场地用车、港口作业等领域应用。《"十四五"现代综合交通运输体系发展规划》和《工业领域碳达峰实施方案》中分别提出，要提高城市公共服务车辆和港口、机场内车辆、邮政快递、环卫用车的新能源汽车比例。同时，北京、山东、海南等地方政府出台了落地措施促进特殊场景用车的新能源化。

对于特殊场景用车中新增与更新的新能源车型比例要求，可实施分类分阶段策略。一是可在 2025 年前，对于公共财政资金购买的车辆且基本具备新能源化产品条件的实施 100% 的比例要求；二是可在 2028 年前，对于国有企事业单位购买的车辆实施 100% 的比例要求；三是可在 2030 年前，对于所有单位的特殊场景用车的新增和更新车辆实施全部达到新能源化的比例要求；四是在 2035 年前，对于在运行的特殊场景用车，需全部更新为新能源汽车；五是对淘汰老旧燃油车比例提出要求，对低排放燃油车在特殊场景内的路权、牌照、营运证等方面实施限制管控政策。同时，要对特殊场景车辆更新为新能源商用车制定相应的配套支持政策，对购买环节、充电桩建设环节等给予一定的财税补贴支持，提高车辆使用主体新增和置换新能源商用车的积极性。

（2）商业模式层面，推进换电模式赋能新能源重卡的推广应用

在特殊场景的新能源商用车中，以纯电动重卡车型为主，相比传统燃油车，在补能便利性、首次购置成本方面不具备竞争优势。当前商业模式创新对新能源重卡的价值链和盈利影响正在凸显，通过金融租赁、数字运营平台融合自动驾驶技术等新型服务和盈利模式，可降低首次购买成本投入。通过车电分离和换电模式，可降低用户购车门槛，降低重卡补能时长，并用服务收益弥补购车成本，同时提升供需两端积极性。

对于重型商用车，换电模式能够实现车电分离，解决重型货车购置成本高、充电时间长等痛点问题。在推进重卡换电体系建设中，首先需要国家及行业相关部门尽快完善换电技术标准，加快《电动汽车换电安全要求》国家标准的审查报批，完善换电站建设的审批流程和补贴制度。同时，需要产业链上下游协同创新商业模式，在整车、租赁、金融、补能、电池银行、服务备件、二手车等领域提供整体解决方案，降低购车与用车门槛（见图 2-21），促进新能源重卡在特殊场景的推广应用。

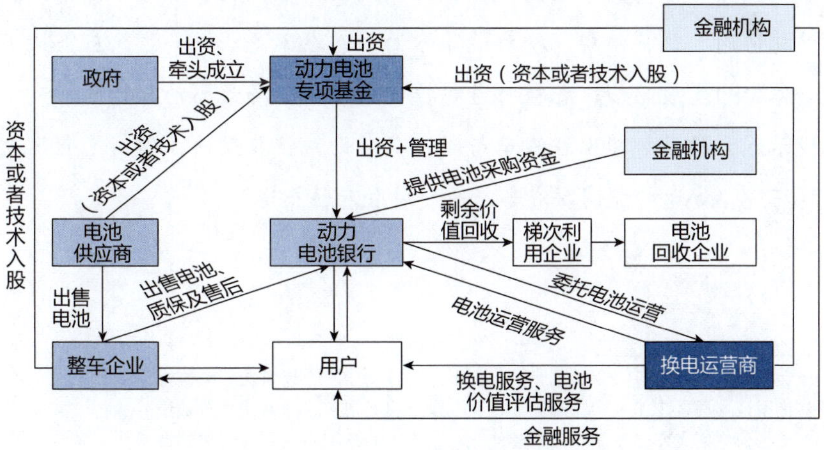

图 2-21　换电与电池银行商业模式

资料来源：中国汽车技术研究中心有限公司。

第三章
跑赢下半场，坚持智能网联道路

孙宁　刘倩军　李晓龙　任毅龙　冀浩杰　韩苗苗　李羽晏[1]

当前，智能网联汽车已成为新一轮科技革命和产业竞争的制高点，全球各国都将其置于战略核心地位，在发展单车智能的基础上积极探索网联协同，形成多领域跨界融合的新格局。我国高度重视智能网联汽车发展，在产业基础、产业融合发展、示范区建设等方面与全球先进水平并跑，局部实现领跑。但需要注意的是，我国在关键技术创新、应用示范推广、基础设施协同、政策法规环境打造等方面仍存在不足。下一步，应坚持车路云一体化的发展路线，积极打造科技创新体系，场景驱动智能网联汽车大规模示范，推动智能网联汽车与城市基础设施互联互通，创新产业化政策法规环境，加速智能网联汽车产业发展驶入快车道。

1　孙宁，中国汽车工程学会汽车智能化与未来出行研究中心技术发展部部长，博士。
　　刘倩军，中国汽车工程学会汽车智能化与未来出行研究中心技术发展部研究员。
　　李晓龙，中国汽车工程学会汽车智能化与未来出行研究中心产业研究部部长。
　　任毅龙，北京航空航天大学副教授。
　　冀浩杰，北京信息科技大学副研究员。
　　韩苗苗，中国汽车工程学会汽车智能化与未来出行研究中心产业研究部研究员。
　　李羽晏，中国汽车工程学会汽车智能化与未来出行研究中心技术发展部研究员。

一. 智能网联汽车成为全球战略必争高地，迈入产业发展攻坚期

（一）智能网联汽车已成为新一轮科技革命和产业竞争的制高点

1. 智能网联汽车已成为全球人工智能、新一代通信网联技术和星地互联等技术领域的最佳应用载体和重要应用场景

智能网联汽车是人工智能的最佳应用载体。近几年来，以人工智能为核心的传感技术、深度学习、图像自动识别、自然语言处理以及计算机视觉等技术正广泛应用于汽车行业，推动自动驾驶汽车技术进步。从技术专利维度看，根据中国科学院发布的《基于人工智能专利图谱的技术热点发现以及演化分析》[1]，2016—2018 年，人工智能在自动驾驶领域的热点技术图谱热度明显增强（见图 3-1）。

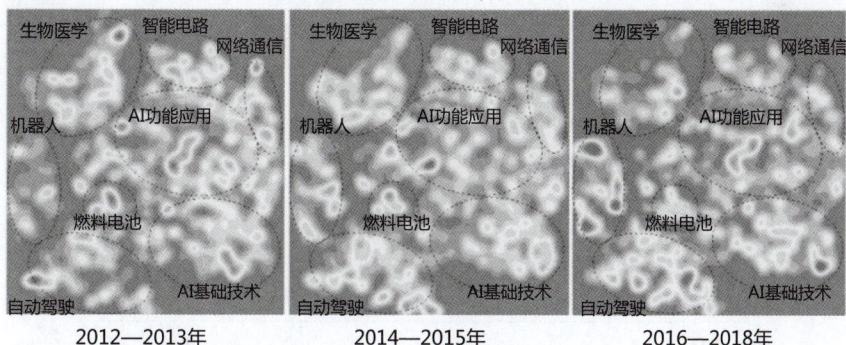

图 3-1 人工智能热点技术演化

从市场规模看，人工智能市场中，跟汽车相关的领域市场规模逐年保

---

1 陈挺，邓启平，李国鹏，王小梅.基于人工智能专利图谱的技术热点发现以及演化分析[J].中国发明与专利，2021, 18(2): 13-21。

持增长态势。LP Information 的研究数据显示，2022 年相关市场规模约为 27.38 亿美元，预计 2029 年将达到 204.40 亿美元，2023 年到 2029 年的年均增长率可达 33.3%。总体上，在技术发展和市场双因素驱动下，自动驾驶可为人工智能创造可观的经济价值，智能网联汽车正逐渐成为人工智能的最佳应用载体。

智能网联汽车是新一代通信网联技术（5G）的重要应用场景。5G 的设计目标主要涵盖三大场景，其中超可靠低时延连接是智能网联汽车的重要应用场景（见图 3-2）。五矿证券发布的研究报告预测，智能网联汽车作为 5G 的重要应用场景，到 2030 年将为我国创造 6763 亿元产值，有效带动 5G 行业快速增长。

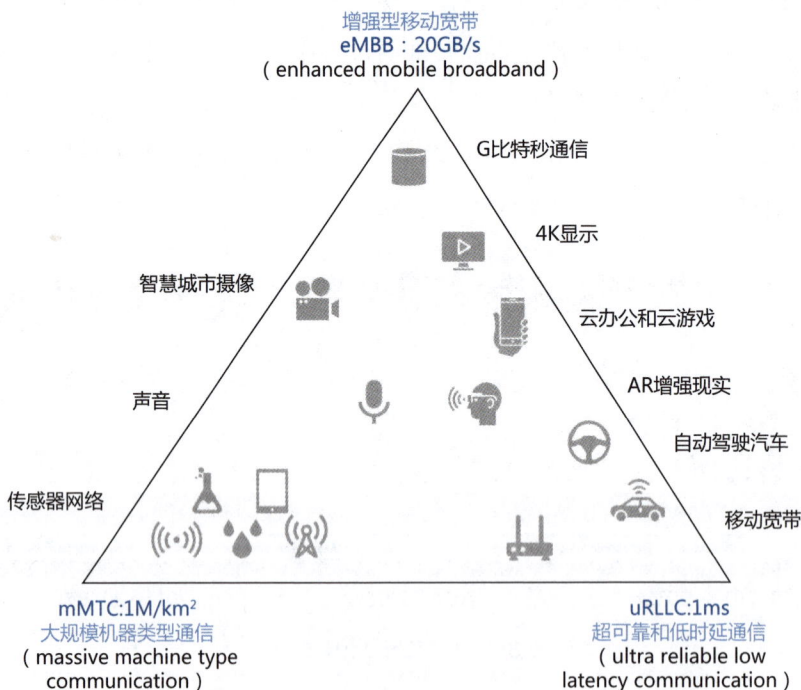

图 3-2　5G 三大应用场景

资料来源：中国信息通信研究院信息化与工业化融合研究所，《5G 云化虚拟现实白皮书》，2019 年。

智能网联汽车将成为星地互联技术典型应用场景。星地互联是指星地一体化网络，即通过卫星网络与地面网络紧密融合，双网优势互补，实现更广阔的覆盖以满足用户接入服务需求。卫星与地面的深度融合已成为未来 6G 网络技术发展的重要方向，根据《6G 典型场景和关键能力白皮书》，自动驾驶未来将成为 6G 典型应用场景（见图 3-3）。

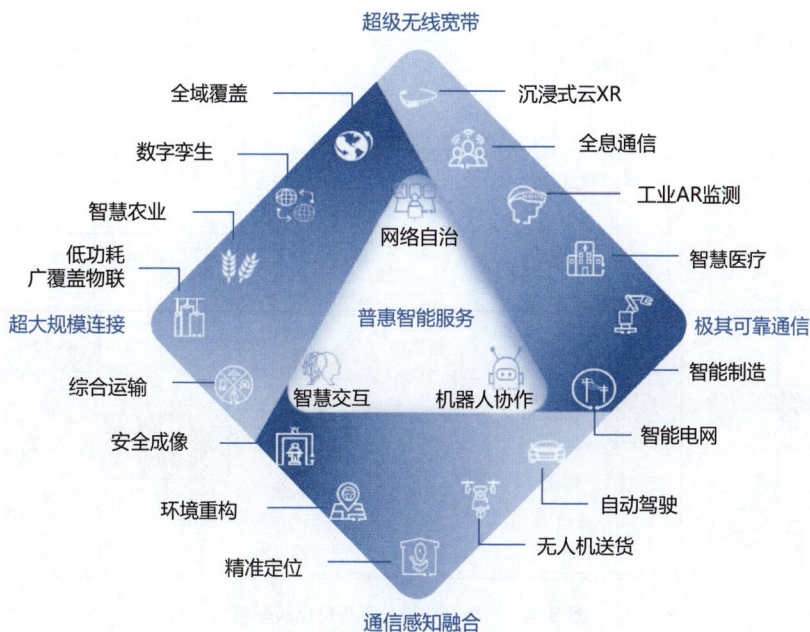

图 3-3　6G 通信网络典型应用场景

资料来源：IMT-2030（6G）推进组，《6G 典型场景和关键能力白皮书》。

2. 智能网联汽车引发汽车产业重构，产业价值链呈现"总量上升"态势

汽车产业链正从线性的链条式结构向网络化、平台化发展。传统汽车产业链基本是从设计研发、采购制造、销售到服务的模式。智能网联汽车催生了新开发模式、新使用模式和新服务方式，使得汽车产业结构呈现网

络化、平台化的发展特征（见图3-4）。在这种新格局下，智能网联汽车本身增加了软件、芯片等部件，相关研发主体之间存在复杂多样的合作协同方式，使得产业分工模式趋向于网络化发展。在出行服务端，用户的需求从拥有车向使用车转变，运营平台成为汽车使用服务的提供者，为用户提供精准的、按需的以及定制化的服务，整个出行服务呈现平台化发展格局。

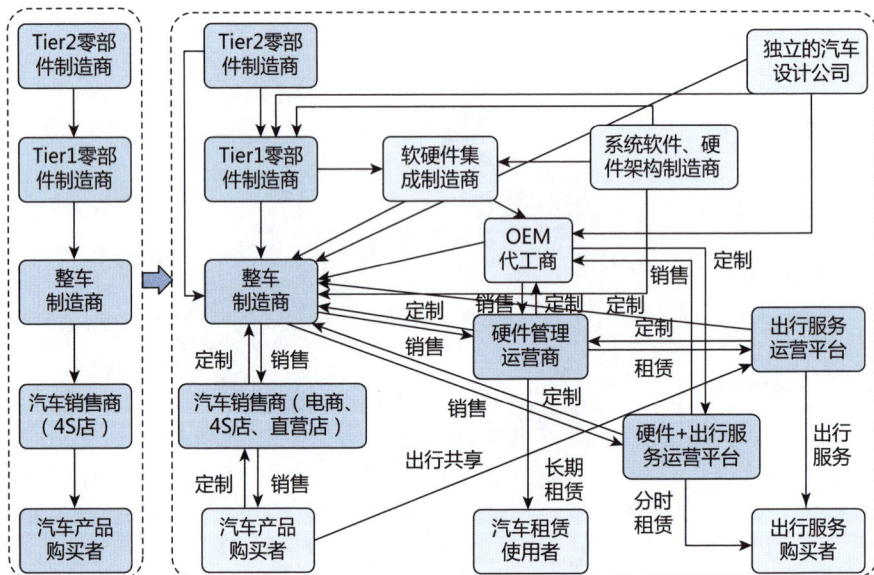

图3-4 汽车产业链分工与协作新形态

资料来源：根据相关资料整理。

智能网联汽车产业价值链呈现"总量上升"态势。智能网联汽车产品和服务变革带来了智能传感器、芯片和操作系统等增量部件，并催生了软件付费、OTA、第三空间和共享出行等新型服务模式，将产生新的价值增量，提升价值体量（见图3-5）。以大众汽车集团为例，根据其"2030战略"，在自动驾驶技术的驱动下，大众到2030年将进一步转向软件和服务，预计相关的软件增量销售额可达到1.2万亿美元。

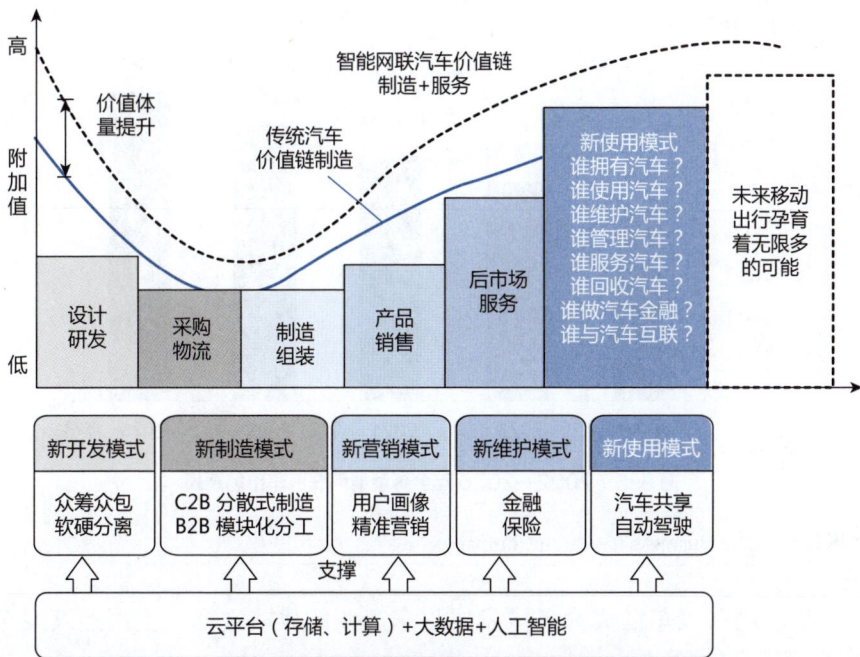

图 3-5 新科技革命带来的汽车产业价值增值

资料来源：中国汽车工程学会，《节能与新能源汽车技术路线图 2.0》。

3. 智能网联汽车为经济增长提供新动能，各国纷纷将其上升为国家战略

智能网联汽车作为数字经济的重要组成部分，为推动各国经济增长注入了强劲的新动能。数字经济是指直接或间接利用数据来引导资源发挥作用、推动生产力发展的经济形态。在技术层面，大数据、云计算、物联网、区块链、人工智能、5G 通信等新兴技术都属于数字经济范畴。众所周知，智能网联汽车是上述众多新技术的重要载体，将为各国经济发展提供强劲的新动能。全球智能汽车市场规模预计将从 2022 年的 9313.4 亿美元增长至 2023 年的 10448.7 亿美元，增长率达 12.2%。2026 年市场规模将增长至 14754.7 亿美元，复合年增长率达 12.2%，市场前景可观（见图 3-6）。

（十亿美元）

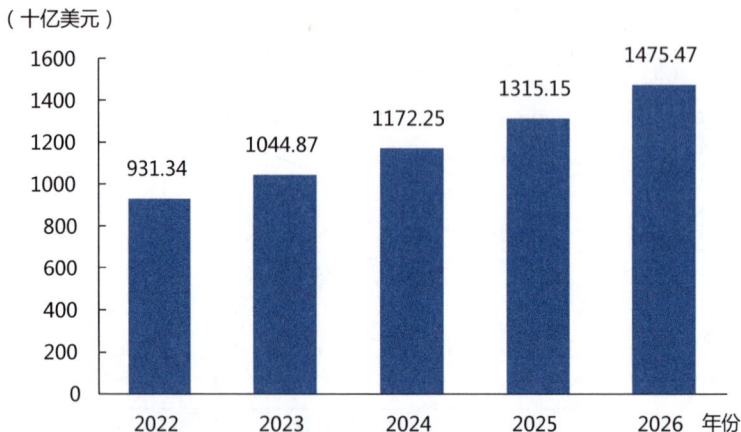

图 3-6　2022—2026 年全球智能网联汽车市场规模

数据来源：The Business Research Company。

　　智能网联汽车已成为各国发展汽车产业的战略选择。美国连续发布关于自动驾驶的政策指导框架 AV1.0 ~ AV4.0 以及《自动驾驶汽车综合计划》，旨在确保其在自动驾驶领域的全球领先地位。欧盟发布《通向自动化移动之路：欧盟未来移动性战略》，明确到 2030 年普及完全自动驾驶。日本通过科技研发计划 SIP-adus 发布《官民 ITS 构想与路线图》，提出自动驾驶的整体发展战略。我国从国家层面先后发布了《智能汽车创新发展战略》《新能源汽车产业发展规划（2021—2035 年）》等重要的智能网联汽车战略，旨在推动我国智能网联汽车新发展。

4. 智能网联汽车将成为解决老龄化、人力司机短缺等社会问题的重要手段

　　智能网联汽车在保证老年人、残疾人等弱势群体汽车出行权利与便捷度等方面具有重要价值。随着年龄的增长，老年群体视力下降、驾驶能力下降、反应变慢，这些因素都削弱了其自驾的能力，从而降低了出行的便捷程度。此外，美国交通部 2017 年公布的报告显示，调查人群中 36.5%

的残疾人因为出行局限性而被迫放弃出行。自动驾驶技术能够弥补人类驾驶能力的不足，从而满足老年人、残疾人等弱势群体出行的需求，提升生活质量。以美国、英国为代表的国家纷纷将帮助弱势群体的出行更灵活、更高效作为发展自动驾驶技术的重要意义之一。

智能网联汽车为司机岗位缺口提供解决方案。未来社会人力资源短缺加剧，人力司机短缺将成为社会热点问题。以卡车运输为例，卡车运输是供应链的关键环节，几乎与生活中的衣食住行各方面均息息相关。然而，受人口老龄化、工作环境、最低年龄限制、社会地位等诸多因素影响，货运司机岗位缺口常年存在且日益严重。美国卡车运输协会估算 2023 年美国卡车司机缺口将达到 9.8 万人，预计到 2030 年该数字将超过 16 万人（见图 3-7）。智能网联汽车能够执行人类驾驶员的驾驶任务，遵守交通规则并保持警惕，帮助解决或缓解包括卡车在内的司机岗位短缺问题。

（人）

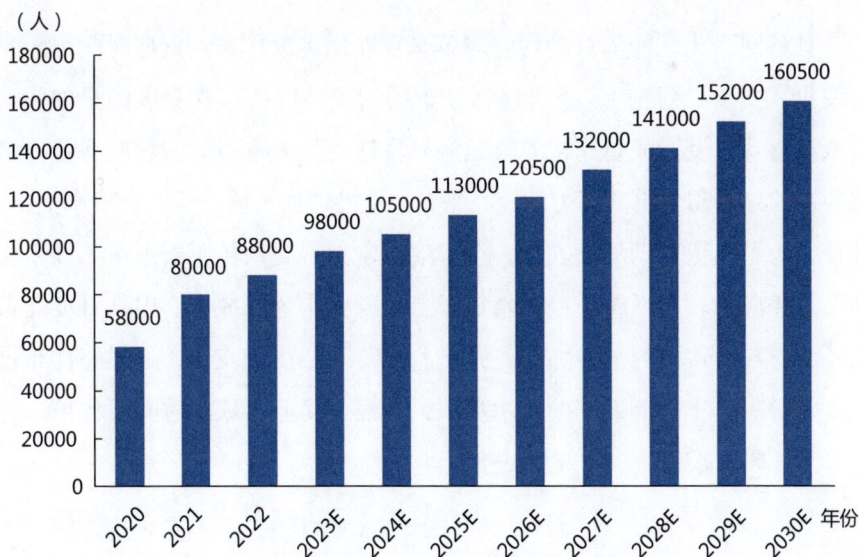

图 3-7　2020—2030 年美国卡车司机缺口

注：E 为预估数据。

数据来源：美国卡车运输协会（American Trucking Associations）。

（二）技术选择双线并行，场景驱动的智能网联汽车商业化发展路径成为共识

1. 单车智能面临技术、成本、数据等多重因素制约，网联赋能可弥补单车智能不足并系统性降低成本，加速自动驾驶商业化应用进程

单车智能面临感知技术局限和海量数据积累问题。目前，自动驾驶感知传感器会因为一些极端天气出现感知受限的情况，此外，一些路侧遮挡导致探测视野被局限的情况也常有发生，这导致了单车智能的商业化进程受阻。从道路测试数据看，高级别自动驾驶车辆的实现至少需要几百万次极端工况的数据，而目前在短期内开发测试很难覆盖所有极端情况，形成长期无法解决的长尾效应，增加了高级别单车智能落地的困难。

具备网联化赋能的自动驾驶与单车智能比规模化商业落地时间更短、研发投入更少。目前 L4 级自动驾驶车辆的硬件设备包含众多的摄像头、毫米波雷达以及激光雷达，尤其是激光雷达硬件成本过高，这些海量传感器数据的处理需要更高算力的计算平台，直接增加了研发难度和成本支出。此外，为了确保自动驾驶安全，在车端常常部署冗余传感器系统、高精度地图及相应的软件系统，极大增加了自动驾驶车辆的成本。根据百度发布的《面向自动驾驶的车路协同关键技术与展望 2.0》白皮书，通过路侧布设设备，解决单车智能面临的技术局限，规模化商业落地的时间要比单车智能更早、研发投入更少（见图 3-8）。

自动驾驶智能能力

自动驾驶规模商业化
落地智能要求

人类司机弥补

车路协同
智能

单车智能

为L4乃至L2+L3规模化
商业落地提供保障

临界点加快规模化商业落地

时间与研发投入

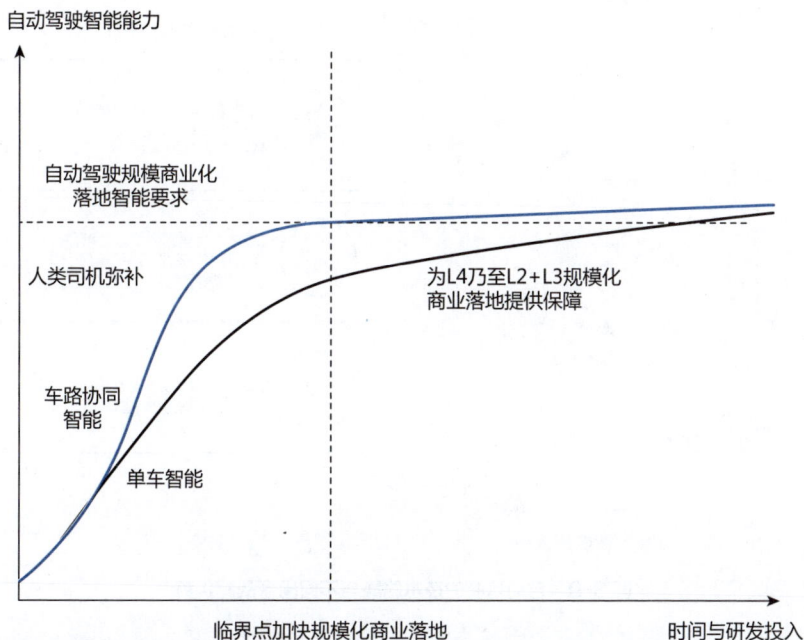

图 3-8　网联赋能与单车智能两种技术路线发展路径演进与比较

资料来源：清华大学智能产业研究院、百度 Apollo，《面向自动驾驶的车路协同关键技术与展望 2.0》。

2. 全球典型国家推进单车智能的同时积极探索网联协同发展

对于自动驾驶发展路径的选择，美国、中国、日本和德国等国家从自身汽车产业的发展情况和核心能力出发，整合各自的战略优势，选择了不尽相同的发展路径。美国借助自身人工智能、集成电路和高端芯片的领先优势，通过提高车辆自身的感知、决策与控制能力，提升单车自动驾驶的水平。而我国依托政府大力推行 5G 网络、物联网、智能交通等新型基础设施建设的优势，在发展单车智能的同时，希望率先在网联化方面取得阶段性突破（见图 3-9）。但是因为单车智能目前面临着技术和成本上的障碍，各国在发展单车智能的同时也在探索网联协同的发展路径。

93

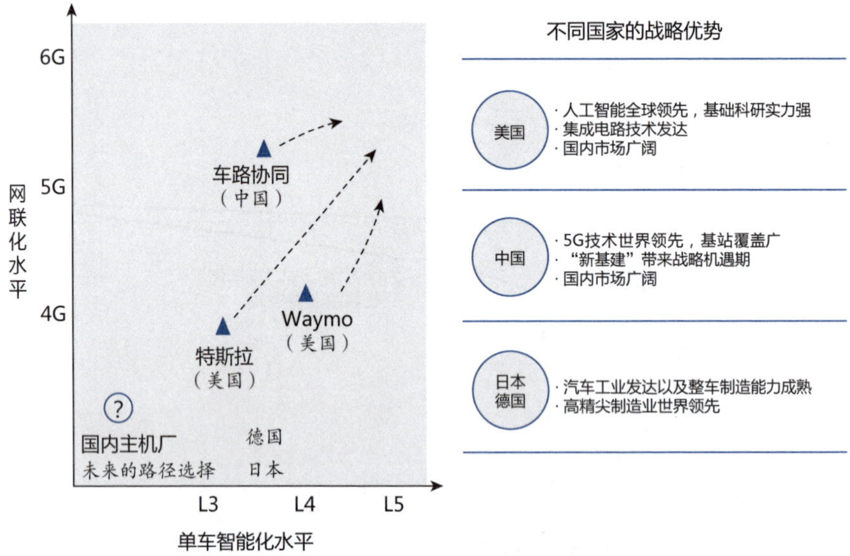

图 3-9　自动驾驶的技术路线与不同国家战略优势

资料来源：德勤，《新基建下的自动驾驶：单车智能和车路协同之争》。

　　美国近年来积极开展自动驾驶的智能化和网联化融合探索。美国汽车工程师学会于 2020 年 5 月发布 SAE J3216《道路机动车辆协同自动驾驶相关术语分类方法和定义》标准，描述了网联协同对自动驾驶的支持和赋能作用，提出了状态共享、意图共享、协同决策和协同调度四种针对网联化协同自动驾驶的功能分级和定义（见表 3-1）。

表 3-1　网联化协同自动驾驶功能分级

	Level 0：人工驾驶	Level 1：辅助驾驶	Level 2：部分自动驾驶	Level 3：条件自动驾驶	Level 4：高度自动驾驶	Level 5：完全自动驾驶
无协同驾驶	—	依赖驾驶员完成驾驶任务和实时监督状况		在限定条件下依靠自动驾驶系统完成驾驶任务		

续表

	Level 0: 人工驾驶	Level 1: 辅助驾驶	Level 2: 部分自动驾驶	Level 3: 条件自动驾驶	Level 4: 高度自动驾驶	Level 5: 完全自动驾驶
CLASS A: 状态共享	—	有限制的协同：相较于协同的自动驾驶系统，人的感知能力是受限的，要由人来操作，并监督协同驾驶状况		协同的自动驾驶系统有完全的能力决定行为； 改进了车载传感能力之外的协同感知能力，提高了周围道路使用者和道路运营者的协同状态感知能力		
CLASS B: 意图共享	—	有限制的协同	有限制的协同	协同的自动驾驶系统有完全的能力决定行为； 通过提高预测可靠性来改进协同感知能力，提高了周围道路使用者和道路运营者的协同规划能力		
CLASS C: 协同决策	—	N/A	N/A	协同的自动驾驶系统有完全的能力决定行为； 通过与周围道路使用者和道路运营者接收或发起协同，改进了协同和交通系统获取多目标的能力		
CLASS D: 协同调度	—	N/A	N/A	协同的自动驾驶系统有完全的能力决定行为； 除了接受和坚持规范性的沟通这种具体的情况外		

资料来源：根据相关资料整理。

　　欧盟已将数字基础设施支持自动驾驶纳入顶层设计。2019年3月，欧盟道路交通研究咨询委员会发布《网联式自动驾驶路线图》，提出基于数字化基础设施支撑的网联式协同自动驾驶（ISAD）分级，ISAD把基础设施由低到高分为E级到A级共5级，从E级到A级分别是传统设施/无自动驾驶支撑、静态数字信息/地图支持、动态地图信息、融合感知和协同驾驶（见表3-2）。

表 3-2　道路设施对自动驾驶支持的级别

	级别	名称	描述	提供对自动驾驶车的数字信息			
				包含静态路标的数字地图	车流管理、预警、事故、天气状况	微观交通态势信息	交通引导信息：车速、间距、车道线建议
数字化道路设施	A	协同驾驶	道路设施能够基于车辆运动实时信息引导自动驾驶汽车（单车或多车）从而优化总体交通流	√	√	√	√
	B	融合感知	道路设施能够感知微观交通态势，并将数据实时提供给自动驾驶车辆	√	√	√	—
	C	动态地图信息	所有动态和静态交通设施信息完成数字化准备，可以提供给自动驾驶车辆	√	√	—	—
传统道路设施	D	静态数字信息/地图支持	包含静态路标的数字化地图已可用，数字地图需要物理参考（如地标）进行补充。自动驾驶车辆需自己识别信号灯、短期道路施工状况和车流疏导信息	√	—	—	—
	E	传统设施/无自动驾驶支撑	不能提供数字信息的传统设施，自动驾驶车辆需要识别路形和路标	—	—	—	—

资料来源：国汽（北京）智能网联汽车研究院有限公司整理。

我国明确提出了智能网联汽车的网联化分级。中国汽车工程学会于2020年发布的《节能与新能源汽车技术路线图2.0》中，针对网联化进行了分级划分。在网联化方面，按照网联通信内容的区别对车辆驾驶自动化功能支持的不同程度，将其划分为网联辅助信息交互、网联协同感知、网联协同决策与控制3个等级（见表3-3）。

表3-3　网联化分级

网联化等级	等级名称	等级定义	典型信息	传输需求	典型场景	车辆控制主体
1	网联辅助信息交互	基于车—路、车—后台通信，实现导航等辅助信息的获取以及车辆行驶与驾驶员操作等数据的上传	地图、交通流量、交通标志、油耗、里程等信息	传输实时性、可靠性要求较低	交通信息提醒、车载信息服务、天气信息提醒、紧急呼叫服务等	人
2	网联协同感知	基于车—车、车—路、车—人、车—后台通信，实时获取车辆周边交通环境信息，与车载传感器的感知信息融合，作为自车决策与控制系统的输入	周边车辆/行人/非机动车位置、信号灯相位、道路预警等数字化信息	传输实时性、可靠性要求较高	道路湿滑预警、交通事故预警、紧急制动预警、特殊车辆避让等	人/系统
3	网联协同决策与控制	基于车—车、车—路、车—人、车—云平台通信，实时并可靠获取车辆周边交通环境信息及车辆决策信息，车—车、车—路等各交通参与者之间信息进行交互融合，达到智能协同，从而实现车—车、车—路等各交通参与者之间的协同决策与控制	车—车、车—路、车—云间的协同感知、决策与控制信息	传输实时性、可靠性要求最高	引导行驶速度、车辆间距、车道选择、协作式编队、交叉路口通行、匝道汇入等	人/系统

资料来源：中国汽车工程学会，《节能与新能源汽车技术路线图2.0》。

3. 智能网联汽车以应用场景为驱动，遵循由低速到高速、由封闭到开放的基本规律，逐步推进商业化进程

以应用场景带动商业化落地已成为各国实现智能网联汽车商业化的重要路径。目前各国普遍以封闭低速、限定区域、高速道路和城市道路等应用场景的发展路径推进商业化落地。对于封闭低速场景，由于路况简单、线路相对固定和车速相对较低，更有利于自动驾驶功能的实现，主要涉及停车场自主泊车、港口运输、矿山运输等典型运输场景。对于限定区域场景，速度以中低速为主、交通参与者较少，以微循环巴士、环卫清扫、末端配送等形成自动驾驶的典型运输场景。对于高速道路场景，道路环境相对简单，但行驶速度较高，主要包括高速自动驾驶乘用车和高速干线物流货车等典型运输场景。对于城市道路场景，行驶环境较为复杂，且速度一般以中速为主，Robotaxi 是该应用场景下的典型运输场景（见图 3-10）。

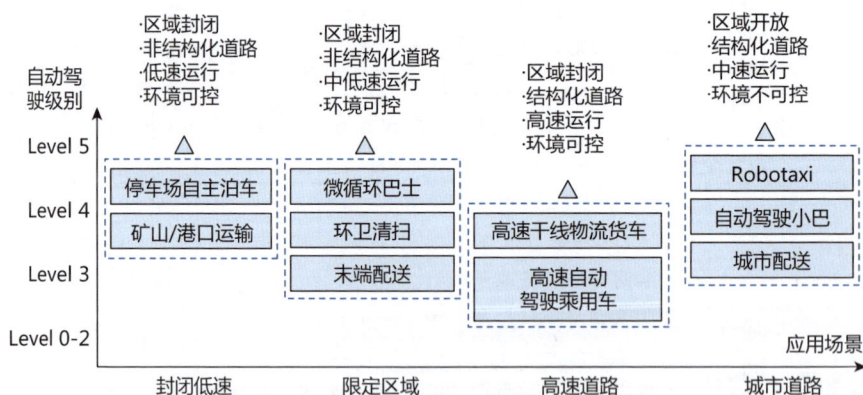

图 3-10　智能网联汽车应用场景

资料来源：根据相关资料整理。

美国发布的《自动驾驶综合计划》提出 L4/L5 级自动驾驶低速无人车、L4 级自动驾驶低速客运车辆、L3 级自动驾驶乘用车、L4 级自动驾驶乘用

车和 L4 级自动驾驶卡车，也是按照上述应用场景的思路来实现智能网联汽车的商业化。运送货物的低速无人小车和解决居民出行"最后一公里"的低速客运车辆是在限定区域场景的应用。自动驾驶卡车是在高速道路场景的典型应用。而有条件自动驾驶乘用车和高度自动驾驶乘用车因可以同时实现在城市通勤中低速道路和高速道路行驶，所以是在城市道路场景和高速道路场景的综合应用。

日本在《官民 ITS 路线图》中将自动驾驶分为物流服务、出行服务、私家车三大业务进行推广，并将自动驾驶开发计划分为两条路线（见图 3-11）。A 路线从移动性服务角度出发，将自动驾驶技术应用于物流和出行服务；B 路线从私家车角度出发，将自动驾驶的实际应用从高速公路扩展到普通道路。A 路线和 B 路线遵循从有限制的道路延伸到无限制的开放道路，其本质也是按照封闭区域、限定区域、城市道路与高速公路场景来实现的。

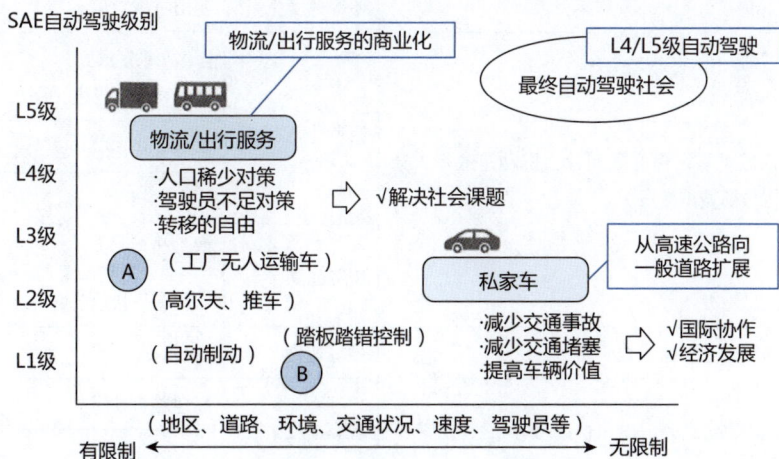

图 3-11 自动驾驶的使用场景

注：美国汽车工程师学会（Society of Automotive Engineers，SAE）。
资料来源：根据相关资料整理。

欧洲道路交通研究咨询委员会（ERTRAC）的《网联、协作和自动化出行路线图》中，也同样采用封闭区域、乡村道路、高速公路和运输走廊以及城市混行交通四大类应用场景。

我国发布的《节能与新能源汽车技术路线图2.0》中，也强调智能网联汽车按照从低速封闭场景到低速开放场景、高速封闭场景再到高速开放场景的顺序实现商业化落地。在《智能网联汽车创新应用路线图》中，依据封闭区域、限定区域、高速道路及城市道路进一步细化成停车场泊车、景区通勤、末端配送、高速路自动驾驶货车以及Robotaxi等典型运输场景（见表3-4）。

表3-4　我国智能网联汽车典型场景划分

行驶环境	主要行驶速度	典型场景
封闭区域（行驶的道路一般属于内部配建设施，多有出入口）	较低速度	停车场（库）泊车
		场内货运（港口、厂区等）
	中等速度	矿山重载货运
限定区域（一定程度限制社会机动车或行人通行，也包括城市支路）	较低速度	园区／景区通勤 区域微循环巴士（网约）
		末端配送
		环卫清扫
	中等速度	巡逻侦查
		专用车道快速公交
城市道路（主干路、次干路）	中等速度	Robotaxi
高速路（高速公路、城市快速路）	较高速度	高速路自动驾驶
		干线物流

资料来源：国汽（北京）智能网联汽车研究院有限公司整理。

（三）多领域跨界融合，全球智能网联汽车发展面临格局重塑

1. 新力量"多路径"入局智能网联汽车，引发供应链变革，产业竞合态势加剧

随着智能网联汽车带来的软件价值以及新业态/新模式的不断创新应用，造车新势力、ICT企业、手机生态企业等各方势力积极入局智能网联汽车，其主要进入路径有渐进式自动驾驶解决方案、生态延展、人工智能驱动和增量供应商等（见表3-5）。渐进式自动驾驶解决方案路径的代表如特斯拉和"蔚小理"（指蔚来、小鹏、理想），从相对基础的、难度较低的辅助驾驶入手，以量产为目标，优先在新能源车辆上搭载L2/L3级智能网联汽车系统，通过OTA不断迭代升级；生态延展路径以小米和苹果为代表，基于自身成熟的生态优势，以汽车作为物联网的重要终端，与其他智能终端进行数据和服务的交互，将汽车产业带入万物互联的时代；人工智能驱动路径以百度、谷歌等互联网巨头和自动驾驶初创公司为代表，依托自身强大的人工智能技术，开发高级别自动驾驶系统，一方面通过清洁环卫、矿区、景区等封闭场景探索商业化落地，另一方面通过干线物流、Robotaxi开放道路场景推动商业化落地；增量供应商路径以华为、大疆为代表，通过自身在智能化零部件、软硬件一体化解决方案等方面的技术优势为传统汽车提供智能化的服务，赋能传统汽车向智能网联汽车迈进。

表3-5　新力量"多路径"入局智能网联汽车汇总

新力量"多路径"分类	特点	典型代表
渐进式自动驾驶解决方案	从量产辅助驾驶功能入手，强调OTA功能升级	特斯拉、"蔚小理"
生态延展	将智能网联汽车定位为物联网的重要终端，与其他智能终端进行数据和服务的交互	小米、苹果

新力量"多路径"分类	特点	典型代表
人工智能驱动	借助自身强大的人工智能技术开发高级别自动驾驶系统	百度、谷歌
增量供应商	提供智能化零部件、软硬件一体化解决方案	华为、大疆

资料来源：根据相关资料整理。

新型电子电气架构体系的演进引发供应链变革。基于以上新力量"多路径"入局智能网联汽车的发展形势，从产品技术维度看，汽车电子电气架构将从分散式向集中的多域控制、中央集成控制的方向升级，智能网联汽车将以大带宽通信架构、高性能计算芯片为日益激增的数据量和低时延提供保障，也为日益复杂的汽车软件提供算力基础、软硬件解耦、OTA升级方面的支撑，在这种架构体系的演进带动下，引发供应链变革。从整车企业的角度看，主要有三种演进方式：一是选择全栈垂直自研模式，如特斯拉；二是依靠第三方整体化解决方案模式，如赛力斯依靠华为全栈式解决方案；三是采取合作共赢模式，如吉利与百度合资成立集度汽车。从零部件企业的角度看，主要有两种演进方式：一是向车企提供自动驾驶的整体解决方案，如华为；二是专注于单一的通用型产品，如自动驾驶芯片、操作系统、传感器等，此类企业有英伟达、地平线等（见表3-6）。

表3-6 供应链演进汇总

	演进方式	典型代表
整车企业	全栈垂直自研	特斯拉
	依靠第三方整体化解决方案	赛力斯
	合作共赢	吉利、百度
零部件企业	提供自动驾驶的整体解决方案	华为
	专注于单一的通用型产品	英伟达、地平线

资料来源：根据相关资料整理。

多方"多路径"入局叠加多种演进模式，导致竞争合作关系错综复杂。在供应链演进格局下，整车企业普遍存在自研、合作、委外的模式，零部件企业主要向聚焦单一产品和系统集成模式发展。竞争方面，传统整车企业与造车新势力企业、生态延展企业等展开车型之间的竞争。如江淮汽车、大众汽车、长城汽车与"蔚小理"、特斯拉、赛力斯、小米、苹果竞争整车存量市场；传统零部件企业正面临着增量部件供应商的激烈竞争，如以恩智浦、英飞凌和瑞萨电子为代表的传统汽车芯片企业正面临英伟达、高通、地平线和黑芝麻等新型芯片企业的冲击。合作方面，主要是合作模式的整车企业与系统集成模式的零部件企业通过优势互补进行合作。如吉利与百度合资成立集度汽车，上汽与阿里巴巴合资成立智己汽车，大众和地平线成立合资公司，都是传统企业与新兴零部件企业借助各自的优势进行互补以提高市场竞争力（见表3-7）。

表 3-7 整车企业与零部件企业竞争合作关系汇总

	竞争关系	合作关系
整车企业	传统车企与造车新势力、生态延展企业等	传统车企与新兴零部件企业
零部件企业	传统零部件企业与增量部件供应商	

资料来源：根据相关资料整理。

2. 以智能网联汽车为核心的全域智能互联生态正在快速形成，产业链各方加紧塑造全新汽车服务生态体系

智能网联汽车的智能化、网联化特征，使其正从基于机械电子的运载工具向由软件定义的智能移动空间以及互联互通的城市智能服务平台转变，正加速成为连接诸多产业、实现全域智能互联生态的关键。目前汽车产业链的整车企业、互联网科技公司以及其他零部件企业都在积极围绕智能移动终端和城市智能服务平台，加速打造全新的汽车服务生态体系。

智能网联汽车在软件定义汽车驱动下成为继 PC（个人计算机）、智

能手机之后的新一代智能移动终端，正加速融入智慧生活。随着智能座舱的快速发展，智能网联汽车已成为除工作场所、家庭之外的第三移动生活空间，成为连接人、车、环境的关键节点，伴随人机交互、网联服务、场景拓展的深化，可满足用户的工作、娱乐等服务需求。整车企业与互联网科技公司加紧围绕数字感知、智能交互、个性服务、娱乐情景等方面积极打造全新汽车互联生态体系。

智能网联汽车与智能交通、智慧能源和智慧城市深度融合发展，已具备出行服务、能源供应、城市公共服务等多种功能，成为城市智能服务平台，正快速推进城市服务体系的建设。在出行服务方面，汽车企业、科技公司和智能交通运营商提供道路实时信息、加油停车充电、道路救援以及智慧停车等服务，形成了一个全新的交通服务生态体系。在能源供应方面，汽车企业、科技公司与电力公司基于有序充电、低谷充电、车网互动等丰富的智慧能源应用场景构建多类型的"虚拟电厂"，已初步形成车与能源互动的服务生态体系。在城市公共服务方面，整车企业、科技公司和 ICT 企业通过构建城市级大数据平台，依托城市智能基础设施，广泛汇聚汽车端与城市端的动静态数据，提供路网优化和城市容灾预警等服务，加快构建车与城市互联服务的全新生态体系。

3. 政策法规创新正在成为引领 L3 级及以上智能网联汽车产业化落地的重要支撑

智能网联汽车作为前瞻性和多领域交叉融合的新生事物，现行的汽车相关产品管理、交通管理、安全管理等政策法规会制约智能网联汽车商业化发展，比较典型的包括汽车产品准入、道路交通安全管理、信息安全等方面的法律法规。

德国在汽车产品准入认证、道路交通安全相关法律法规制定方面实现了创新引领。车辆产品准入认证方面，2020 年，德国在联合国欧洲经济委员会汽车法规（UN/ECE Regulation）体系下，作为主要牵头国家之一，起草完成了《自动车道保持系统（ALKS）》（UN/ECE R157），R157是全球首个关于L3级智能网联汽车产品认证的法规，该法规针对单一功能的L3级智能网联汽车提出了清晰的框架要素和技术要求。以R157为基础，梅赛德斯－奔驰成为全球第一家可在德国境内合法使用L3级别自动驾驶汽车的企业。

道路交通安全立法方面，德国政府于2017年颁布针对智能汽车的法律《道路交通法（第八修正案）》，允许自动驾驶系统在特定条件下代替人类驾驶汽车，具备自动驾驶功能的车辆行驶范围可覆盖德国全境道路，初步为L3级智能网联汽车的上路合法性清除了法律障碍。2021年，德国再次出台《道路交通法—强制保险法》，又被称为德国第一部《自动驾驶法》，允许L4级自动驾驶汽车在特定应用场景服务下，可以在公共道路上的特定区域内行驶，对其应用场景、技术要求、准入条件、数据处理规则等作了规定，在制度层面为L4级智能网联汽车实现常规道路运营提供合法性基础。

欧洲经济委员会以WP.29/R155法规为核心建立车辆信息安全管理体系，促进高等级智能网联汽车产业化发展。2021年，欧洲经济委员会在UN/WP.29体系下，提出信息安全（Cybersecurity）法规R155。R155的内容包含两个方面：一是提出了涵盖组织处理及车辆、设备和服务整个生命周期的信息网络风险的政策和流程；二是提出了与汽车项目安全开发有关的活动和文件，以及生产、操作、维护和分解等后开发活动。R155是全球第一个汽车信息安全强制法规，对汽车相关产业链企业解决信息安全风险具有重要意义。

（四）《智能汽车创新发展战略》统筹，推动我国智能网联汽车商业化推广破局与发展

1. 我国在智能网联汽车产业基础、产业融合发展、示范区建设等方面与全球先进水平并跑，局部实现领跑

智能网联汽车智能化和网联化双线并行、协同推进，市场化加速驶入快车道。我国在智能网联汽车辅助驾驶（L1、L2级）和有条件自动驾驶（L3级）方面已形成广泛应用，根据工业和信息化部发布的数据，2022年我国搭载辅助驾驶功能的乘用车市场渗透率达34.9%，其中L2级乘用车市场渗透率达33.9%，较2021年同期增长45.6%，国内智能网联汽车市场规模持续扩张；一汽红旗、上汽智己、北汽极狐、蔚来汽车、小鹏等企业已完成L3级智能网联汽车准量产车型开发。我国在网联化市场化方面，发展空间十分广阔。目前，我国在网联终端市场的装载率逐年提升，发展节奏加快，2022年智能网联系统出货量达到1630万辆，超过全球水平，预计2025年我国智能网联系统装载率可达到75.9%。

ICT企业加强对传统原始设备制造商（OEM）赋能，智能网联汽车增量部件具有竞争优势。在传统汽车时代，发动机、变速箱和底盘被称为"三大件"，其在终端消费者层面有很强的供应商品牌效应，比如博世、法雷奥、德赛、哈曼等。智能网联汽车变革下，ICT对汽车行业的赋能带来了高精度地图、自动驾驶芯片、环境传感器、智能座舱、自动驾驶软件算法、云服务等增量部件。从产品表现看，以华为为代表的增量部件供应商加强对传统车企赋能，在智能驾驶、智能座舱、网联通信等业务领域与国际领先水平保持一致，其先后与广汽、北汽和小康等企业开展合作，其中已上市的有问界、极狐等30款新能源汽车产品。此外，百度、阿里等科技型企业也加快在智能座舱、高精度地图、自动驾驶软件算法、云服务等增量部件方面的产品布局，加强对传统OEM的赋能。相比于传统汽车核心零

部件，我国在智能网联汽车增量部件领域具有竞争优势。

我国拥有全球最丰富的道路环境数据和道路交通场景。道路环境数据方面，我国基于广袤的地域和错综复杂的地理环境，建设了规模稳居世界前列的综合道路交通网，为智能网联汽车的开发提供了丰富的道路环境信息数据。道路交通场景方面，我国拥有丰富的人车混行、机动车与非机动车混行的复杂交通场景，主要是我国当前处于高速发展过程中，城市和道路等基础设施的变化较快，新型城市与尚不完善的老旧交通基础设施并存，且在城市中心人口密集区和人流量密集区，人口与道路空间分布不均衡，在交通道路通行过程中，机动车、非机动车和行人无法按照指示正常通行，经常出现人车混行、机动车与非机动车混行的复杂交通场景，这些复杂多样的场景，有利于形成极端的自动驾驶场景，赋能自动驾驶产品开发。

我国智能网联汽车示范区及新型基础设施建设规模处于领先地位。目前，我国智能网联汽车应用示范工作取得积极成效，其中已经授牌国家级智能网联汽车示范区 17 个、地方级智能网联汽车示范区 30 余个、国家级智能网联示范先导区 4 个、智慧城市基础设施与智能网联汽车试点城市 16 个。在网联通信新型基础设施建设方面，我国为实现智能网联汽车与道路基础设施的协同互联，不断加快基础设施智能化建设，其中已建成 5G 基站 222 万个，全球占比超过 60%，已完成 3500 多公里道路智能化升级改造，装配路侧网联设备 4000 余台。此外，全国共有 13 个示范区建有云控平台等基础设施。

2. 我国在关键技术创新、应用示范推广、基础设施协同、政策法规环境打造等方面存在不足

我国智能网联汽车中涉及 ICT 等相关技术方面已赶超国际先进水平，但涉及整车架构和安全等关键技术和底层共性技术方面尚需进一步突破。经过几年的发展，我国在智能网联汽车环境感知、域控制器、人机交互、

C-V2X 通信、地图与定位等方面持续取得突破，其中，人机交互、C-V2X 通信等技术处于国际领先水平。在新型电子电气架构、线控一体化底盘、车辆开发测试工具链以及以安全为核心的方法论、认证体系和防护体系等方面存在不足，需要进一步突破。此外，底层共性技术方面，国内芯片及操作系统在开发工具链、制造工艺和软件开发测试等方面存在不同程度"卡脖子"环节。我国车用操作系统仍处于发展初期阶段，在车用基础软件和功能软件等方面缺乏自主创新能力，同时，尚未建立可持续的生态体系，即上下游未充分打通，导致自主操作系统很难快速打开市场，系统开发者、软件开发者和使用者等各个主体难以有效聚焦，尚未形成良性循环生态圈。

基于前面对智能网联汽车应用场景的描述，相关低速的智能网联汽车衍生的新业态、新模式主要包括矿区和港口运输、城市末端物流配送、无人零售等，以较高车速运行时开放道路的服务业务场景主要有城市出行服务、高速公路货运（见表 3-8）。以下以公共道路市场潜在规模相对较大且技术难度相对较低的干线物流为例进行具体说明。

表 3-8　服务业务场景汇总

服务业务场景	运载工具形态	商业模式	实现技术难度
Robotaxi	乘用车	以现有网约车模式为基础开展商业化	较高
干线无人物流	重型卡车	瞄准降低高速公路货运司机成本、提升货运周转率	中等
矿区/港口	专用车/半挂牵引车	瞄准降低高速公路货运司机成本、提高效率	较低
城市末端物流配送	多功能无人车	瞄准降低城市物流配送人员成本，提高效率	中等
无人零售	多功能无人车	培养消费习惯的新业态	较低

资料来源：根据相关资料整理。

干线无人物流方面，以美国为代表，立足人力短缺紧迫性现状及政策的开放性两个方面的优势，与实际货运业务相结合，正朝着有利于使其在干线物流商业模式中实现盈亏平衡的方向发展。美国卡车司机短缺问题日益严重，物流企业和科技公司共同推进自动驾驶干线运输试点合作，从当前市场的发展现状来看，干线无人物流的盈亏平衡尚未达到。第一，自动驾驶系统成本非常高；第二，自动驾驶系统相关部件的维护更换成本也非常高。但是北美相对于我国市场更加开放，监管约束较少，已成为全球干线物流自动驾驶技术落地的热门之选。总体上，美国干线物流自动驾驶已进入商业试运营阶段，多家企业开展了货运服务。

相比较而言，我国智能网联汽车应用示范以功能性展示示范为主，与实际应用需求结合度低，有失去商业化先机的风险。根据中国工业信息网的相关数据，目前我国主要重卡企业生产的自动驾驶重卡，在干线物流场景大部分仍处于测试阶段，且国内法律法规尚不允许自动驾驶车辆在高速公路上开展测试，因此相关企业无法全面有效地进行技术验证，在一定程度上限制了技术的发展。

智能网联汽车与城市基础设施缺乏协同，数据孤岛现象突出。与智能网联汽车相关的城市基础设施可分为交通层面和城市其他层面。以美国为例，美国重视交通基础设施统筹建设推进与数据共享，并从机制研究到技术开发开展探索。成立智能交通系统发展专项办公室（ITS JPO），负责美国交通部的跨部门智能交通系统（ITS）技术研究协同，以加速 ITS 技术普及，提高交通安全性、移动性和运输效率为目标，在其发布的《智能交通系统战略规划（2020—2025）》中提出推进交通数据共享、提升基础设施互通性等具体计划（见图 3-12）。我国虽然交通基础设施总规模已位居世界前列，且数字基础设施建设适度超前，但我国相关交通基础设施建设存在"重建设、轻运营""重设备、轻软件"的现象，在规划时欠缺考虑智能网联汽车与基础设施未来的信息交互与传递等方面的互联互通功能，数据孤岛现象突出，且未考虑交通数据共享的相关机制与共享技术开发。

新兴和赋能技术　　　　　　　　　　　　网络安全

数据访问与交换　　　　　　　　　　　　自动化

完整出行—ITS4US　　　　　　　　　　加速ITS部署

图 3-12　《智能交通系统战略规划（2020—2025）》中的 6 项重点计划领域

资料来源：根据相关资料整理。

　　智能网联汽车产品管理、交通管理、安全管理等相关政策法规创新不足。以德国和欧盟为代表的全球典型国家和地区，从产品准入、交通安全法律法规以及信息安全管理等维度正以政策法规创新的方式引领 L3 级及以上智能网联汽车产品商业化落地。我国在前期智能网联汽车道路测试与示范应用工作基础上，由工业和信息化部、公安部遴选符合条件的道路机动车辆生产企业和具备量产条件的搭载自动驾驶功能的智能网联汽车产品，开展准入试点；对通过准入试点的智能网联汽车产品，在试点城市的限定公共道路区域内开展上路通行试点。但与德国以真正市场化的 L3 级智能网联汽车产品在其全境范围内实现商业化相比，我国的准入试点工作还仅限于规模化应用试点，并未实现 L3 级智能网联汽车在我国全域的商业化。

我国《道路交通安全法》中，尚未明确自动驾驶系统的合法地位。2021年，我国《道路交通安全法（修订建议稿）》新增的第一百五十五条明确了自动驾驶的场景，对具有自动驾驶功能且具备人工直接操作模式的车辆进行了规定，但对仅具备自动驾驶功能且不具备人工直接操作模式的车辆没有做出规定。

我国汽车信息安全管理方面，合规认证及安全监管尚在起步阶段。联合国世界车辆法规协调论坛（UN/WP.29）在2020年6月发布了汽车信息安全与软件升级的两个重要强制法规R155及R156；国际标准化组织（ISO）和美国汽车工程师学会（SAE）在2021年8月31日发布了汽车信息安全领域全球首个国际强制标准ISO/SAE 21434《道路车辆信息安全工程》，给出了汽车信息安全产品生命周期的管理规范和技术要求。我国于2021年9月发布了首批汽车信息安全领域四项基础性国家自愿性标准，为规范我国整车及汽车零部件供应商信息安全技术规范提供认证参考，而有关汽车信息安全的国家强制性标准尚在制定阶段，加之ISO/SAE 21434的国标转化工作仍处于制定阶段，目前国内尚没有系统的汽车信息安全认证规范和基础。

3. 立足《智能汽车创新发展战略》，统筹推进我国智能网联汽车发展

立足中国ICT技术优势，坚持车路云一体化技术路线，持续深化推进智能网联汽车科技创新、产业生态化发展、基础设施协同和政策法规环境构建。坚持科技创新引领，打通"基础前沿技术—共性关键技术—示范应用"创新链条，着重提升"芯片＋操作系统"的智能网联汽车产业生态核心竞争力。坚持典型场景驱动，分类推动封闭和限定区域、城市区域和高速公路等典型应用场景的智能网联汽车大规模部署。同时，围绕产品准入管理、交通安全管理、信息安全管理等方面加强政策法规创新，

以互联互通为核心，协同推进智能网联汽车与城市新型基础设施发展，实现更加完善、安全、高效、绿色、文明的智能汽车强国愿景，满足人民日益增长的美好出行需求。

二 坚持车路云一体化发展路径，引领全球智能网联汽车新发展

（一）以车路云一体化发展路径为指引，持续促进跨行业融合合作

1. 持续深化车路云一体化路径的发展理念与内涵研究

车路云一体化系统具有分层解耦、跨域共用两大技术特征，包括车辆及其他交通参与者、智能化路侧基础设施、云控平台、通信网络以及安全体系等相关支撑平台主体。车路云一体化智能网联汽车以统一的架构和标准体系为支撑，将各个组成部分以安全、高效和可靠的方式有机联系在一起，支持车路云一体化相关功能的实现（见图 3-13）。

车、路、云、网等元素构成复杂系统，支撑车路云一体化应用。智能网联汽车是交通动态数据的核心来源，也是智能化路侧基础设施和云控平台的主要服务对象。智能网联汽车的感知和决策信息通过 C-V2X 通信上传到路侧和云端，同时也接收路侧和云端下发的感知信息和决策建议，经过融合感知，最终形成车辆决策和控制指令，实现自动驾驶功能。智能化路侧基础设施是增强智能网联汽车感知的有效补充手段，是实现云端数字孪生的主要信息路径，其主要包括路侧通信计算和感知设备、交通信号设施等，以实现车路云互联互通、环境感知、局部辅助定位、交通信号实时获取等功能。云控平台是车路云一体化智能网联汽车的核心特征，主要包

括云控基础平台和云控应用平台。云控基础平台是智能网联汽车的中枢，也是连接所有系统要素的桥梁，其由边缘云、区域云与中心云三级的云控基础平台组成，并形成逻辑协同、物理分散的云计算中心。边缘云是云控基础平台中最接近车辆及道路等端侧的运行环境，区域云是多个边缘云的汇聚点，中心云是多个区域云数据的汇聚平台。云控应用平台建设在云控基础平台之上，是支撑车辆行驶性能优化与运营全链路精细化管理的云端协同管控平台。车路云一体化系统集成异构通信网络，使用标准化通信机制，实现智能网联汽车、路侧智能设备与云端的广泛互联通信。

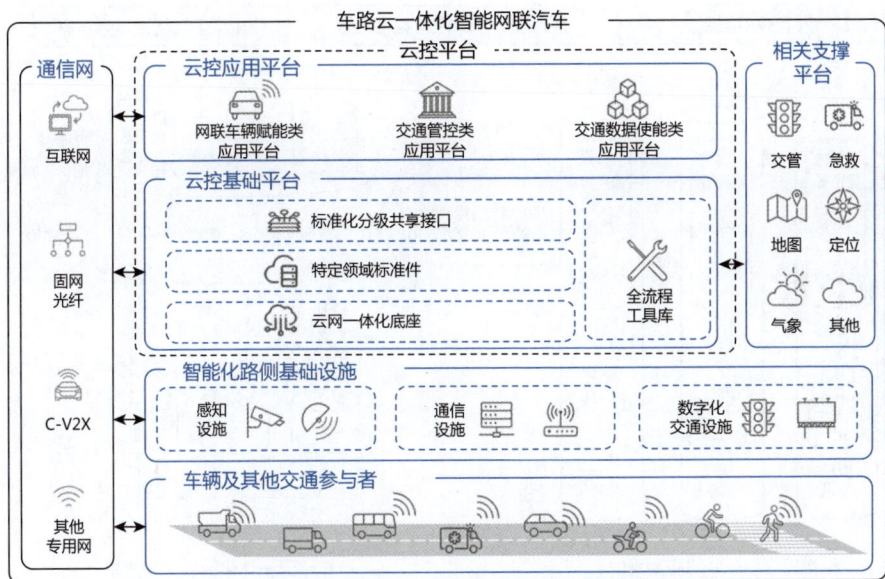

图 3-13 车路云一体化智能网联汽车示意

资料来源：根据相关资料整理。

车路云一体化路径具备诸多发展优势。一是通过车路云协同感知、协同决策与控制，可以有效解决单车智能存在的感知、计算能力不足等问题，降低对自车传感器和控制器性能的要求，有利于自动驾驶加快实现商业化。

二是以云控基础平台为核心，通过与高精动态地图、计算平台、车载智能终端、信息安全等基础平台跨域共用，实现数据的底层打通，支撑自动驾驶、智能交通、智慧城市等多场景应用，避免各个行业重复建设"烟囱式"的平台，支撑汽车、交通、城市融合发展。三是通过分层解耦，以平台层为核心，向下支持对基础层的车、路、云不同感知信息的融合和算力资源的调度，向上为应用层提供统一的接口，支持自动驾驶、智能座舱、智能交通等各类应用，实现跨域共用，推动建立开放、自由、公平、共享的开发应用生态与协同创新环境（见图3-14）。四是满足国家信息安全和数据治理的综合要求，保障国家战略安全。

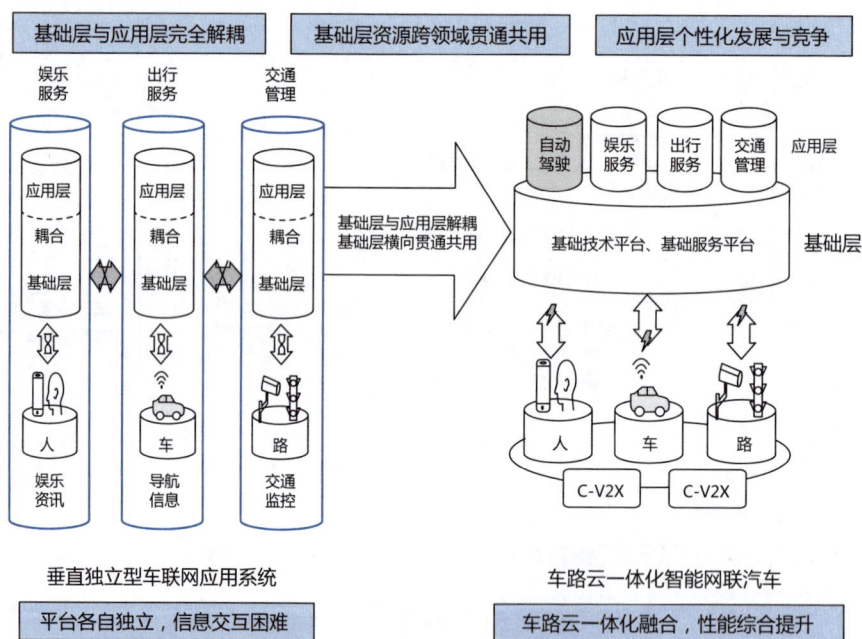

图 3-14 分层解耦与跨域共用示意

资料来源：根据相关资料整理。

2. 加强跨行业协同合作推进，在重点地区加速实践应用

依托测试示范活动，加速车路云一体化相关技术研发。从 2018 年起，中国智能网联汽车产业创新联盟持续举办了"三跨""四跨"以及"新四跨""2021 C-V2X 四跨（沪苏锡）""2022 年'智行杯'C-V2X 应用示范"等大型车联网互联互通测试活动，验证 C-V2X 技术标准及相关产品的有效性，为 C-V2X 规模试验和推广奠定了基础。下一步，应该在 C-V2X 提醒 / 预警类功能基础上，持续深化车路云一体化发展理念，积极开展车路云协同辅助驾驶（C-ADAS）和车路云协同自动驾驶（C-AD）等示范。通过测试示范活动，推动跨行业标准协同与技术验证，支撑车路云一体化复杂功能场景的落地和商业化探索。

基于云控平台内涵与理念，加速实践应用探索。我国具备车路云一体化智能网联汽车发展基础，目前已经在全球率先实现了 C-V2X 的前装应用，产业发展速度全球领先；依托国家级测试示范区、车联网先导区、双智试点、自动驾驶先导应用试点等各类测试示范项目，各地智能化路侧基础设施加速建设。未来应着眼于以智能网联汽车云控基础平台为核心的综合示范项目，打造一体化云控环境与融合感知、决策与控制的应用及实践探索。例如，北京市高级别自动驾驶示范区已完成中心云和边缘云分布式基础架构建设，包括九大功能平台模块设计、17 类道路交通事件标准化定义。下一步，应聚焦车路云一体化功能实现，以具体车辆类型或应用场景为载体，开展一体化协同感知、群智多车协同等应用场景探索。此外，积极发挥云控平台数据价值，有效支撑智能交通与智慧城市管理。

3. 加强国际合作，推动车路云一体化发展理念形成全球共识

加强路线图研究和合作，形成车路云一体化技术路径共识。基于路线图在推动产业化发展中起到的技术路线引领、资源聚集、支撑行业发展的重要作用，2022 年中国汽车工程学会与中国智能网联汽车产业创新联

盟发起成立国际智能网联汽车路线图交流合作委员会，建立国际长效对话平台，共同探讨实现路径，推进产业协同发展。委员会自筹备以来，获得 8 个国家和地区、30 余家机构及企业的相关专家和代表的共同支持。下一步，应依托国际交流平台，持续加强全球发展路线图研究，推动形成国际共识。

加强车路云一体化的标准法规国际协同。探索车路云一体化智能网联汽车的标准法规国际协同新路径，推进智能网联汽车标准及产品"走出去"。以积极贡献中国智慧的建设性态度，加快推动联合国全球技术法规协同进程。与 UN/WP.29 和 ISO 等国际组织、主要汽车生产国标准化机构、国际先进汽车制造商及零部件企业等加强沟通交流。在国家层面统筹下，鼓励行业组织等各方积极参与国际标准化活动，协同推进我国智能网联汽车标准、技术及产业国际化发展。

推动全球性车路云一体化示范合作项目开展。加强与全球重要行业组织、主流车企的合作，联合开展跨国的 C-V2X 大规模示范应用活动，进一步推动全球在 C-V2X 标准、基础设施建设需求、网联化应用场景、信息安全防护等方面形成共识。确保全球搭载 C-V2X 的车型能够适配不同国家的应用需求，降低企业开发成本。同时，依托大规模常态化的示范活动，进一步明确 C-V2X 在交通安全、效率等方面的提升作用，支持商业模式探索创新。

（二）坚持车路云一体化发展，统筹部署规模示范，探索构建融合新生态

1. 聚焦典型场景，打造车路云一体化示范最佳实践，形成工程化解决方案

针对封闭场景，探索形成车路云一体化商业化解决方案。对于封闭园

区、停车场、港口、矿山等封闭场景，由于地理范围有限，基础设施改造成本相对可控，有利于路侧基础设施与云控平台的建设和改造。此外，上述场景具备交通场景相对简单、商业模式相对清晰的优势，有利于商业化试点开展。下一步，应该选取全国典型的封闭区域场景，强化系统解决方案提供商、通信运营商、业主方（园区管委会、停车场运营方、港口／矿山管理企业）等利益相关方的合作，探索形成匹配场景特点与功能应用需求的标准化解决方案，持续降低建设与改造成本，形成具备商业化潜力的系统解决方案，并支持在全国的复制推广。

针对城市场景，采用分类分级模式，加快路云基础设施建设，形成最佳实践。结合现有道路分级与场景复杂程度，形成智能化道路基础设施、云控平台分类分级标准与建设规范。点面结合，针对重点测试示范区，加强各类传感器、计算单元等的建设和技术探索；城市范围内统筹自动驾驶发展、交通改善需求、路侧设施成熟度和成本等因素划分区域，形成"由薄到厚"的分阶段、分等级建设推进路径。依托测试示范、先导区、"双智试点"等建设发展契机，形成车路云一体化建设最佳实践。

针对高速公路场景，结合智慧公路改造项目，推动车路云一体化示范，提升交通运输保障能力。高速公路具备场景封闭、道路基础设施相对完善等优势，有利于车路云一体化的率先落地。构建"车路云一体化高速公路新基建"产业链，整合车辆、道路基础设施、通信运营商、云控平台、高速公路业主、道路运输企业等相关方，形成示范应用合力。技术上，聚焦商用车编队行驶等场景，充分发挥车路云一体化的信息感知、智能决策、协同控制等功能，实现安全、高效行驶；应用上，利用高速公路干线物流，形成端到端的车路云一体化解决方案，形成商业闭环；管理模式上，探索自动驾驶专用车道等创新理念，加快车路云一体化的落地进程。结合交通强国、自动驾驶先导应用试点、智慧高速等试点契机，形成车路云一体化高速公路队列跟驰工程化解决方案，构建智能网联汽车、智慧高速、智慧物流融合模式，以加速未来车路云一体化方案在全国高速公路的落地和商业化应用。

2. 以典型应用场景推动跨行业标准协同制定，推动国际标准制定

国家积极引导和直接推动形成跨领域、跨行业、跨部门合作的标准协同机制。当前，"人—车—路—云"互联互通的专用通信与网络、云控基础平台、车路协同服务与控制（含智能化道路基础设施）的相关标准尚未出台，尤其在通信传输、链路建立、信息联系、数据解析等方面还有待进一步协调。基于车路云深度融合的中国新一代智能网联汽车标准法规体系建设，需要国家积极引导和直接推动形成跨领域、跨行业、跨部门合作的工作机制，在国家法律法规、政策和战略要求的大框架下，充分利用和整合各领域、各部门在智能网联汽车相关产业标准研究领域的基础和成果，调动各个行业通力合作。

以构建车路云深度融合的中国新一代智能网联汽车标准法规体系架构为基础，引领推动跨界融合的智能网联汽车产业发展。坚持典型应用场景驱动，依托我国智能网联汽车"三横两纵"技术架构（见图3-15），加快建立由"新型架构车载关键系统""信息交互""基础支撑"三大部分组成的基于SCSTSV深度融合的中国新一代智能网联汽车标准法规体系，重点制定信息通信、云控基础平台、车路协同、安全防护与安全管理、高精度动态基础地图、智能化基础设施等技术标准和规范，以及"人—车—路—云"系统协同的专用通信与网络、服务与控制等相关规范，全面形成技术先进、结构合理、内容完善的标准体系，引领推动跨界融合的智能网联汽车产业发展（见图3-16）。

车载平台　　　　基础设施

| 车辆关键技术 | 环境感知技术 |
| 智能决策技术 |
| 控制执行技术 |
| 系统设计技术 |

| 信息交互关键技术 | 专用通信与网络技术 |
| 大数据云控基础平台技术 |
| 车路协同技术 |

| 基础支撑关键技术 | 人工智能技术 |
| 安全技术 |
| 高精度地图和定位技术 |
| 测试评价技术 |
| 标准法规 |

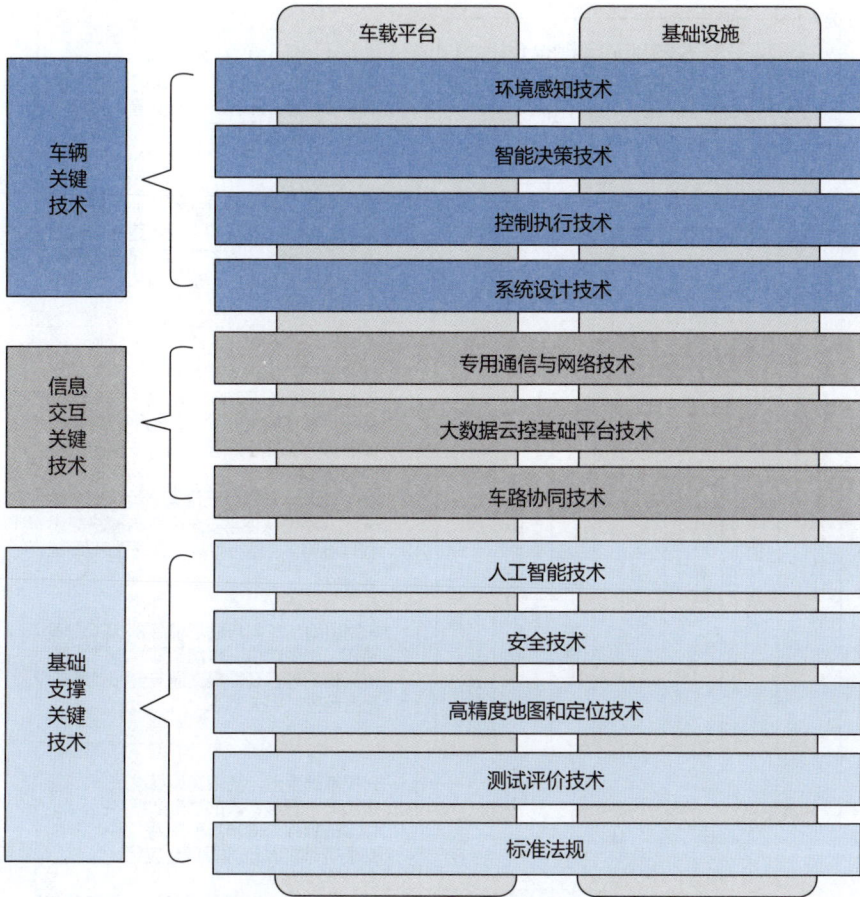

图 3-15　智能网联汽车"三横两纵"技术架构

资料来源：根据相关资料整理。

119

基于SCSTSV深度融合的中国新一代智能网联汽车标准法规体系

信息交互　基础支撑

新型架构车载关键系统

信息通信　云控基础平台　车路协同　安全防护与安全管理　高精度动态基础地图　测试场景

法规标准需求　建立健全体系

智能汽车、智能交通、基础设施、智慧城市

测试场景：构建体现中国区域特征、交通特征、驾驶员行为习惯的测试场景库，支撑产品准入、推动认证认可，需要中国城市社会、经济、交通模型（道路、设施）的输入与分析

基础地图：支撑开发标准统一的智能汽车基础地图，建立完善包含路网信息的地理信息系统，提供实时动态数据服务，是构建智能汽车、智能交通和智慧城市的重要一环

安全防护：针对支撑智能网联汽车信息安全产业链的汽车电子产品、汽车信息系统、通信网络传输、云端平台与基础设施等方面提出风险评估、安全防护与测试评价要求
安全管理：车辆登记管理（运行安全要求）、身份认证与安全（车与道路交通管理设施）、运行管理（交通秩序/事故处理）

车路协同：车与行驶环境/路网环境协同感知、协同定位、协同预警、协同决策、协同控制等旨在提高交通安全和效率的服务与控制相关标准

云控基础平台：支撑建设标准统一、逻辑协同、开放共享的基础数据中心和云控基础软件，逐步实现车辆、基础设施、交通环境的基础数据融合应用

信息通信：构建"人—车—路—云"系统协同的车用无线通信技术标准和设备接口规范，统一通信接口和协议，推动道路基础设施、智能汽车、运营服务、交通安全管理系统、交通管理指挥系统等信息互联互通

完善车载系统强制性技术标准，规范新型智能终端、智能计算平台等系统架构，适应智能汽车创新技术体系需求

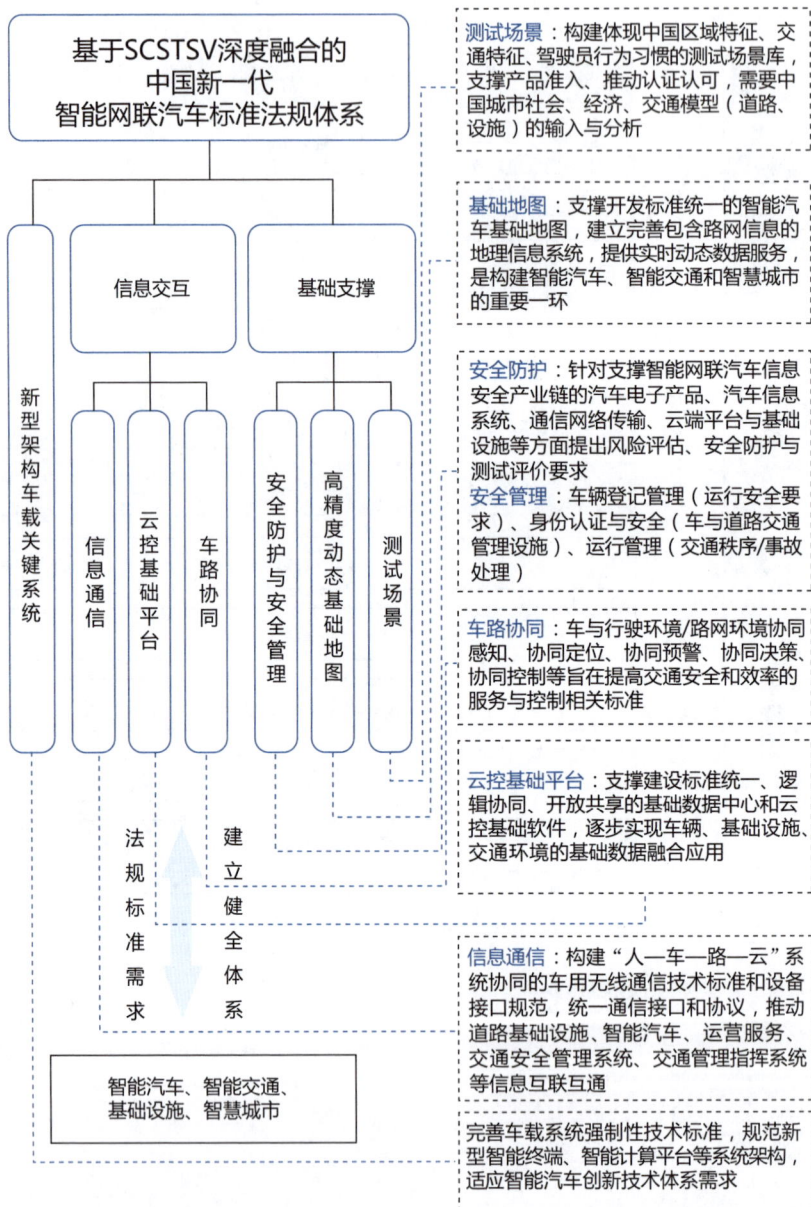

图 3-16　车路云一体化深度融合的中国新一代智能网联汽车标准法规体系

资料来源：根据相关资料整理。

3. 立足城市、公路管理以及大数据服务和出行服务开展车路云一体化示范下的商业模式探索

依托路侧、云控平台基础设施，结合 Robotaxi、自动驾驶巴士、自动驾驶货运等智慧出行、智慧物流等典型城市应用场景，推动汽车数据与城市数据融合，构建面向未来的城市数字化操作系统，能够从产业、治理、生活三个维度实现整个城市数字化转型，推动智能交通、智慧能源、智慧政务、智慧城市管理、智慧移动服务等深入发展。

搭建自动驾驶数据应用从"0"到"1"的商业模式，推动数据增值服务应用。一是搭建数据管理制度框架。构建典型智能网联汽车场景示范应用数据分类分级清单，形成重要数据目录，对采集到的车辆数据、外部数据进行归集整理、清洗治理、统计分析或更高级的智能识别和挖掘，有效保障数据质量。二是精准定位自动驾驶数据服务对象、客户群体。以业务需求为导向，梳理面向政府（to G）、企业（to B）、个人（to C）等不同用户数据共享的内容、要求和原则，建立基础数据应用框架，为需求侧提供智慧出行、智慧城市管理、智慧政务、数字社会应用等服务。三是建立标准化数据共享应用平台。依托大数据管理部门，搭建面向政府、企业与个人的数据开放共享框架和标准化数据开放共享应用平台，根据数据的保密性、安全性和用户的属性，进行服务内容和服务对象差异化管理，实现数据共享应用试点。四是释放车联网数据价值。以业务需求为导向，为管理端提供基础数据服务，为公众提供全过程安全监管、城市出行规划、智能救援、保险、租赁、数据共享等服务；为智能网联产业及运营商提供 C-V2X 服务。五是强化智慧服务导向。鼓励各地以智慧服务为导向，以云控平台为基础，打通与其他数据平台的互联互通，通过物联感知网络全面汇聚城市道路、交通设施、通信设备和车辆运行等动态和静态数据，深度整合社区治理、政务服务、生活便民、产业服务、综治维稳等事项，支撑数字孪生和车城互联，逐步辐射城市运营管理的各个系统，加快推动智慧城市建设。

三 打造科技创新体系，增强自主创新能力

（一）打造科技创新体系，有效支撑产业发展

1. 通过跨领域统筹、设立重大专项等方式，开展体系化技术攻关

推动跨部门合作机制构建，通过设立重大专项等方式打通技术创新链条。欧盟设立科技研发框架计划，并在运作中不断调整、完善和加强整体规划、策略措施、监控手段、支持领域、资助力度、人才培养等各方面内容。日本内阁府推动的复兴计划，由内阁府统筹警察厅、总务省、经济产业省、国土交通省等，形成跨部门协同机制，支撑产学研协同。韩国产业通商资源部、科学技术信息通信部、国土交通部、警察厅四个部门联合宣布启动"自动驾驶技术开发创新项目"。对标欧盟、日本、韩国等跨部门协同支持的重大项目组织模式，我国以科技部、工业和信息化部、交通运输部、国家发展改革委等部委为主体，构建跨部门协同的科技项目体系，设立跨行业专家委员会，支持重大项目方向把控。通过跨部门协同合作，做好技术研发与商业化应用的衔接，并推动形成技术研发与管理法规衔接的机制，同时避免各部委重复投入。依托重大专项，支持开展体系架构与技术体系研究，针对具体关键技术，打通"基础前沿技术—共性关键技术—示范应用"创新链条。

立足技术路线图引领，开展智能网联汽车体系化技术攻关。我国智能网联汽车技术路线图已经形成明确的"三横两纵"技术架构和面向 2025年、2030 年、2035 年的阶段发展目标（见表 3-9）。下一步，应当持续加强跨行业研究，围绕车路云一体化系统架构，聚焦车规计算芯片、操作系统、域控制器、高精传感器、核心算法、线控一体化底盘、开发测试

工具链等"卡脖子"技术挑战，明确发展路径与推进目标，为技术攻关提供方向指引。

表 3-9　智能网联汽车阶段发展目标

发展要素	阶段发展目标		
	发展期（2021—2025 年）	推广期（2026—2030 年）	成熟期（2031—2035 年）
顶层设计	确立中国方案智能网联汽车发展战略，构建跨部门协同的管理机制，基本建成中国智能网联汽车的政策法规、技术标准、产品安全和运行监管体系框架，智能网联汽车协同创新体系、多产业融合体系和新型生态体系初步形成	智能网联汽车中国方案成为国际汽车发展体系重要的组成部分，全面建成中国智能网联汽车的政策法规、技术标准、产品安全和运行监管体系框架，技术创新能力显著增强，相关产业深度融合，新型产业生态基本建成	中国方案智能网联汽车产业体系更加完善，实现与交通、信息、互联网等领域充分协调，与智能交通、智慧城市产业生态深度融合，打造共享和谐、绿色环保、互联高效、智能安全的智能社会，支撑我国成为汽车强国、步入汽车社会
技术和产品创新能力	建立较为完善的智能网联汽车自主研发体系、生产配套体系、创新产业链体系；掌握智能网联汽车关键技术，产品质量与价格均具有较强国际竞争力，在世界排名前十位的供应商中我国企业有一两家；智能交通系统建设取得积极进展，建设基本覆盖大城市、高速公路的车用无线通信网络和智能化基础设施，北斗高精度时空服务实现全覆盖，"人—车—路—云"系统达到初步协同	形成完善的智能网联汽车自主研发体系、生产配套体系、创新产业链体系；部分智能网联汽车关键技术达到国际领先水平，中国品牌智能网联汽车以及核心零部件企业具备较强的国际竞争力，实现产品大规模出口；建立完善的智能交通系统，形成覆盖城市主要道路的车用无线通信网络和智能化基础设施，"人—车—路—云"系统达到高度协同，智能网联汽车与智能交通形成高效的协作发展模式	智能网联汽车重大关键核心技术全面取得自主掌控突破，技术创新能力领跑全球，中国品牌智能网联汽车以及核心零部件企业保持强劲的国际竞争力，形成一批引领世界的智能网联汽车整车和零部件企业，扩大产品出口规模

发展要素	阶段发展目标		
	发展期（2021—2025 年）	推广期（2026—2030 年）	成熟期（2031—2035 年）
市场应用	到 2025 年，部分自动驾驶、有条件自动驾驶智能网联汽车的销量占当年汽车总销量的比例超过 50%，高度自动驾驶智能网联汽车开始进入市场，C-V2X 终端新车装配率达 50%，网联协同感知在高速公路、城市道路节点（如交叉路口、匝道口）和封闭园区实现成熟应用，具备网联协同决策功能的车辆进入市场。在高速公路、专用车道、停车场等限定场景及园区、港口、矿区等封闭区域实现高度自动驾驶智能网联汽车的商业化应用	到 2030 年，部分自动驾驶、有条件自动驾驶智能网联汽车的销量占当年汽车总销量的比例超过 70%，高度自动驾驶智能网联汽车占比达 20%，C-V2X 终端新车装配基本普及，具备车路云一体化协同决策与控制功能的车辆进入市场。高度自动驾驶智能网联汽车在高速公路广泛应用，在部分城市道路规模化应用	到 2035 年，高速公路、城市道路等基础设施智能化水平满足高度自动驾驶智能网联汽车运行要求。高度自动驾驶、完全自动驾驶智能网联汽车具备与其他交通参与者之间的网联协同决策与控制能力，各类网联式高度自动驾驶汽车广泛运行于我国广大地区

资料来源：根据相关资料整理。

2. 着力强链补链建链延链，加快构建科技创新应用体系

充分发挥链主企业的引导带动作用，加快推动整车集成和应用。智能网联汽车产业具备汽车、能源、交通运输、信息通信等多领域跨界融合发展特点，带动汽车产业链供应链由"链式关系"向"网状生态"重新布局。一是加快推动传统整车与零部件存量企业转型升级。依据智能网联汽车新型技术架构特征，加强传统整车及零部件企业在新一代电子电气架构、车用操作系统、大算力计算芯片等的产品定位、开发理念、生产模式等方面转型升级，以布局智能网联汽车供应链。整车企业应充分发挥龙头带动作用，优先培育和扶持本地零部件企业，提升同步开发能力，深化在研发、

技术、产品、资本等层面的协同，共同打造"整零利益共同体"。二是充分发挥科技领军企业链主作用，打造共性关键技术策源地。充分发挥蔚来、小鹏、理想等造车新势力和华为、百度、腾讯等科技公司以及滴滴、高德等出行公司行业头部企业的链主作用，通过技术支持、产业配套、专业服务等多种方式，聚集行业创新研发力量，强化智能网联汽车创新能力。

强化"车、路、云、网、图"新要素零部件企业的技术创新支撑引领作用。智能化网联化融合发展已成为全球共识，车路云一体化智能网联汽车发展新路线推动云控基础平台、计算基础平台、高精度地图基础平台、信息安全基础平台、智能车载终端基础平台关键零部件创新要素入局。一是加快新型零部件技术研发、产业化与规模应用，通过设立重大研发专项、行业联合攻关、设立平台公司等方式，加快高精度传感器、计算平台、一体化底盘、C-V2X 车载智能终端等重要产品和核心技术攻关，打造车路云一体化智能网联汽车的基础支撑。二是积极建设智能网联汽车新型零部件产业基地，加强政策、资金、人才等要素供给，通过投资孵化、产教融合、开发者生态等新模式，培育壮大科技创新龙头企业，打造"车、路、云、网、图"创新要素产业链"链长"集群。

（二）以共性基础平台推动核心技术攻关，创新科技与生态体系

1. 发挥体制优势，以共性基础平台推动核心技术攻关

服务于车路云一体化路径，构建以共性基础平台为载体的新型汽车零部件体系。在智能化与网联化技术深度融合的背景下，智能网联汽车产业链的核心关键节点集中体现在五大基础平台及其共性技术领域：车载计算基础平台、智能终端基础平台、云控基础平台、高精度动态地图基础平台和信息安全基础平台。这五大基础平台的建设将是未来智能网联汽车产业

中的高端核心组成部分，为不同企业产品研发提供跨领域的共性交叉基础模块、中间组件和通用平台，形成车路云一体化智能网联汽车产业发展的基础支撑，加速产业协同创新。

发挥体制机制优势，集合行业力量，加速基础平台突破。基础平台的突破，将形成我国智能网联汽车产业战略安全的"护城河"，并通过辐射带动作用，推动智能网联汽车乃至智能产业的协同创新发展。基础平台的特征决定了其非单一企业或行业能够独立完成，需要发挥体制机制优势，整合跨行业创新资源并加强政、产、学、研、用之间的协作，通过建设创新型产业基础平台与运营主体，实现核心技术突破和产业化应用，并依靠示范应用、市场驱动、协同发展，构建起核心技术研发生态。国外已经在探索基础平台建设模式，支撑共性技术突破。例如，日本在SIP-adus 项目推动下，由丰田、五十铃、铃木、日产、日野、本田、马自达、三菱等 17 家 OEM、零部件供应商、ICT 公司发起成立了动态地图公司 DMP（Dynamic Map Planning Co., Ltd.），作为高精度地图数据平台的建设主体。DMP 平台公司已经完成约 3 万千米高速公路数据采集，通过共性平台模式，有效降低了行业研发成本。目前，DMP 地图数据已经用于支持日产 ProPILOT 2.0 与本田 Honda SENSING Elite 智能驾驶功能的实现。

以基础平台支持 Tier1.5 新模式，推动产业生态变革。围绕基础平台，以明确、统一的技术路线与规范解决连接汽车、通信、IT 等领域的共性技术问题，将形成新型、通用、标准化的零部件模块，开辟"1.5 级供应商"（Tier1.5）的新模式（见图 3-17）。基础平台作为连接底层分布式零部件供应链与上层应用链的核心枢纽，推进跨界融合创新，突破产品技术方案落后、重复开发、数据封闭等问题，形成跨界融合、协同进步的新型产业创新生态体系。

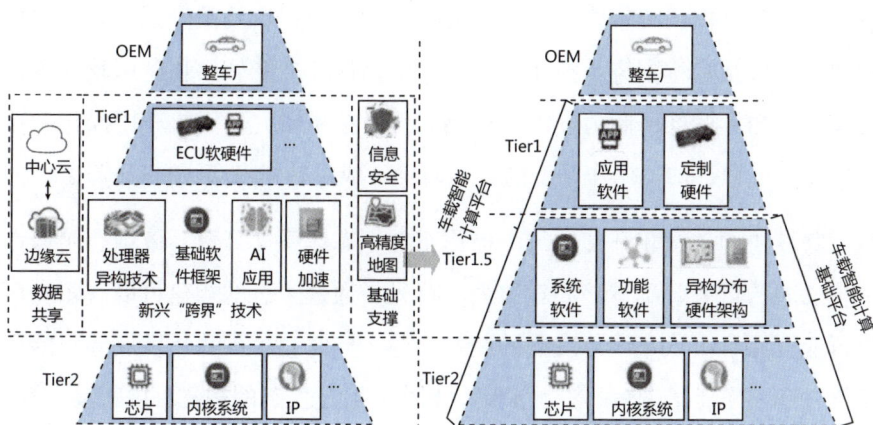

图 3-17　1.5 级供应商（Tier1.5）模式示意

资料来源：根据相关资料整理。

2. 抢占战略高点，打造开源开放的操作系统生态体系

智能网联汽车操作系统是未来智能网联汽车的核心竞争力。计算机、智能手机的发展历史证明，"芯片＋操作系统"生态是产业发展的核心竞争力。随着汽车智能化、网联化发展，智能网联汽车将是继个人电脑与手机之后的下一代智能平台和联网终端。作为衔接硬件与软件的关键平台，操作系统的重要性日益提升。同时，在软硬分离、软件定义、数据驱动以及车路云一体化的发展趋势下，需要以操作系统为支撑，推动汽车架构升级，支撑汽车开发生态、应用生态的构建。

统筹推进，加速操作系统技术攻关与产业化。全球智能网联汽车操作系统的发展仍处于早期阶段，行业正迎来宝贵的发展窗口期，发展操作系统是我国实现智能网联汽车自主可控的历史性机遇。当前，操作系统发展在标准体系、核心技术、开发工具链、测试评价等方面仍面临诸多挑战，需要坚持创新、开放、融合、协同的发展理念，强化规划引领，探索创新推进机制，具体可从以下方面推进：打造面向服务、支持车路云一体化的新一代车用操作系统架构，推进形成跨行业共识；攻关操作系统软件与功能软件核心技术；围绕虚拟化、内核、中间件、功能软件和应用软件等核心模块，加大标准研制力度，开展测试评价技术研究；实施车用操作系统集成示范工程，加速操作系统的技术研发、成果转化和市场推广应用。

跨域协同，构建开源开放的操作系统生态体系。开源开放生态是操作系统发展的重要基础与核心竞争力。首先，通过生态的构建可以有效利用跨行业资源解决汽车产业发展的瓶颈问题，同时避免碎片化发展导致的重复投入和无序竞争带来的资源浪费。其次，通过生态的构建可以带动芯片、传感器等的协同突破。最后，开源开放生态的构建有利于进一步丰富智能网联汽车的商业模式。充分发挥国家创新中心、产业联盟、龙头企业等作用，加强跨领域协同合作，形成跨产业协同机制，构建整车、关键零部件、基础数据与软件等领域市场主体深度合作的开发与应用生态，打造研发与开源生态系统，以生态系统增强产业链整体竞争力，支撑技术攻关、产品转化与示范应用。

四 场景驱动，全面推动智能网联汽车大规模应用

（一）以封闭、限定区域典型应用场景为突破口，率先推动智能网联汽车商业化发展

1. 重点打通港口／矿区、微循环巴士、功能型无人车等无人运输车辆的商业化发展路径

打通"业主＋工程承包/管理公司＋自动驾驶解决方案企业＋整车企业"的商业化发展新模式。矿区、港口等属于封闭场景，内部路况简单、作业

车辆速度低，无人运输车辆在园区内可作为"工程设备"管理，可以提供全无人集成化作业，目前已经成为自动驾驶技术应用的重要场景，亟待进一步探索突破，形成可复制、可拓展的商业模式。当前比较典型的发展模式是"业主公司＋工程承包/管理公司＋自动驾驶解决方案企业＋整车企业"。在矿区场景中，矿业公司向工程承包公司提出矿山生产运输用车队需求，工程承包公司向自动驾驶解决方案企业采购无人矿用货车和矿山自动运输平台，自动驾驶解决方案企业联合传统矿用货车企业开发无人矿用货车，然后由自动驾驶解决方案企业向工程承包公司交付包含矿用货车和自动运输平台的整体解决方案。在港口场景中，"港口公司＋工程承包公司＋自动驾驶解决方案企业＋整车企业"的商业模式主要是自动驾驶公司和整车企业合作生产出自动驾驶集装箱货车，通过工程承包公司服务于港口公司。

以切实解决末端交通需求为切入点，以"高峰区间＋平峰网约"创新运营模式构建微循环巴士移动出行服务模式。微循环巴士运行线路相对固定、车速较低，属于限定区域应用场景的出行工具，是打通日常通勤"最后三公里"的有效手段，目前多家自动驾驶企业都在开展微循环巴士的测试运营服务。为进一步推动微循环巴士商业模式快速发展，应在高峰时段积极鼓励探索"园区＋微循环巴士企业"日常通勤定制出行服务新模式，由园区聚焦区域人员通勤特征及规模，预先安排班车站点、发车时间，微循环巴士企业再根据园区需求，合理规划微循环巴士固定线路，提供适当规模的微循环巴士服务，并通过合理收费的手段促进商业模式快速发展。在平峰时段积极探索无人共享网约小巴服务，自动驾驶巴士企业通过微信小程序或官方 App 等方式将路线相近的乘客进行即时匹配，乘客可拼车共乘、分担费用，以更高效、经济的方式出行，提高无人巴士的时间与空间使用率。

加快推动无人配送、无人环卫、无人安防巡逻等场景的功能型无人车商业模式成熟发展。目前，快递配送、商超配送、移动零售等场景多为单点对多点的场景，发货点一般有专门的场地用于停车，并且有专人负责拣货，即时性要求也相对较低，更容易实现无人配送商业化应用。为进一步明确商业模式发展路径，自身提供场景的互联网公司应加快自建运营体系，如京东依托物流一体化供应链，围绕"仓、运、配"全链条自动化中的"配"，更多地发挥功能型无人车的实用价值。同时，推动具备运营能力的初创企业以提供第三方运力或平台并收取佣金的模式发展，如新石器作为一家无人车研发、制造及服务的提供商，可以通过提供第三方运力或平台收取一定的费用，探索无人车商业化发展模式。此外，随着自动驾驶在市政环卫领域得到众多政策的大力支持，亟须探索推动卖设备、卖服务、成立合资公司或环卫企业收购自动驾驶公司等商业模式的发展。

2. 建立健全推动新业态、新模式商业化发展的关键制度

探索构建市场化转型的工作协调机制，多方协同配合。为推动港口 / 矿山、自动驾驶巴士、功能型无人车等封闭、限定区域典型场景市场化发展，需要包括运营商、科技企业、汽车制造业、投资机构在内的多元主体协同创新，彼此之间建立良好的沟通机制，强化商业化联动发展，就合作模式、利益分割等关键问题达成共识，并就行业管理的具体问题及时与工信、交通、环保、住建等主管部门对接。

强化政策供给创新，构建科学有效的管理体系。紧抓测试示范区、先导区"双智"试点发展契机，探索"沙盒监管"创新管理制度。例如针对功能型无人配送车，探索适用于无人配送车的上路通行规则，给予无人车"合法身份"，通过政策创新，实现无人配送车"有标准、有牌照、有监管、上保险"，为其提供商业化发展入场券。针对自动驾驶环卫车，在不同清洁用途、不同区域的应用要实施分类管理，明确专用车辆的定义、技术标准、生产许可、产品认证的管理要求，明晰车辆注册、牌照、路权、保险等交

通管理条例。

注重技术标准支撑引领，完善科学全面的标准体系。围绕实现矿山、港口、微循环巴士、功能型无人车等典型场景，系统梳理标准需求项目，分阶段开展标准子体系搭建和关键标准研究制定，推动技术成熟，同时加快应用场地相关设置规则和配建标准的修订与完善，全面构建支撑典型场景商业化发展的标准体系。

3. 积极探索国际化业务的培育和拓展

加大示范推广力度，夯实国内矿山、港口、无人环卫、无人巴士等典型场景的海外输出根基。封闭、限定区域典型场景因路况环境简单、技术难度要求低，可实现全无人应用，将是推动自动驾驶技术规模商业化落地的重要途径，我国应积极践行 "走出去" 和"引进来"战略，巩固自身技术发展优势，充分运用市场化手段，推动企业积极出海，搭建国际交流机制，促进产业高质量国际化发展。

借助国内新模式、新业态的发展优势，加强针对典型应用场景的示范应用。矿山方面，踏歌智行、慧拓智能、易控智驾等初创公司已经在内蒙古、新疆等地的矿山开展多类型的示范应用；港口方面，主线科技、图森未来、智加科技、西井科技等在天津、上海、青岛、深圳、珠海等地港口开展自动驾驶重卡示范；无人驾驶环卫方面，北京环卫、北京智行者、中国移动、宇通环卫等众多企业相继发布自动驾驶环卫产品，在北京、上海、南京、长沙、天津等地均已开展多区域的无人环卫示范应用。

聚焦全球智能网联汽车产业竞合发展，加快海外战略布局。加快推动国内自动驾驶初创公司寻找适合的国外合作伙伴，促进海外市场纵深发展，为全球用户提供定制化自动驾驶服务解决方案。目前，仙途智能先后与德国环卫公司 ALBA、瑞士环卫设备制造企业 Boschung

集团建立合作，推动无人清扫车在海外商业化落地应用；新石器与 Moon 携手，开始在迪拜、阿布扎比等地区部署新石器无人车零售型、快递型等各类产品的全面合作，并即将分阶段将无人车部署至沙特阿拉伯等泛中东及北非区域，组建全球最大的自动驾驶服务方阵，助力当地智慧城市发展。

建立细分领域国际交流合作机制，凝聚全球化发展共识。为共享发展成果，应持续搭建港口、矿山、无人配送等封闭 / 限定区域场景关键共性技术、政策法规、商业模式探索等国际交流合作机制，如借鉴智能网联汽车、智慧出行、智能交通、智慧城市等领域国际峰会和赛事活动，推动国际研讨交流；通过政府重大采购项目，引导企业、科研单位、高校等协同合作，最大限度地调动国际高科技资源；积极搭建国际科技合作平台，制定联合技术攻关计划，实现关键技术创新突破；创新打造国际科技产业园（如中关村园区），加强国际科技人才交流培训和创新科技企业孵化，促进本地企业与国际高科技公司的交流与合作等，推动国际合作的程度、层次、领域、形式不断升级，促进形成全球化发展共识。

（二）以城市道路、高速公路典型场景的大规模应用示范为落脚点，持续推动智能网联汽车产业化进程

1. 加快推进与城市公共交通相结合的典型场景的应用示范

以解决城市安全、运力、效率为目标，加快自动驾驶公交车应用示范。安全方面，加强搭载 L1、L2 级辅助驾驶功能的自动驾驶公交应用推广，例如，2019 年北京公交引入 Mobileye 的主动安全预警系统（Mobileye Shield+），具备行人防撞预警、高速车辆防撞预警、低速车辆防撞预警等辅助驾驶功能；运力方面，突出大运量公交自动驾驶无人化运行技术优势，加强示范应用布局；效率方面，着力推动城市点对点短途客运（定制通勤 /

校园班车等）等多位一体的面向社会运营的商业经营模式，以按需响应的公交网络为设计理念，提供智慧共享的出行服务。

多措并举，大力打造自动驾驶公交规模化示范应用的良好环境。鼓励各地加快配套政策标准体系供给，制定自动驾驶公交仿真测试、封闭场地技术测试验证、开放道路示范应用等领域的政策与标准，为无人驾驶公交车发展提供保障。加快开辟自动驾驶公交专用车道进行测试示范，基于自动驾驶具有精确的车道保持功能，鼓励各地在自动驾驶公交专用车道赋予自动驾驶公交车专用路权，逐步开展无人化应用示范。部分环节给予相应补助，对开展自动驾驶公交示范运营的公交公司、车企给予一定的资金补贴，对参与 V2X 设备、5G 通信、云计算、大数据等智能网联基础设施投资建设的企业给予补助。

2. 加强推动辅助驾驶功能 L2 级脱手与 Robotaxi 典型场景的应用示范

积极探索辅助驾驶功能 L2 级脱手示范应用，逐步扩大功能应用范围。目前 L2 级脱手应用技术成熟、成本低、驾驶责任清晰，易于商业化推广应用，但仍存在安全性尚未得到验证且缺乏相应测试评价方法和标准等问题。建议结合现有的测试示范区，开展 L2 级脱手应用的测试示范，率先从高速公路 / 快速路单车道 L2 级脱手及高速公路 / 快速路可变车道 L2 级脱手，逐步向更多道路场景推进，通过广泛的应用示范推动功能验证、标准建设等工作，反哺 L2 级脱手的规模化应用。

持续升级示范应用，加快推动 Robotaxi 城市级全无人商业示范运行。升级测试示范范围，将配备驾驶人的 Robotaxi 示范运营的范围扩大到市域范围，实现"十城千辆""半百城半万辆"规模的 Robotaxi 常态化全天候示范运行，推动城市级示范应用落地实践。加快开展无人化测试，深入推动 Robotaxi 从"主驾有人"向"副驾有人""后排有人"演进，最终实现

"全无人化"示范应用。规范商业化试点载人收费，随着大规模无人化示范应用不断升级，依托网约车/出租车运营模式搭建 Robotaxi 运营管理系统，加强 Robotaxi 经营成本的测试对比，实现合理收费，推动行业规范发展。

探索开放共享合作模式，推进 Robotaxi 的大规模商业化应用。通过数据开放共享合作方式，强调不同利益主体分工互助，实现产业链闭环式融合，助推自动驾驶大规模商业化应用。探索由科技公司、主机厂和出行平台组成的"铁三角"模式，科技公司存有自动驾驶的算法和模拟性数据，主机厂有无人车整车和配件制造方面的数据，出行平台则有大量真实的出行场景和驾驶数据，平台场景端能够持续将海量数据"喂养"给主机厂和科技公司，让自动驾驶技术更安全高效。这种模式促使各参与方取长补短、利益共享，进一步加快 Robotaxi 商业化应用落地进程。

3. 着力布局与高速公路干线物流相结合的典型场景的应用示范

以 L2 级高速公路干线物流规模化应用为重要牵引，逐步推动高级别自动驾驶技术落地发展。目前物流行业普遍存在交通事故频发、卡车司机工作强度大、能源消耗过多等痛点问题，而 L2 级辅助驾驶技术相比于自动驾驶技术落地，可对物流企业与车辆本身起到安全驾驶、节油降本的作用。为满足市场需求，应加快推动货运车辆装载车道保持、交通拥堵辅助、高速公路巡航等高级驾驶辅助系统（ADAS）功能量产应用。近年来，我国持续出台商用车智能网联国家标准，L2 级别 ADAS 功能标准已实现发布与报批，同时，相关政策进一步开放，有力推动重卡市场 ADAS 功能加速量产落地。后装市场中，ADAS 供应商与保险公司采用"保险 + 产品 + 服务"新商业模式的活力逐渐显现，加快推动市场发展与产品功能的升级迭代。后期应加快推动装载车道保持、交通拥堵辅助、高速公路巡航等 ADAS 功能商用车型实现车规级前装量产应用，并通过政策法规创新拓展商用车强制安装范围，同时基于智能化网联化融合路线，加快探索 C-V2X 与 ADAS 技术融合，以拓展或增强 ADAS 功能，进一步拉动干线物流市场需求。

完善配套支持政策，突破政策藩篱，鼓励各地加快开展高速公路自动驾驶货运规模化示范应用。目前国内法规针对高速道路测试里程开放进度较慢，主要由于《道路交通安全法实施条例》规定，在高速公路上行驶的机动车不得有试车或者驾驶学习的行为，导致以图森未来、智加科技为首的企业纷纷转向政策监管相对"宽松"的美国开展大量道路测试，使得国内干线物流自动驾驶的商业化运营程度与美国存在明显差距。建议完善相关配套支持政策，鼓励各地出台高速公路自动驾驶道路测试与示范应用管理实施细则、无人化商业化试点管理实施细则等产业配套创新政策，加快道路测试示范。持续扩大测试示范范围，增加开放高速公路的里程和数量，满足企业测试示范需求，支持自动驾驶卡车大规模应用。开展无人化测试，推动自动驾驶重卡在数条特定高速公路上开展无人驾驶货车测试示范，逐步实现在数条特定高速公路上的先导车有人驾驶、跟随车无人驾驶的示范应用。加快打通跨省市的高速公路商业化试点应用，推动跨地域的测试牌照发放，实现自动驾驶货车在特定区域高速公路干线跨省市运输，形成规模效应。

五　互联互通，推进智能网联汽车与城市基础设施协同发展

（一）加强智能网联汽车与城市基础设施的协同布局

1. 重视交通基础设施与智能网联汽车协同布局

持续推动建立和完善智能网联汽车与交通基础设施协同的技术标准。

目前，美国立足于2021年发布的《自动驾驶汽车综合计划》，提出推动交通基础设施适应自动驾驶发展，让自动驾驶融入交通系统中，主要手段之一是对《交通控制设施手册》（MUTCD）进行修订，重点包括交通诱导和交通信控设施与自动驾驶协同的标准。同时，美国针对智能交通系统（ITS）的电子设备间数据传输制定了NTCIP协议，其主要目标是确保交通控制与ITS组成单元彼此之间的"互操作性"与"互换性"，加强不同部门间信息交换和协同。我国虽然道路交通基础设施规模已位居世界前列，但目前除了典型示范区中考虑道路基础设施与智能网联汽车的协同，大部分交通基础设施与智能网联汽车协同布局不足。因此，我国交通领域需加强国家/行业标准的驱动和引领作用，在交通信控等设备、通信协议等标准的制定过程中加强统筹，推进智能网联汽车与交通基础设施互联互通。

商业化应用场景中优先推动与智能网联汽车协同的交通基础设施建设。结合智能网联汽车可落地的典型应用场景，充分考虑交通运输与智能网联汽车载具协同的示范价值和经济价值，积极推动智能网联汽车与城市公共交通体系和干线物流体系的协同。针对京津冀、粤港澳大湾区、长三角、长江经济带、黄河流域等重大战略区域，结合地方经济基础，优先推动智能网联汽车协同的交通基础设施建设。基础设施建设过程中，重点关注与智能辅助驾驶功能自动驾驶公交、乘用车L2级脱手等应用推广相适应的交通诱导和交通信控设施，并重点关注列队自动驾驶功能商用车规模化部署，加强各类运输场站与工业、商贸流通等新建设施在交通规划上的宏观协同和功能整合。同时，以国家/行业层面技术标准为基础，统筹推进智能网联汽车与交通基础设施互联互通和一体化衔接。

2. 加强城市顶层设计，建设城市级基础数据平台

推进城市级基础数据平台建设，夯实城市数据底座。当前，我国部分城市已经开展探索市级政务数据统一部署、基础数据统一集聚、业务数

据深度融合等相关工作，针对数据跨部门、跨层级共享建设目录与交换体系，围绕相关的信息通信基础设施进行升级改造，加快推进数据交互、标准及测试验证、评估等工作。例如，江苏省无锡市提出"一中心、四平台"的智慧城市顶层设计架构，集城市大数据中心、电子政务服务平台、城市管理服务平台、民生服务平台、经济运行服务平台于一体，并进行实践。"十四五"期间，国家电投在无锡开展"智慧城市平台＋智慧能源网络（融合低碳监控指挥中心）"、低碳（零碳）示范区等一系列规划项目，政府积极推进无锡市大数据中心与市供电公司能源大数据中心数据常态化交互建设，构建融合交通、能源、水利、政务、民生等多领域的城市级数据平台。但我国大部分省份在推进城市基础数据平台建设过程中还存在统筹规划程度不够、平台兼容性低、系统数据封闭等问题，针对相关问题可进一步加强符合国家／行业标准的解码协议、接口协议、文件格式、传输协议等标准制定。

依托城市大数据，从宏观层面加强城市交通的合理规划及电网布局，赋能自动驾驶与实际运输业务的融合。大数据是城市规划改革的新基础，依托大数据可以助推城市交通规划向精确化、精细化、精准化迈进，并赋能自动驾驶与实际的城市运输业务的融合。例如，从城市大数据中可获得城市居民的出行习惯数据以及公共交通的候车时间、换乘次数、运行车速、准点率、负荷率等数据，这些数据可以为城市公共交通规划、合理线网布局、首末站及换乘枢纽布局等提供依据，进一步为自动驾驶相关业务运营提供行驶路线优化等帮助，解决其接驳换乘和货运配送等问题。同时，结合宏观数据和城市实际需求，对交通区位进行合理布局，推进重点区域充电桩建设，有效整合现有资源，实现区域共享，加强社会化充电服务，赋能自动驾驶的电动汽车出行服务。

（二）推动与智能网联汽车相关的城市基础设施数据开放与共享

1. 推动交通事故数据库和城市交通出行数据开放

不断完善交通事故数据库建设，健全数据共享规范，推动我国交通事故数据开源。交通事故数据可用于自动驾驶与辅助驾驶功能的测试与验证。目前，欧美等国家和地区已经建立了较为完善的交通事故数据库并率先从国家战略规划层面推动顶层设计，从法律法规层面推动规则落地，明确相关数据的范围、管理机制等内容，破除数据开放和再利用的制度壁垒。欧盟的 CARE、德国的 EUSKA 和美国的 CISS 深度事故调查数据库均有较完善的数据记录标准，德国的 EUSKA 在法定事故统计信息外，还允许各州按需添加如事故草图、地理坐标、事故详细信息等变量。我国道路交通事故信息数据库依托于公安交通管理综合应用平台进行事故的统计分析，但由于事故数据采集缺乏精确位置信息、数据处理格式缺乏统一标准规范等问题，我国事故信息数据库利用率不高。因此需进一步明确自动驾驶测试场景库构建和实际应用所需的事故信息，完善事故的数据库构建。技术层面要不断完善事故信息的采集方法，构建一套基于我国道路交通环境特征的专用事故信息现场采集系统和相应的数据录入规范，提高事故信息采集的准确性。完善共享机制，制定相应的数据公开共享制度，建立跨部门的包含人、车、路、环境等多方面信息的交通事故空间数据库，并根据不同的需要在相关各职能部门之间实行分级授权访问制度，最大限度地满足数据兼容、公开、共享、保密的需要。

推动城市交通出行数据开放，加强城市运力侧赋能自动驾驶服务新业态。城市出行数据主要包括道路环境、交通信息、公交运营路线等长时间不改变的静态数据和通过传感设备、移动终端采集的公共交通数据、出租车运营数据、出行轨迹等实时交通要素数据。包括公共交通数据、出租车运营数据在内的时空轨迹数据覆盖范围广、实时性强，能够及时反映道路交通时序变化，可用于城市居民出行模式识别、路网监测、线路优化等方面。完善的城市出行数据有助于运输载具的高效运营调度，赋能自动驾驶相关业务模式发展。城市公交运营线路、居民日常出行规律、交通事件和道路交通状况等数据，有助于自动驾驶服务站点布局，优化自动驾驶车辆实时调度策略，实现公共交通与自动驾驶出租车、自动驾驶小巴无缝接驳，解决"最初一公里"和"最后一公里"问题。

2. 推动气象、能源等数据开放与共享

推动气象与交通系统的数据融合、开放和共享，助力自动驾驶发展。迈入自动驾驶时代，恶劣天气条件一直是阻碍高级别自动驾驶车辆发展的重要因素。在道路交通气象监测方面，国外很早就开展了针对道路交通气象的相关研究和布局，以美国为例，美国建立了 RWIS（Road Weather Information System）气候信息系统。首先，RWIS 系统吸纳来自气象部门的基础气象数据信息，再整合地面交通气象传感器所收集的能见度、风速、降水等数据信息，为道路管理部门以及各类道路使用者提供道路天气预报服务，以减轻气象变化对道路交通安全的影响。目前，我国气象部门与交通部门合作紧密度不高，导致道路交通气象服务不能形成统一的体系。总体上，交通部门应与气象部门在公路交通气象观测站网布局、联网运行、预测预警、保障系统等方面形成发展共识，并对现有气象观测设施开展改造、升级、校准等工作，按照统一数据规范与协议开发部署部级、省级、片区、站点四级交通气象数据共享交换系统，进一步建立健全公路交通气象预警机制与技术体系，推出适合于公路运输行业应用的气象服务产品。

推动交通与能源系统深度融合，实现交通数据与能源数据双向互动，突破新能源汽车补能瓶颈。交通系统的深度电气化和新型电力系统的快速

发展加强了交通系统和能源系统的耦合，交通网与能源网呈现深度融合的趋势，推动两网数据融合是实现交通与能源高效交互及协同运行的关键。面向交通需求的能源基础设施主要包括新能源汽车充换电站（桩）、加气站、加氢站、"油气氢电"综合能源站、移动能源服务等设施。交通能源协同发展应从建立交通能源基础设施一体化监测平台着手，推动用电信息采集数据、电网负荷监测数据、交通路网状态数据和用户出行等多方面数据开放共享。在用户充电行为决策基础上，挖掘新能源汽车充电时空关联性，创新交通能源设施供给模式，形成契合用户出行需求和充电需求的能源补给设施方案，促进交通领域绿色转型。

（三）着力发展车路协同定制化应用，探索新型商业模式

1. 着力推进城市车路协同定制化应用推广

立足重点车辆服务与管控需求，加强车辆终端渗透率提升，探索管理应用创新。从技术和场景看，车路协同业务可分为信息服务业务、安全出行业务、交通效率业务等几类；从车端看，车企即将前装量产的车辆产品中具体可实现的盲区提醒、交叉路口碰撞预警、红绿灯信息接收等多种网联功能，需要路侧基础设施的协同支持。当前，以政府为主导、多元主体协作参与的车路协同路侧基础设施建设模式正在形成。据统计，车路协同示范区已经超过 40 个，存在的主要问题是同质化建设导致应用场景创新不足，消费者感知度低又导致车端渗透率低，无法形成商业闭环。因此，在场景创新方面前期可立足"两客一危"、货运、公交、急救、特勤等车辆的车载安装，提升终端渗透率，并加强态势监测、车辆救援调度等管理应用创新的示范效应。

以车联网服务价值为导向，沿车联网产业纵向推进数据垂直场景应用探索。垂直场景主要指做好细分领域，追求精、深、细，挖掘潜在价值。

因此，要深挖车联网数据价值，拓展汽车后市场服务，延长车联网价值链条。围绕车辆保险、维修保养等成熟商业领域，有效开发利用车联网数据，实现用户使用习惯、潜在用户群等数据的二次增值。加强与商业综合体、景区等场景的联动，开展停车、购物、娱乐、旅游等个性化引导和推荐服务，创新数字消费新模式。深度对接整车及前、后装终端企业，围绕车内服务场景，创新服务类别和模式，优化应用体验。

2. 探索车路协同商业模式创新，促进商业化可持续发展

营造社会资本参与车路协同基础设施投资和运营的政策环境。车路协同基础设施属于新基建范畴，相较于由政府主导建设的传统基础设施，新基建的投入和运营受资源稀缺性约束较小，技术要素投入明显加强，对创新能力的要求较高，需要充分调动包括国有企业、民营企业（尤其是高新技术民营企业）和外资企业在内的多元市场主体力量。需要从制度层面厘清政府和企业的边界，进一步明确经营方式、参与主体的权益保护和投资回报等具体内容，改善投资相关的营商环境，落实相关财税、融资等优惠政策，保证基础设施建设的持续性和稳定性。

鼓励有运营基础和能力的企业成为车路协同运营主体。车路协同基础设施建设完成后需要探索服务模式，同时进行日常运维。车路协同运营主体应能为政府端提供交通管理分析，为企业端和个人端用户提供车路协同信息服务、安全出行、交通效率等业务的应用服务，并支持企业端和个人端的车辆接入网络。现阶段国内车路协同示范区内基础设施建设基本由国有企业主导，鼓励具备大数据挖掘能力，对政府端、企业端和用户端的需求分析和应用开发，并且在商业化方面经验丰富的电信运营商、互联网企业进一步成为车路协同运营主体。

六 鼓励创新，构建支持智能网联汽车加速产业化的政策法规环境

（一）推动产品准入管理创新，强化事中、事后监管

1. 对标国际管理实践，以标准法规创新驱动 L3 级及以上智能网联汽车产品准入管理，加快准入进程

以《自动驾驶汽车框架文件》基本原则为基础，借鉴国际智能网联汽车产品管理的标准法规实践，加快标准法规创新。早在 2019 年，中国、欧盟、日本和美国共同在 UN/WP.29 法规体系下提出《自动驾驶汽车框架文件》，确立了 L3 级及以上级别自动驾驶汽车的安全性和安全防护的 9 项关键原则，具体包括系统安全、失效保护响应、人机交互界面、目标事件探测与响应、自动驾驶设计使用范围、系统安全验证、信息安全、软件更新，以及事件记录仪与数据存储，旨在建立面向自动驾驶的安全管理框架，为后续其他国家制定区域规则提供基础。在 L3 级及以上智能网联汽车产品准入管理方面，德国是全球推动此项工作比较典型的国家，专栏一以德国为例，分析其加快推动 L3 级及以上智能网联汽车产品准入进程，为我国 L3 级及以上智能网联汽车产品准入提供借鉴。

> 专栏一　德国加快推动 L3 级及以上智能网联汽车产品准入进程
>
> 在智能网联汽车的产品准入管理方面，德国实行的是以欧洲统一的 UN/ECE 标准法规为核心，由本国独立第三方认证机构如 TUV 等进行认证的产品准入管理模式，由德国交通和数字基础设施部授权的联邦机动车辆管理局（KBA）负责审批（见图 3-18）。

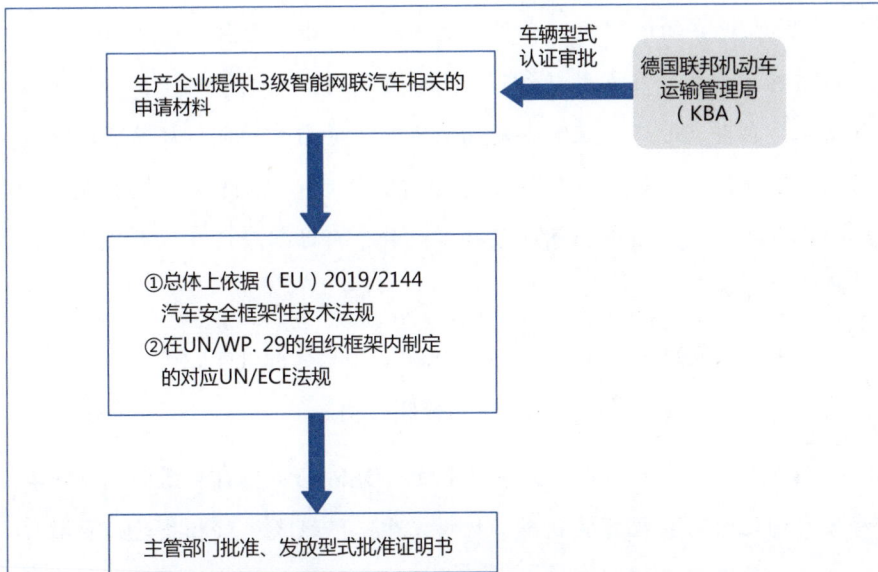

图3-18　德国L3级及以上智能网联汽车产品准入流程

资料来源：根据相关资料整理。

　　2020年，德国作为主要标准法规牵头国家之一，在联合国欧洲经济委员会汽车法规（UN/ECE Regulation）体系下，起草完成了《自动车道保持系统（ALKS）法规》（UN/ECE R157）。该项标准法规是全球首个针对L3级自动驾驶功能具有约束力的国际法规，从系统安全与失效保护响应、人机界面的规定、目标事件探测与响应（OEDR）、自动驾驶车辆的数据存储系统（DSSAD）、信息安全与软件升级5个方面对ALKS提出如下要求。

　　（1）系统安全与失效保护响应。系统安全要求ALKS在激活后可以执行全部动态驾驶任务（DDT），且在自动驾驶模式下，应使驾驶员和其他道路使用者降低不合理的安全风险，并遵守道路交通法规；失效保护响应要求系统具备驾驶权转换、碰撞应急策略和最小风险策略，能够检测车辆故障或何时不再满足设计运行范围（ODD），并在这种情况下自动采用最低风险策略切换到最小风险状态。

（2）人机界面的规定。规定系统的激活和退出条件，明确系统的应提示信息及形式。在驾驶任务可能需要驾驶者参与的情况下，如发出接管请求，自动驾驶汽车应具备对驾驶者参与的监控功能，评估驾驶者执行完整驾驶任务的意识和准备状态。当驾驶员对车辆采取不适当控制时，车辆应该要求驾驶员交出驾驶任务。此外，自动驾驶汽车应允许与其他道路使用者进行交互。

（3）目标事件探测与响应（OEDR）。自动驾驶汽车应可对在其运行范围内可合理预见的物体／事件进行探测与响应。

（4）自动驾驶车辆的数据存储系统（DSSAD）。自动驾驶汽车应具有采集和记录与系统驾驶状态、故障发生、降级或失效相关的必要数据的功能，用来确定任何碰撞发生的原因、自动驾驶系统状态以及驾驶员状态。

（5）信息安全与软件升级。系统的有效性不受网络攻击、网络威胁和漏洞的不利影响，要求系统应满足"信息安全法规"和"软件升级法规"。"信息安全法规"和"软件升级法规"这两项标准法规已于2020年6月在联合国世界车辆法规协调论坛（WP.29）第181次全体会议上予以通过。

2021年12月，基于UN/ECE R157认证，德国梅赛德斯－奔驰的L3级自动驾驶系统通过了德国联邦机动车运输管理局（KBA）的审批，德国成为在全球范围内首个批准L3级别的自动驾驶准入的国家。

加快具有单一／融合功能的L3级及以上智能网联汽车产品准入标准法规制定，以此为基础，推动中国全域L3级及以上大规模应用示范，打通L3级及以上智能网联汽车"产品认证—准入登记—市场销售—获得正常路权"关键环节。以功能导向标准法规实施细则创新推动L3级及以上智能网联汽车产品准入，逐渐成为国际智能网联汽车产品准入的标准管理实践。为加快推动L3级及以上智能网联汽车产品准入，按照国家统筹、区域主导、先行先试、高效迭代的总体原则，以地方工信、公安等部门分工协同，聚焦单一 / 融合功能的 L3 级及以上智能网联汽车功能安全管理实施细则，快速推进地方性具有单一 / 融合功能的 L3 级及以上智能网联汽车产品准入标准法规制定，推动区域 L3 级及以上大规模试点示范，打通 L3 级及以上智能网联汽车"产品认证—准入登记—市场销售—获得正常路权"关键环节，先行先试、快速迭代，实现高等级智能网联汽车商业闭环和合规管理协同发展，有效引导和规范相关企业主体的市场行为。同时，国家层面应尽快出台 L3 级及以上智能网联汽车准入管理体系和规则细则，加速相关标准法规制定以及国际相关标准法规的转化。

2. 拓展智能网联汽车的内涵和外延，统筹将多种车辆的智能网联新业态、新模式纳入汽车监管

随着智能网联汽车的产业化与实际需求的深度结合，场景相对固定、低速的智能网联汽车应用衍生的新业态、新模式正在不断拓展智能网联汽车的内涵和边界，根据调研，城市末端物流配送、无人零售、无人环卫、无人港口、无人矿山等智能网联汽车应用场景的商业化前景广阔。在前述低速、相关固定智能网联汽车商业化应用场景中，城市无人物流配送、无人零售等细分领域引发的新业态、新模式涉及无人"车辆"在公共道路行驶环节，其对产品安全、运营安全及相关责任等要求相对较高。图 3-19 为美团、京东等企业推出的无人配送车外观设计。

将无人配送"车辆"的管理纳入工信、公安、交通运输等相关部门的管理中，保障产品安全、运营安全及责任，加速其产业化。我国对于无人配送"车辆"的管理总体处于试验阶段，国家层面相关的无人"车辆"缺少行业统一的产品定义，其在道路交通法规中的属性不明确，尚未纳入工信、公安、交通等相关部门的管理，其产品安全、运营安全及责任等尚游离于监管之外。目前仅有北京、深圳等示范区对智能网联新业态、新模

图 3-19 美团、京东等企业推出的无人配送车外观设计

资料来源：根据相关官方网站整理。

式的管理政策探索比较领先。以北京顺义为例，2021 年 9 月，北京顺义示范区发布《无人配送车管理实施指南》，将无人配送"车辆"以非机动车方式进行管理，并对无人配送车的基本参数、行驶规则、监管要求进行了规定，其他多数城市智能网联示范区对无人配送"车辆"的管理政策尚未明确。同时，无人配送"车辆"本身规格及特性要求缺乏行业共识，其安全技术标准基线、生产许可及认证尚处于缺失状态，在一定程度上阻碍了其商业化发展。

建议按照保障安全、促进产业、简化监管的基本原则，在无人配送"车辆"产业化发展初期，将无人配送"车辆"单独设定成一类运载工具管理门类，工业和信息化部、国家市场监督管理总局、交通运输部和公安部等相关部门积极将其纳入监管。在不降低车辆安全基线的基础上，差异化对待无人配送"车辆"的产品设计开发能力、产品生产一致性等要求，鼓励产品创新和管理创新，出台针对无人配送"车辆"的产品设计安全技术标准基线及测试认证规则，明确路权及事故责任、运营管理方式等相关政策法规，以促进产业发展。

同时，国家层面根据无人配送"车辆"的产业发展阶段，适时出台无人配送"车辆"相关行业标准，明确其定义，厘清无人配送"车辆"的法律属性，在我国道路交通体系下给出明确的法律定位，加强无人配送"车辆"产品管理体系顶层建设，不断完善无人配送"车辆"产品标准体系，有效引导和规范相关企业主体的市场行为。

3. 强调将智能网联汽车从事后召回延伸至事中监管，创新沙盒模式的市场监管机制

智能网联汽车潜在的新型安全风险呼唤事中监管。当前，汽车智能网联化已是大势所趋，智能网联相关产品的市场渗透率正逐年攀升。从产品形态上看，智能网联汽车是在传统汽车机械、电子控制等结构基础上，搭载多个外部环境传感器、新型控制器及执行器，并与现代通信与网络技术相融合，从而能够与外界进行智能信息交换、共享，具备复杂环境感知、智能决策与控制等功能。同时，智能网联汽车生产商为了提升用户体验，已经通过 OTA 技术对已售出的智能网联汽车产品进行升级或新增车辆功能。在此趋势下，智能网联汽车或将引发新型安全风险。一方面，软件与硬件一体化的环境感知、智能决策与控制模块会出现场景识别缺陷、软件缺陷等风险，导致产品质量问题；另一方面，新型电子电气架构下 OTA 升级的普及致使汽车面临严峻的信息安全问题，包括网络安全、数据安全等，也可被认为是产品质量问题，根据 Upstream Security 报告，公开报道的针对智能网联汽车网络安全攻击事件，2019 年比 2018 年增加了 93.5%，2021 年比 2018 年增加了 225% 以上。

以国家市场监督管理总局的管理目标为核心，强化智能网联汽车从事后召回延伸至事中监管。从事后召回的市场监督机制看，汽车产品召回制

度的目的是及时发现和消除汽车产品缺陷导致的不合理危险，有效减少车辆安全事故的发生，维护社会公共安全、社会经济秩序和消费者合法权益。传统汽车监管下的《缺陷汽车产品召回管理条例》认为由设计、制造等原因导致的同一批次、型号或者类别的汽车产品存在设计缺陷导致危险，而智能网联汽车产品与传统机械产品最大的不同点在于产品需要持续迭代、不断进行功能更新，同时智能网联汽车运行场景、软件等还会存在不可预知性安全风险以及不确定性、随机性的网络安全问题，针对此类智能网联汽车产品质量问题，要积极创新监管手段。

创新沙盒模式的市场监管机制。2022 年 12 月，国家市场监督管理总局制定了《汽车安全沙盒监管实施方案（试行）》和《汽车安全沙盒监管技术目录清单（试行）》，正式启动汽车安全沙盒监管试点申报工作，旨在针对智能网联汽车感知、决策控制等新技术、新功能，基于现有的科学认知难以预见的潜在风险开展沙盒监管，激励企业主动履行质量安全主体责任，和监管部门共同对未知风险进行研究和评估，并制定了申请、评估、测试、报告、退出 5 个阶段的具体工作流程。建议进一步做好沙盒监管与现有汽车监管体系的衔接，建立市场监管总局、工业和信息化部、交通运输部等相关部委的国家汽车沙盒监管协同机制；完善沙盒监管与汽车召回调查制度的协同，允许存在召回风险的汽车优先纳入沙盒监管；探索建立沙盒监管与产品准入、运营准入的协同，对于参与沙盒监管的企业新技术可豁免相关准入测试；建立沙盒监管技术与标准的协同，及时推动新技术的标准研制。

（二）加快交通法规制修订进程，推进自动驾驶车辆保险创新

1. 制定人类驾驶员与自动驾驶系统类别规则，进一步明确自动驾驶系统合规的法律地位

在无人驾驶车辆上路之前，制定人类驾驶员与自动驾驶系统类别规则，明确自动驾驶系统在法律层面的地位，为厘清交通事故责任主体以及自动驾驶系统上路的合法性做好前瞻性立法铺垫奠定基础。目前，在制定人类驾驶员与自动驾驶系统规则方面，可参考的国际标准是国际自动机工程师学会（SAE International）与国际标准化组织（ISO）共同制定的 J3016 SAE《标准道路机动车驾驶自动化系统分类与定义》。2021年，我国《汽车驾驶自动化分级》（GB/T 40429-2021）已正式出台。相关标准基本明确了随着自动化级别的提高，人类驾驶员将逐步向自动驾驶系统让出驾驶控制权。

美、德、日等国从国家立法层面确认自动驾驶系统作为驾驶主体的合法性步伐比较快。美国在2018年发布的《联邦自动驾驶汽车政策指南（AV 3.0）》中明确"人将不再是交通工具唯一的操作者，也可以是自动驾驶系统"。德国于2017年通过的《道路交通法（第八修正案）》规定，在特定时间和条件下，L3级或L4级自动驾驶系统可接管驾驶人对汽车的控制，并在公开道路上行驶；2021年颁布的《自动驾驶法》则允许L4级自动驾驶车辆在德国公共道路上的指定区域内行驶。日本于2020年发布的《道路交通法》修正案则对"驾驶"做出了新定义，包括使用自动驾驶装置，即L3级自动驾驶汽车上路已被允许。

我国以深圳为代表在地方层面立法明确自动驾驶系统的法律地位，但国家层面《道路交通安全法》的修订工作仍然任重而道远。深圳已经出台《深圳经济特区智能网联汽车管理条例》，明确可以由自动驾驶系统替代

人类驾驶员操作在道路上安全行驶的汽车，包括有条件自动驾驶、高度自动驾驶和完全自动驾驶三种类型。我国《道路交通安全法》中，尚未明确自动驾驶系统的合法地位，需要加快交通法规制修订进程。

2. 明确 L3 级及以上智能网联汽车交通事故责任划分规则

在前述自动驾驶系统作为驾驶主体的合法性被正式承认的基础上，下一步面临的主要问题是交通违法和事故处理的责任认定问题。自动驾驶系统作为车辆的实际操控者，对可能出现的交通事故如何定责，是需要考虑的问题。

考虑到实际的应用需求，各国对涉及自动驾驶车辆的交通事故责任划分，主要聚焦于 L3 级和 L4 级车辆。在法律法规层面，德国《道路交通法（第八修正案）》《自动驾驶汽车交通伦理准则》都从立法角度承认司机、车主和汽车制造商同为事故风险承担者，正式将汽车制造商纳入责任范围。对于"人机共驾"的 L3 级自动驾驶车辆来说，区分驾驶进程的某个时间节点，尤其是交通事故发生的瞬间是由驾驶人还是系统控制车辆，就变得尤为重要，因此引入了自动驾驶汽车应装备车载设备，即所谓的"黑匣子"，记录任何时间点的自动驾驶系统运行状态和人类驾驶状态，以便确定事故发生时的驾驶任务承担者。"黑匣子"记录的数据应包括自动驾驶系统运行状态、人类驾驶状态、周围环境信息、自动驾驶控制信息，这些信息将为重建事故场景、分析事故原因、明确事故责任提供重要证据。日本《道路交通法》明确提及，如果因系统错误操作等明显故障导致事故发生，制造商可能将承担过失责任；如果因为瞌睡等原因，驾驶员没有按照系统要求切换驾驶模式而导致事故发生，那么驾驶员将承担责任。判断依据同样来自车载记录装置，并对数据保存期限做出规定。

对于高度自动化的 L4 级车辆，德国率先出台《自动驾驶法》，创设了针对"自动驾驶功能"的技术监督员制度，规定智能汽车保有人有义务采取必要措施维护道路安全和车辆的环境相容性，并承担相应法律责任。这些义务包括定期维护系统以确保自动驾驶功能正常，采取预防措施以遵守交通规则，履行技术监督义务。为履行该义务，车辆保有人必须指定一名有专业知识的自然人担任技术监督员，远程监控车辆，干预自动驾驶系统。

我国《道路交通安全法（修订建议稿）》对"人机共驾"可能引起的情况也做出了相应规定，依法确定驾驶人、自动驾驶系统开发单位的责任，并依照有关法律、法规确定损害赔偿责任。地方性法规层面，从《深圳经济特区智能网联汽车管理条例》中对"自动驾驶出交通事故谁担责"的详细解答中（见表 3-10），可以看出法规对定责的态度和倾向。

表 3-10　自动驾驶出交通事故担责说明

自动驾驶等级	车辆驾驶模式	责任方	备注
L3 级	人工驾驶模式	驾驶人	依照法律法规根据机动车交通事故责任，驾驶人承担赔偿责任
L3 级	自动驾驶模式下操作不当	驾驶人	驾驶人承担赔偿责任
L3 级 /L4 级	自动驾驶模式下无操作不当	安全员，车辆所有人，车辆管理人	依法对安全员进行处罚；车辆所有人、车辆管理人承担赔偿责任
L5 级	无驾驶人，乘客操作不当	乘车人	公安机关对乘车人进行处罚
L5 级	无驾驶人，乘客操作不当	乘车人	乘车人承担赔偿责任
L5 级	无驾驶人，乘客无操作	自动驾驶系统提供者，车辆所有人，车辆管理人	依法对自动驾驶系统提供者进行处罚；车辆所有人、管理人承担赔偿责任

注：自动驾驶等级的划分依据是 J3016 SAE《标准道路机动车驾驶自动化系统分类与定义》。
资料来源：根据《深圳经济特区智能网联汽车管理条例》整理。

3. 加快保险制度创新，积极探索自动驾驶车辆保险新范式

机动车保险制度的目的是分散交通事故对受害者造成的巨大冲击和损失，以此为机动车的普及和道路交通安全的提升"保驾护航"。L3 级及以上智能网联汽车事故责任不清或责任判断困难给传统保险制度带来了新的挑战，这也阻碍了智能网联汽车的量产进程。

目前在智能网联汽车示范区测试阶段已经建立了针对自动驾驶汽车道路测试的强制保险制度。国内外都建立了针对自动驾驶汽车道路测试的强制保险制度，如美国加州规定在公共道路上测试或使用自动驾驶汽车需要获得监管部门发放的牌照，而发放测试牌照的前提之一即是企业购买不低于 500 万美元的保险或出具相应金额的保函；我国对自动驾驶汽车的道路测试也提出了类似的要求（以不低于 500 万元的保险为主）。

面向智能网联汽车商业化的未来，自动驾驶车辆强制保险尚需在覆盖范围与责任划分、索赔流程及追偿权、责任免除方面有所突破。从国际看，比较典型的参考对象是英国。2018 年，英国提出《自动与电动汽车法案》（AEV 法案），对自动驾驶车辆保险覆盖范围及保险责任、索赔流程及追偿权、责任免除等方面进行了创新和调整，以适应自动驾驶汽车的发展。

强制保险范围及责任方面，主要是扩大保险范围、界定保险责任。传统意义上的车辆保险，是指保险公司对被保险车辆发生道路交通事故造成受害人的人身伤亡和财产损失在责任限额内予以赔偿，受害人的范围排除了被保险人和司机，而 L3 级及以上智能网联汽车会出现机器驾驶，因此，AEV 法案中扩大了保险覆盖范围，将驾驶人列入交强险覆盖对象，包括了车辆在"自动驾驶"模式下司机的人身损害。（注：该法案规定的"损害"不包括自动驾驶汽车本身、车载货物以及在被保险人或者车辆控制者所保管或控制下的财产）

索赔流程方面，主要是明确并简化索赔流程。在车辆已经投保的情况

下，保险公司需要承担首要责任。在自动驾驶事故中的受害方（包括合法地将车辆控制权交给自动驾驶系统的司机）可以直接向保险公司索赔，而保险公司则可以依据产品责任法或其他现行法向直接责任人进行追偿。保险公司承担首要责任，避免了车辆处于自动驾驶状态下事故受害者产生"到底应向汽车生产商还是车主索要赔偿"的疑惑，可以帮助受害者及时、公平和轻松地获得赔偿，简化索赔流程。

责任免除方面，完善保险公司的责任减免事由。减免事由包括两类，一是由"共同过失"产生的责任减免；二是违反规定更改软件、不更新软件造成事故的保险责任豁免。"共同过失"产生的责任减免方面，在保险人按照规定对自动驾驶汽车发生的事故承担法律责任且事故或损害在一定程度上是由受损害方所造成的情况下，可以在相应程度上减免保险人的责任数额；当事故的发生是完全由于车辆控制者因疏忽而在不适宜的情况下允许车辆进行"自我驾驶"所导致时，则保险公司无须向车辆控制者负法律责任。违反规定更改软件、不更新软件造成事故的保险责任豁免方面，因被保险人或第三人违反保险条款的规定更改软件或未及时更新安全软件而造成事故的，可以免除或限制保险人的责任，具体情形包括：被保险人或者他人在被保险人同意的情况下对软件做了保险条款所禁止的更改；未能安装安全类的软件更新且被保险人明知或应知该软件更新是安全攸关的。

针对L3级及以上智能网联汽车，以顺应保护交通事故受害人、促进智能汽车技术发展的政策导向，从保险法规层面明确自动驾驶汽车造成事故的保险责任由保险人（如果L3级车销售给消费者，保险人指车主；如果L4级车开展运营，保险人为运营公司）承担损害赔偿责任，当自动驾驶汽车发生交通事故时，责任的承担不以肇事车辆方存在过错为前提条件。扩大交强险覆盖范围，在"自动驾驶"模式下，驾驶座位上的人能够被涵盖在保险范围内，以降低驾驶者人身损害风险。同时，应设计"先向保险公司索赔"制度，简化索赔流程，进一步完善保险公司的责任减免事由。

鼓励开发面向智能网联汽车的综合性商业保险产品体系。开发产品时，应充分考虑智能网联汽车特有风险可能带来的损失。商业保险范围可涵盖车辆及自动驾驶相关设备本身的风险（如车辆遭受网络攻击、激光雷达等传感器设备被单独盗抢等）、车外第三者和车上人员的风险等。

（三）坚守安全底线，加强智能网联汽车信息安全监管

1. 健全数据安全风险评估及分级分类，推进数据安全生命周期管理体系构建

我国在汽车信息安全相关的合规认证及安全监管方面，具体细分为数据安全、网络安全等进行推进，因此，数据合规认证及安全监管需要具体的建议与措施。智能网联汽车产生的数据越来越多，包括车辆运行代码、传感数据、视频信息、通信数据包、地理信息、个人隐私等，这些信息在产生和使用过程中会存在各类安全风险问题。数据合规认证及安全监管方面亟须解决的问题是如何对智能网联汽车数据进行分级分类管理，建立数据安全风险评估体系和全生命周期安全管理等基本制度。

明确智能网联汽车信息安全中数据分级分类基本要求。我国自 2021 年起先后出台了《中华人民共和国数据安全法》《中华人民共和国个人隐私保护法》等具有顶层指导意义的法律文件。2021 年 7 月，工业和信息化部在《关于加强智能网联汽车生产企业及产品准入管理的意见》中，针对强化数据安全管理能力，提出"建立数据资产管理台账，实施数据分级分类管理，加强个人信息与重要数据保护"的基本要求。《汽车数据安全管理若干规定（试行）》中将"个人信息"和"重要数据"作为并列的两大保护对象，列举了六大类重要数据，并规定了运营者一系列关于重要数据的

安全保护义务。此外，工业和信息化部 2022 年 8 月批准的行业标准《车联网信息服务数据安全技术要求》又按照数据的敏感性将数据划分为一般数据、重要数据和敏感数据三个级别，从数据主体、用途、业务属性等角度出发对数据进行分类，根据数据遭泄露、篡改等造成的后果进行定性分级。汽车信息安全数据未来应聚焦在规范智能网联汽车分级分类基本原则上，着眼于标准的统一性、协调性、落地性，建设适合汽车行业的数据分级分类标准，结合行业发展趋势和技术要求提出可动态适配不同安全需求和特性的数据分级分类要求，明确数据安全防护目标。

强化智能网联汽车数据安全风险评估体系建设。风险评估是安全风险控制的起点，是数据分级分类安全管理的重要支撑手段。2021 年 9 月，工业和信息化部在《关于加强车联网网络安全和数据安全工作的通知》中提出，"定期开展数据安全风险评估，强化隐患排查整改，并向所在省（区、市）通信管理局、工业和信息化主管部门报备。所在省（区、市）通信管理局、工业和信息化主管部门要对企业履行数据安全保护义务进行监督检查"。2021 年 10 月 1 日，国家互联网信息办公室、国家发展和改革委员会、工业和信息化部、公安部、交通运输部联合发布并正式实施的《汽车数据安全管理若干规定（试行）》中明确，"汽车数据处理者开展重要数据处理活动，应当按照规定开展风险评估，并向省、自治区、直辖市网信部门和有关部门报送风险评估报告。风险评估报告应当包括处理的重要数据的种类、数量、范围、保存地点与期限、使用方式，开展数据处理活动情况以及是否向第三方提供，面临的数据安全风险及其应对措施等"。国家互联网信息办公室于 2022 年 7 月公布了《数据出境安全评估办法》，规定了数据出境安全评估的范围、条件和程序，为数据出境安全评估工作提供了具体指引。后续结合智能网联汽车的安全评估，应当围绕智能网联汽车带来的数据隐私泄露频发等问题，重点针对智能网联汽车数据衍生的安全威胁、不同应用场景下产生的安全影响、数据安全攻击链路等开展全业态下的数据安全威胁知识图谱建设，加快构建智能网联汽车全生态下数据安全风险评估体系。

强化智能网联汽车数据安全生命周期管理。2021 年 10 月，全国信息安全标准化技术委员会发布了 TC260-001《汽车采集数据处理安全指南》，进一步细化了《汽车数据安全管理若干规定（试行）》部分条款中关于汽车数据传输、存储和出境等方面的要求，但对于智能网联汽车数据安全生命周期管理尚未形成行业共识。数据安全生命周期管理是一个复杂的系统工程，对管理者和应用者都提出了很大的挑战。智能网联汽车中，在《中华人民共和国数据安全法》《中华人民共和国个人信息保护法》及《汽车数据安全管理若干规定（试行）》的要求下，对数据的产生、存储、使用、管理、销毁等阶段均需要实施有效的管理措施，特别是重要数据、敏感数据等，需要尽快构建行业范围内的数据安全管理通用规范，同时推动跨行业交叉监督及联合管理等能力建设。

2. 强化监测平台建设赋能网络安全管理，筑牢网络空间安全基石

随着汽车电子电气架构变革、网联化功能及软件技术比重的增加，更多的通信链路和信息交互端口为网络攻击提供了可能，OTA 技术在智能网联汽车中也不断更新迭代，这些对于智能网联汽车产生了较之以往更广泛、危害更大的风险。

总体来看，当前智能网联汽车对于各类网络安全威胁缺乏系统防护能力。目前，通过相关部委组织的阶段性护网活动发现，车企及运营商存在普遍的安全漏洞及部分高危风险。针对面临的网络安全威胁，应尽早发现车联网各环节存在的漏洞、风险等脆弱点，及时采取应对措施，甚至是持续的网络监测，以提升网络安全监测预警和攻击溯源能力。针对这些问题，可从以下两个方面进行重点部署。

形成车联网漏洞和威胁信息发现、验证、上报、处置等网络安全监测联动机制。2021 年 7 月，工业和信息化部、国家互联网信息办公室、公安部三部门联合印发的《网络产品安全漏洞管理规定》明确要求，网络产品提供者、运营者和网络产品安全漏洞收集平台应当建立健全网络产品安全漏洞信息接收渠道并保持畅通，留存网络产品安全漏洞信息接收日志不少于 6 个月，为车联网产品安全漏洞有序管理提供了基本准则。2021 年 9 月，工业和信息化部发布了《关于加强车联网网络安全和数据安全工作的通知》，明确企业漏洞发现、验证、分析、修补、报告等工作程序。但当前，车联网涉及多个行业和领域，存在标准规范不统一、业务场景融合交叉、准入认证缺乏系统性等问题，导致车辆网络安全管理缺乏联动。建议国家监管机构组织专业安全机构、汽车厂商、服务商等建立长效的联动机制，共同建设国家级的车联网威胁信息和漏洞库，对车联网漏洞统一集中收集、处置，确保相关厂商能及时获取重大漏洞信息，及时修补漏洞，及时分发、部署漏洞补丁。

加强网联化车辆及通信、云端的威胁监测和防护。2020 年 6 月，联合国世界车辆法规协调论坛（WP.29）发布的关于智能网联汽车的重要法规 R155（Cybersecurity）中，明确要求有联网功能的汽车须具有车辆网络安全状态的监视（检测）功能，用于保障车辆全生命周期内进行持续的网络安全风险管理，这是国际首个强制性的汽车网络安全法规。在我国，为了有效实施网联化车辆及通信、云端的威胁监测和防护，后续需要落实企业主体责任，监管机构制定检查和监测制度，形成相关检查、测试规范；督促整车企业和安全厂商加强合作，提升网联化车辆及通信、云端的网络安全监测和防护能力，确保企业网联平台、车辆等能够全天候对自身网络运行状况进行监测，防止非法连接和入侵，一旦发现异常，能迅速采取措施，保证车辆的行驶安全，切断可能的攻击连接，向乘客预警并上报，记录相关网络攻击等信息。

3. 鼓励标准创新，强化智能网联汽车信息安全标准适用性

强化信息安全标准系统性和体系性建设。从国际看，2016 年，SAE 发布 SAE J3061《信息物理融合系统网络安全指南》；2017 年，ISO 和 SAE 基于 SAE J3061 联合起草并发布 ISO 21434，为汽车网络安全建立一套高级指导原则。同时，为规范 1958 年协约国之间产品生产的符合性以及缔约方授予的型式认可的相互认可，WP.29 组织在 2020 年颁布 UN R155 和 UN R156 法规。总体来看，国际上比较重视体系建设，而在相关标准的中国化过程中，我国更加重视车辆信息安全技术要求和测试方法。未来，无论是数据安全、网络安全，还是软件升级生产一致性保证，体系建设都至关重要。面对国家的网络安全、数据安全监管的严格化，智能网联汽车建立相应的体系管理流程至关重要，为方便第三方审计公司针对体系建设的合理性审查，规范化的审核标准至关重要，可借鉴国际上针对网络安全体系建设的审核标准，开展符合我国的数据安全、软件升级的审核标准。

我国在智能网联汽车信息安全标准建设过程中，应注重不同体系间标准的协同一致性。我国在智能网联汽车信息安全标准体系的建设方面紧跟国际标准，在具体执行过程中，我国将智能网联汽车信息安全技术问题落实到不同归属标准体系中，不同的标准体系针对智能网联汽车信息安全问题提出不同标准解决方案。比如，智能网联汽车标准体系通用规范中有信息安全要求，在信息通信标准中针对车联网的通信协议制定不同的信息安全要求，智能交通方面有智能路侧系统的信息安全要求，电子产品与服务标准体系中有汽车电子产品相关的信息安全要求。由于网络安全和数据安全的重要性，工业和信息化部专项发布《车联网网络安全和数据安全的标准体系建设》，主要包含通信、证书、数据安全等相关方面技术标准。

以标准体系建设为基础，制定过程中应重视各项标准的适用对象和适用范围。当前在各项标准制定过程中，容易忽略不同标准的适用对象和适

用范围，这也致使行业发展阶段和目标之间产生一定的偏差，造成计划或制定的标准在适用性方面存在各类问题。在标准法规制定过程中，我们需要不断完善对汽车信息安全细分领域的技术要求，强化对标准适用性能力的建设，鼓励对标准的应用示范，并结合行业发展积极鼓励针对标准的创新，重点平衡准入类标准与监管类标准的界限和制定原则，规范基准类标准的制定要求，通过沙盒、应用示范等方式不断完善行业标准的体系化建设和适用性能力。

第四章
补齐操作系统和车规级芯片短板

李燕　路倩　任师攀　李晓锋[1]

汽车电动化、智能化、网联化变革为车用操作系统和汽车芯片发展带来重大机遇。国产车用操作系统和汽车芯片具备一定基础，市场应用空间广阔，在部分领域已具备国际竞争力，但也面临多方面的挑战。一是缺乏自主知识产权，应用生态有待完善；二是市场壁垒高，国产厂商导入市场的难度较大；三是研发投入成本高，配套支撑体系有待健全；四是车规级芯片供应链存在短板制约，工艺水平和良率需迭代提升；五是标准体系待完善，验证服务能力不足。建议按照"创新驱动，高端引领；安全可控，融合发展；公平竞争，开放合作；统筹协调，一体推进"的思路，从以下几个方面加快构建开放自主的产业生态。一是推动企业开放合作，加强产业链协同创新；二是完善应用推广政策，助力国产芯片和操作系统打开市场；三是统一技术标准，加快上车认证，全流程促进软硬件融合；四是强化政策支持，减轻企业短期经营压力；五是重视人才培养和激励，持续壮大人才队伍。

1　李燕，国务院发展研究中心产业经济研究部副部长、研究员。
　　路倩，国务院发展研究中心产业经济研究部助理研究员。
　　任师攀，国务院发展研究中心办公厅（人事局）。
　　李晓锋，国研科技集团有限公司。

党的二十大报告指出，要加快建设现代化经济体系，着力提高全要素生产率，着力提升产业链供应链韧性和安全水平。我国已连续多年成为全球最大的汽车产销国，新能源汽车产销量占全球的一半左右，然而我国汽车产业仍面临"缺芯少魂"的突出问题。当前，百年汽车产业变革加速重构供应链格局，为我国打开了珍贵的机会窗口。

一、汽车电动化、智能化、网联化变革为车用操作系统和汽车芯片发展带来机遇

在软件定义汽车的大趋势下，车用操作系统和汽车芯片直接影响汽车的安全性、软硬件的运行效率和用户的乘用体验，是带动汽车产业电动化、智能化、网联化变革的关键环节和技术底座。当前，全球车用操作系统和汽车芯片格局未定，我国迎来关键发展机遇。

（一）汽车产业智能化变革带动车用操作系统创新发展

车用操作系统是汽车产业变革的关键驱动力。在软件定义汽车的大趋势下，越来越多的高科技企业为汽车产品创新带来了新理念、新思维、新技术。汽车正由传统的机械产品转变为移动的智能终端，功能和性能不断迭代，科技含量迅速提升。据麦肯锡预测，未来汽车超过 90% 的创新来自电子电气架构和软件。车用操作系统作为连接电子电气架构和支撑应用软件运行的底座，是决胜汽车电动化、智能化、网联化变革的关键。

车用操作系统是汽车平台的基石。车用操作系统连接着汽车产业链上下游硬件设备、应用软件、用户、供应商、开发人员和社区资源，构成了典型的多边平台生态系统。在网络效应的驱动下，越多人使用越会吸引更多的用户和供应商进入平台生态系统，当用户数量突破临界点后，平台生

态系统将进入自我强化的正反馈，带动软硬件生态迭代升级，为用户提供更加安全愉悦的服务体验，推动汽车产业向价值链高端迈进。

车用操作系统关乎国家安全。汽车不仅是重要的交通工具，随着电动化、智能化、网联化的不断渗透，还将成为吸纳能源的强大载体和智能计算的关键节点。车用操作系统有望成为连接智能汽车和智能交通、绿色能源、智能电网、智慧城市的重要纽带，其安全性不但直接关乎车辆的行驶安全，还将影响电网、交通的运行安全和国家地理空间信息等数据安全，应重视潜在的安全风险，提升核心技术的自主可控能力。

全球智能车用操作系统格局未定，国产厂商在激烈竞争中仍有胜出的机会。通过车用操作系统的匹配和连接，厂商和用户之间从传统的买卖关系，转变为全生命周期的服务合作关系，形成了用户提供数据、厂商基于数据不断优化服务的良性循环，因此越了解用户的厂商越有可能在此轮竞争中赢得优势。一级汽车供应商（Tier 1）囿于传统技术优势，车用操作系统智能化转型步伐相对较慢；相比之下，国产厂商不受传统技术路线的禁锢，以新能源汽车为载体和契机，在以智能座舱、智能驾驶等通用操作系统为代表的车用操作系统新赛道中提前布局，不断优化服务、提高国产汽车附加值，赢得了一定先机。

1. 车用操作系统可分为不同类型

车用操作系统一般采用广义操作系统[1]的定义，指涵盖了操作系统软件（包括系统内核及其他组件）、中间件和主要功能软件的系统程序集合，如图 4-1 虚线部分所示。

车用操作系统起步较早，正由嵌入式操作系统向通用操作系统演变。在早期分布式电子电气架构下，车用操作系统内嵌于单个的电子控制单元（ECU）[2]中，受系统空间限制，只能采用内核小、功能精简的嵌入式

---

1 与之相对的是狭义的操作系统，仅指系统内核。
2 由多种芯片构成的控制单元。

操作系统，通过搭配中间件（见图 4-1a）来实现不同功能。随着电子电气架构和网络通信的演进，跨 ECU 调度管理得以实现，能够支撑功能更丰富的通用操作系统、中间件和功能软件（见图 4-1b），从而提供更多个性化服务。

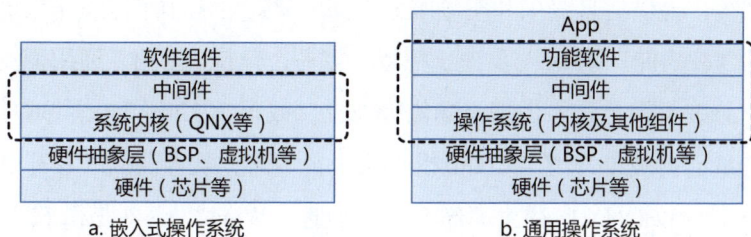

图 4-1　嵌入式和通用操作系统与软硬件体系架构

注：虚线框内为广义的操作系统。
资料来源：作者根据公开资料绘制。

根据全国汽车标准化技术委员会发布的《车用操作系统标准体系》，车用操作系统分为车载和车控两大类（见图 4-2）。车载操作系统主要面向信息娱乐和智能座舱等领域，与手机、电脑等传统分时操作系统（Time-sharing Operating System，TSOS）的功能类似；车控操作系统又分为安全车控和智能驾驶操作系统，分别实现车身局部控制功能和自动驾驶功能，由于需在规定时间内完成资源分配、任务同步等指定任务，普遍采用实时操作系统（Real Time Operating System，RTOS）内核。

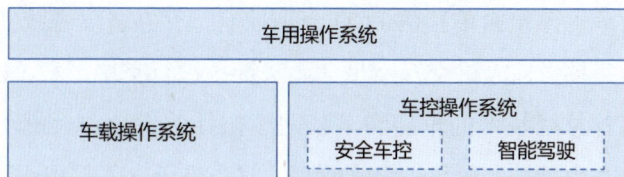

图 4-2　车用操作系统分类

资料来源：全国汽车标准化技术委员会《车用操作系统标准体系》，2019。

2. 嵌入式操作系统发展成熟

嵌入式车载操作系统起步较早。QNX 诞生于 1980 年，2010 年被黑莓（BlackBerry）母公司 RIM 收购，是一种嵌入式实时操作系统，广泛应用于汽车、国防军事、铁路、医疗等行业。在汽车领域，QNX 主要作为车载操作系统，提供信息娱乐和座舱服务，其内核还可用于车控操作系统，支撑辅助驾驶功能。QNX 与奥迪、福特、宝马、奔驰、丰田、通用别克等外资汽车品牌长期合作，占据市场优势地位。截至 2022 年 2 月，QNX 的汽车装机量已突破 1.95 亿台。[1] 但授权使用费用高、兼容性低以及开放性不足等弊端导致 QNX 应用生态缺乏。类似地，Windows CE 是微软于 1996 年发布的嵌入式操作系统，可用于车载主机，目前市场份额较小，正逐步退出汽车市场。

嵌入式安全车控操作系统发展成熟，市场格局稳定。安全车控操作系统主要实现对动力、底盘、车身等的控制功能，对实时性、可靠性和安全性要求极高。由于系统内核很小，主要依靠中间件实现专用功能。ETAS（博世集团子公司）、EB（大陆集团子公司）和 VECTOR 等厂商具备长期技术积累，占据垄断地位。

3. 电子电气架构的演进激发车用操作系统智能化新需求

电子电气架构和网络拓扑的演进使汽车智能化变革成为可能，车用操作系统逐步由嵌入式向通用式转变。在以往的分布式电子电气架构下，不同功能的汽车子系统由单独的 ECU 分别控制，存在各子系统协同性低、软硬件耦合关系强、人机交互不足、无法统一进行空中下载（OTA）升级等问题。随着总线技术的革新和车载网络拓扑的优化，大量功能相同的 ECU 被整合并由域控制器统一调度管理，汽车电子电气架构逐步向域集中式转变（见图 4-3），进而能够支撑更先进的通用操作系统。通过通用操

1　数据来源：黑莓公司 2022 年财报。

作系统满足汽车复杂计算需求、提供更多智能化服务成为新的发展方向。

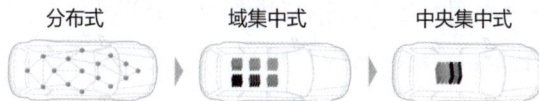

图4-3 整车电子电气架构演变趋势

资料来源：博世集团。

近年来，通用的 Linux 操作系统逐渐应用于汽车。2014 年，Linux 基金会发布了开源的 AGL（Automotive Grade Linux）规范 1.0 版本，2018 年丰田首次使用了基于 AGL 的车载信息娱乐系统，大众、戴姆勒、现代、马自达、本田、日产、上汽等主机厂也纷纷支持 AGL。用于手机等移动终端的安卓操作系统是 Linux 最成功的发行版，由于其生态丰富、可实现用户习惯的无缝衔接，近两年来被广泛应用于国产自主品牌的车载信息娱乐系统，例如蔚来、小鹏等都是基于安卓系统的定制化改造。

智能驾驶操作系统方兴未艾。智能驾驶操作系统由通用操作系统（搭配实时内核）、中间件和功能软件（高精地图、AI 视觉、感知、云控等）组成，可完成实时感知、决策和整车控制等功能。智能驾驶操作系统普遍采用成熟且高度自由的开源 Linux 内核。例如，特斯拉 Autopilot 和百度 Apollo 采用开源方案对 Linux 内核进行了实时性改造，分别实现了 L2+ 级（组合驾驶辅助）和 L4 级（高度自动驾驶）的自动驾驶。

4. 统一融合、开放解耦有望成为车用操作系统的大趋势

未来车载和车控操作系统有望逐步融合。一方面，随着域控制器逐步融合为车载计算机，需要统一的操作系统来控制原本独立的车载域、车舱域和车控域；另一方面，具有相同内核的车用操作系统具备融合的基础和能力，能够借助虚拟机监视器（Hypervisor）实现融合。例如，特斯拉 Model 3 的安全车控、智能驾驶和车载信息娱乐功能已通过同一个操作系

统实现。

产业的创新发展对软硬件开放解耦提出了新的需求。汽车产业链上下游参与方众多，智能汽车更是涉及计算平台、传感器、执行器、应用算法等，为实现更高效的机器间通信和人机通信、充分激发产业的创新活力，需要操作系统和软硬件解耦分离，在统一的接口标准下进行模块化开发。

（二）汽车智能化变革和芯片结构性供应短缺为汽车芯片发展带来重要战略机遇

百年汽车产业变革推动芯片需求增长和供应链格局重塑，为我国汽车芯片发展带来全新产业机会。汽车的电动化、智能化、网联化发展使人工智能、控制、功率、传感、存储等芯片在汽车上的应用大幅增加，芯片在汽车成本中的占比不断提高。据麦肯锡等有关机构预测，到 2030 年，L4 级自动驾驶即驾驶高度自动化的电动汽车的单车芯片成本将达到 4000 美元一颗，是 L1 级自动驾驶即辅助驾驶燃油汽车芯片成本的 8 倍。[1] 汽车芯片占整车物料成本比重将从 2019 年的 4% 提升至 2030 年的 20%。[2] 汽车芯片市场规模也将随之不断扩大，成为增长最快的芯片细分领域。综合多家机构的预测结果，到 2030 年，全球汽车芯片市场规模将达到 1100 亿～1500 亿美元，2021—2030 年平均增速约为 11%～13%（见表 4-1），远高于芯片市场 7% 的平均增速。[3] 汽车的"三化"发展也伴随着电子电气架构的演进，并加速供应链格局的重构，过去的"主机厂—零部件供应商—芯片企业"的链式关系正演变成复杂的新型网状生态。原有固化的行业壁垒被逐渐打破，有利于我国整车、零部件、芯片及科技企业参与新一轮的国际竞争与合作。

1，3　McKinsey, The Semiconductor Decade: A Trillion-dollar Industry, April 1, 2022.

2　Intel Newsroom, Intel CEO Predicts Chips Will Be More than 20% of Premium Vehicle BOM by 2030, Sept. 7, 2021.

表 4-1　不同机构对汽车芯片市场规模的预测

预测机构	2030 年芯片市场规模（亿美元）	2021—2030 年复合增长率（%）	预测时间
麦肯锡（McKinsey）	1500.0	13.0	2022 年 4 月
高德纳（Gartner）	1166.0	11.7*	2022 年 1 月
领先研究（Precedence Research）	1157.8	11.5	2022 年 2 月
英特尔（Intel）	1150.0	11.8	2021 年 9 月
应用市场研究（Allied Market Research）	1139.4	11.8	2021 年 11 月

注：带 * 标记数据为根据该机构公布的绝对值数据计算得出。
数据来源：麦肯锡、高德纳、领先研究、英特尔、应用市场研究。

　　"缺芯潮"引发的供应链安全隐忧，为国产汽车芯片市场导入提供了有利时机。汽车行业数据预测公司 AFS（Auto Forecast Solutions）发布的数据显示，受芯片短缺影响，自 2020 年 12 月芯片危机爆发到 2022 年 8 月末，全球汽车减产量已超过 1360 万辆。[1] 尽管近期全球芯片供应形势有所好转，消费级芯片供需拐点开始显现，但成熟制程的汽车芯片、工业控制芯片的结构性短缺特征依然明显，短中期供应风险犹存。目前我国汽车芯片自给率不足 5%，三电系统、先进传感器、车载网络、辅助驾驶和自动驾驶系统等关键模块的高端芯片仍高度依赖进口。这种情况使我国汽车产业付出了高昂的经济代价，如通常情况下绝缘栅双极晶体管（IGBT）进口价格是国外售价的 1.2 ～ 1.8 倍，而在极端情况下即使付出高价也难以获得稳定供应，这严重威胁了产业经济安全。在芯片供不应求的情况下，整车企业开始增加采购渠道和候选供应商，为我国本土汽车芯片企业导入供应链提供了机会。如果能够抓住这一机遇，不仅能够提高产业链供

1　AFS, The Latest Numbers on the Automotive Microchip Shortage.

应链的韧性和安全水平，也会为培育和增强我国在新能源汽车领域的竞争优势提供有力的支撑。

二. 国产车用操作系统和汽车芯片具备一定基础，同时面临多方面挑战

在汽车电动化变革中，我国企业换道先行，在超大规模市场的带动下，加快迭代创新，积累了一定技术和市场基础。同时，由于车用操作系统和汽车芯片对功能安全性、可靠性、稳定性、一致性的要求更高，认证和测试导入周期较长，我国仍处于发展起步期，产业链短板较为明显。

（一）我国车用操作系统具备技术和市场基础

软件供应商在嵌入式操作系统领域具备一定积累，通过个性化服务逐步开拓市场。例如，普华基础软件自 2008 年开始研发车用基础软件，包括安全车控操作系统（灵智 ORIENTAIS）以及设计、开发、配置、集成、测试等工具链，在量产车型中已累计使用超过 1000 万套。华为自主研发的嵌入式智能车控操作系统（VOS）已通过安全等级认证，配套的工具链较为成熟。

以智能座舱为中心的车载操作系统市场竞争活跃。智能座舱的功能直接决定了汽车的智能化体验，是当前车载操作系统竞争的焦点。2021 年我国新车智能座舱渗透率超过 50%，预计到 2025 年智能座舱渗透率将超过75%（见图 4-4），领跑全球。整车企业、Tier 1、软件供应商纷纷投入智能座舱市场，开发出的车载操作系统已量产上市，例如比亚迪的 DiLink、阿里的 AliOS、百度的小度车载 OS、斑马智行的 AliOS、华为的鸿蒙 HOS 等。

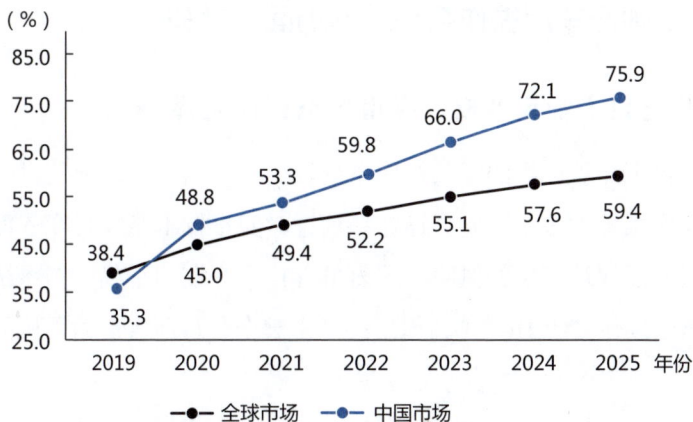

图 4-4 2019—2025 年智能座舱渗透率趋势

数据来源：IHS Markit《智能座舱市场与技术发展趋势研究》，2021。

　　科技型企业争相在智能驾驶操作系统领域布局探索。例如，百度于 2013 年开始布局智能驾驶，在自动驾驶领域专利数量居全球第一，研发并开源的 Apollo 智能驾驶操作系统已实现 L4 级自动驾驶。华为 2020 年发布了自研的鸿蒙智能驾驶操作系统（AOS），配备自研鲲鹏 CPU 和昇腾 AI 处理芯片，能够实现 L2 级至 L5 级[1] 的自动驾驶。此外，初创科技企业小马智行、文远知行、Momenta 等均在智能驾驶领域积累了一定技术基础。

　　智能驾驶的商业化场景试点应用已逐步展开。我国 2021 年乘用车新车 L2 级自动驾驶渗透率已提高到 20%、新能源汽车新车渗透率已超过 30%，全国开放智能驾驶测试区域共计 5000 平方千米、测试总里程超过 1000 万千米，发放道路测试牌照 800 多张。[2] 出租车、高速干线物流车、末端物流车、小巴、环卫车和矿区、港口等商业化试点应用相继落地，积累了较为丰富的场景和数据。

1　L5 级为完全自动驾驶。
2　数据来源：工业和信息化部。

（二）国产车用操作系统发展仍面临挑战

1. 缺乏自主知识产权，应用生态有待完善

具有自主知识产权的车载操作系统较少，应用生态缺乏。目前国内主流车载操作系统大多基于安卓操作系统，对安卓技术路线高度依赖，存在技术和服务授权被断供的风险。国内虽有自主开发的车载操作系统（如华为鸿蒙座舱操作系统 HOS），但生态尚未健全，目前需借助手机的投屏功能来满足消费者个性化的娱乐影音需求。

智能驾驶操作系统处于开发测试阶段，国产硬件生态薄弱。智能驾驶需实时处理大量的数据并完成模拟、计算、决策和控制，一般采用 7 纳米以下的先进制程工艺芯片提供算力支持。然而，由于国产车规级高算力芯片和 AI 芯片的自主知识产权匮乏、生产能力不足，国产智能驾驶操作系统普遍基于英伟达 GPU、英特尔 CPU 进行设计、开发和测试，这使国产芯片陷入缺乏市场竞争力、能力难以提升的恶性循环。一旦国外芯片厂商进行技术封锁和断供，国产智能驾驶操作系统将面临无"芯"可用、难以适配的风险。

2. 市场壁垒高，国产车用操作系统难以导入市场

车用操作系统的进入壁垒较高。一是认证标准高。出于高安全性和技术要求，汽车软硬件须通过 ISO 26262《道路车辆功能安全》和 ASIL-D（最高程度的汽车危险）认证才能装车。二是转换风险高。即使软硬件通过了 ASIL-D 认证，未经量产验证的软硬件也会带来一定安全风险，一旦发生故障，主机厂须承担相应的转换成本。

高企的市场壁垒下，汽车软硬件的生产组织模式较为封闭，国产厂商导入市场的难度较大。一方面，国外芯片企业和操作系统企业深度合作，在产品研发过程中就相互适配对接，例如英伟达与 QNX，英飞凌、恩智浦与

VECTOR。另一方面，车用操作系统的研发离不开工具链，具有主导权的工具链企业和一级供应商密不可分，例如掌握成熟工具链的易特驰（ETAS）、伊莱比特（EB）分别隶属于博世集团和大陆集团。国产厂商市场份额小、工具链尚不成熟，很难切入现有的产业链供应链，这不利于国产车用操作系统的规模化普及和迭代创新。

3. 研发投入成本高，配套支撑体系有待健全

缺乏全国性的基础共性技术研发平台，基础、前沿领域的研发力量分散。在底层操作系统、智能驾驶、车载计算平台等基础前沿技术领域，国家级基础研发平台、产业共性技术联盟较少，企业各自为营开展研发，造成共性技术重复投入，且研发力量分散。面对博世、大陆等传统一级供应商以及谷歌、特斯拉等万亿美元级科技巨头，国内企业需要更好地组织起来。

对高风险、长周期项目的金融支持手段较少。据调研企业反映，目前企业每年对国内车载操作系统的平均研发成本约为 7 亿元，对智能驾驶的研发成本更是高达 200 亿元，能够实现盈利的企业较少，运营风险较大。除了高额的研发成本外，覆盖全生命周期的维护、升级成本需要持续的资金和人才配套，智能驾驶企业还需承担高昂的申请测试费用。由于相应的资金、税收等支持手段较少，且科技型研发尚未转化为收益，大型平台企业需将其他业务营收贴补操作系统研发，业务规模较小的初创科技企业则依赖于加速融资，运行压力较大。

（三）我国具备发展车规级芯片的必要基础条件

汽车芯片有望成为未来我国芯片产业实现突围的重要方向之一。一方面，大部分汽车芯片不需要像智能手机和消费电子芯片一样追求先进的制程工艺，凭借在芯片设计、成熟制程芯片制造、封测上的全产业链能力，我

国在成熟制程通用汽车芯片领域具备追赶能力。数据显示，2021 年，14 纳米及以下先进制程汽车芯片仅占汽车芯片总需求的 6%[1]（见图 4-5）。另一方面，凭借在电动化阶段形成的规模优势和企业的加快创新，我国在中高端汽车芯片领域存在加速崛起的可能。全球电动汽车分析机构 EV Volumes 数据显示，在 2021 年全球排名前 20 的新能源车型中，我国占据 11 款；在排名前 20 的新能源车企中，我国占据 8 家。新能源汽车是智能化的最佳载体，贴近市场、靠近产地发展更容易提高汽车芯片的创新效率。目前，比亚迪、上汽、广汽、长城、奇瑞、长安、小鹏等一批国产品牌和企业已经进入智能化导入阶段，为上游芯片提供了更大的应用空间。传统整车企业、造车新势力、零部件企业、芯片企业、互联网头部企业和初创科技型企业也均积极进入汽车芯片设计制造领域，一批终端产品已经实现前装量产，部分高端芯片设计已达到国际先进水平。如比亚迪车规级微控制单元（MCU）芯片装车量已超过千万颗，IGBT 芯片装车量已突破百万颗，其最新一代 IGBT 6.0 产品已达到国际领先水平；地平线公司面向高级驾驶辅助系统的征程 3 芯片已实现前装量产，地平线征程 5、黑芝麻智能华山二号 A1000 Pro 等每秒运算百万亿次的大算力自动驾驶芯片的综合性能与美国英伟达公司的同类产品 Orin X 接近。中芯国际、华虹半导体等芯片代工企业也均已获得国际汽车行业技术规范 IATF16949 汽车质量管理体系认证，并开始逐步导入汽车芯片产品。

抓住汽车产业电动化、智能化、网联化变革与汽车芯片供应短缺叠加的窗口期，促进汽车芯片与整车、零部件协同发展，努力提升汽车芯片全产业链能力，有利于促进我国汽车产业创新升级，也有利于配合我国芯片产业整体创新突围。

---

1 McKinsey. Semiconductor Shortage: How the Automotive Industry can Succeed, Jun 10, 2022.

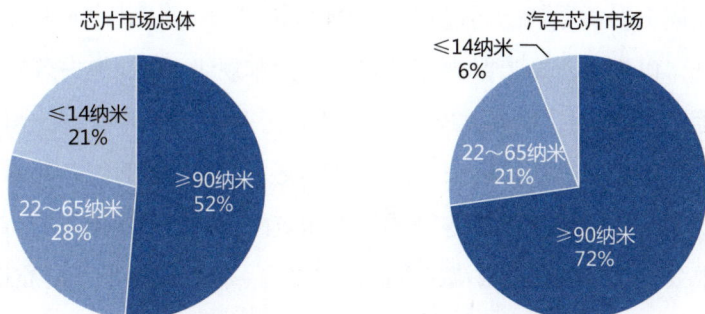

芯片市场总体

汽车芯片市场

图 4-5　2021 年不同制程节点的芯片市场需求

注：援引的份额数据由于四舍五入原因总和不等于 100%。
数据来源：Omdia，SEMI，McKinsey Analysis。

（四）车规级芯片生产制造能力面临多方面制约

1. 自主知识产权和技术积累较为薄弱

主要表现为，在设计制造上，中央处理器（CPU）、图形处理器（GPU）等处理器模块仍严重依赖国外的授权。另外，与英飞凌、恩智浦、瑞萨等拥有几十年设计经验且已经形成完备产品体系的国际公司相比，我国汽车芯片企业成长时间短，较为缺乏技术积累和经验沉淀，企业规模和研发投入与领先的国际公司相比也存在较大差距。例如，荷兰恩智浦公司 2021 年总营收约 110.6 亿美元，研发投入约 19.4 亿美元，研发强度约为 17.5%。我国汽车芯片龙头企业闻泰科技 2021 年营收约 527.3 亿元（约合 81.7 亿美元），研发投入约 37.0 亿元（约合 5.7 亿美元），研发强度约为 7%，这在我国业内算比较高的研发投入水平，但绝对值仍不足恩智浦的 1/3。

2. 国产车规级芯片供应链存在短板制约

一是针对汽车功能安全、信息安全等要求在电子设计自动化（EDA）软件的基础上开发的专用 EDA 工具，国内基本处于空白状态。二是国内部分芯片代工企业尽管已通过 IATF16949 等认证，但工艺水平和良率仍需迭代提升，以满足汽车产品严苛的要求。如车规级 MCU 的失效比率要求为小于等于 1DPPM（Defect Part Per Million，百万缺陷率），比消费级芯片严格 200 倍。三是从长远来看，自动驾驶大算力人工智能芯片未来将需要 14 纳米以下的先进制程工艺支撑，而相应的工艺节点我国还有待突破。四是车规级芯片封装要能够满足在高压、高温、高湿等环境下的质量标准，国内在高端芯片封装工艺上还有差距，在失效率、成本控制等方面尚难以达到市场竞争的要求。这些短板的存在使国产汽车芯片只能寻求海外供应链的支持，导致国产汽车芯片企业成本较高，难以形成竞争优势。

3. 标准体系有待完善，验证服务能力不足

我国尚未形成完整的车规标准体系，汽车芯片可靠性和功能安全性的认证一般采用国际上的汽车电子委员会标准 AEC-Q100 和国际标准化组织的 ISO 26262 等标准，并且由于国内缺少完整的车规级芯片测试认证平台，检测机构的检测能力、置信度等不足以满足需要，国内芯片企业不得不寻求海外认证，面临产品验证周期长、验证费用高、商业机密外流等压力和风险。

4. 产业生态仍有待完善补强

我国汽车芯片发展还没有从"做产品"转到"建生态"上来。一是研发设计的重点基本上仍集中在芯片硬件本身，对工具链、编译器、中间件和上层软件的重视程度不够，软硬件尚缺乏有效的协同。二是产品系列化发展不足。例如，芯片大厂英飞凌有 2000 多种车规级芯片产品，能够为客户提供多样化、系统化的解决方案。而我国汽车芯片企业规模尚小、产品线较为稀疏，导致竞争力不足。三是产业链上下游缺乏紧密合作。整车企业对国产芯片的认可度、信任度仍然不高，造成国产芯片上车应用难，产业链主要环节无法在形成规模经济的基础上实现迭代升级。

三 加快车用操作系统和汽车芯片发展的思路与政策建议

车用操作系统和汽车芯片的自主可控关乎发展和安全，是驱动汽车产业智能化变革的决定性力量，当前传统市场堡垒的缺口已经打开，新一代车用操作系统与汽车芯片的技术和生态壁垒尚未形成，应加强顶层设计和系统谋划，吸取手机、桌面操作系统和芯片发展的经验教训，将发展车用操作系统和汽车芯片放在产业创新突围和新能源汽车高质量发展的整体布局中统筹考虑。

（一）发展思路和重点方向

要坚持需求导向，突出重点，大力推动产业链协同创新和软硬件融合发展，发挥应用牵引作用，完善产业链基础支撑体系，加快构建开放性与自主性相结合的产业生态。按照"创新驱动，高端引领；安全可控，融合发展；公平竞争，开放合作；统筹协调，一体推进"的思路，激发企业创新活力，实现关键技术和供应链安全可控，完善智能网联汽车产业发展生态，培育一批核心龙头企业，努力开辟新领域新赛道。在发展重点上，应统筹存量应用和增量应用，同时兼顾具备条件的产品的推广应用以及关乎产业经济安全的关键高端芯片的战略性布局。

对于汽车芯片，一是以大量使用、产业急需、成熟制程工艺可满足的汽车芯片为突破口，努力提升车规级芯片设计水平和制造、封测能力，促进产业链协同发展和产品提档升级，增强市场竞争力。例如，大力发展量大面广、我国具备较好技术和市场基础的功率器件，如绝缘栅双极晶体管（IGBT）、碳化硅金属氧化物半导体场效应晶体管（SiC MOSFET）等，特别要将技术进步较快、与国外先进水平差距较小的第三代半导体碳化硅功率器件作为重要发展方向，提高我国在高端功率器件领域的自主保障水平。重点发展应用前景广阔、我国发展较为迅速的 MCU 汽车控制芯片，坚持由易至难、小步快走，对已具备条件的产品要加快上车验证，推动能用尽用；对高端关键控制芯片，如动力控制器、底盘控制器、整车控制器等高可靠、高一致性的 MCU 芯片，要加大研发支持力度，推动产品系列化发展。二是积极推动智能网联等新技术发展所需的高端汽车芯片研制和应用，大力培育龙头企业。提升通信芯片技术水平，通信芯片要有能够承载自主知识产权的通信协议和技术。同时，积极探索智能网联汽车、车联网通信应用。积极发展与领先企业差距较小，有望实现进一步突破的车载存储芯片，发展代码型闪存芯片（NOR Flash）、三维数据型闪存芯片（3D Nand Flash），支持动态随机存取存储器（DRAM）龙头企业布局车载存储芯片，加快补齐车规级制造和封装工艺的短板。

对于车用操作系统，一是积极推动智能网联等新技术发展所需的操作系统、高端汽车芯片合作研制和推广应用。支持发展关乎智能网联汽车下半场竞争的自动驾驶、智能座舱等智能车用操作系统和高算力芯片，构建开放合作的产业链供应链。二是构建创新联合体，引领车企、零部件供应商与软件厂商合作研发。引导厂商探索一体式和合作式两种开发模式，即同时具备软硬件能力的厂商进行一体式开发（类似苹果模式）、仅具备软件或硬件能力的厂商联合起来进行合作式开发（类似 Android 模式），在推动操作系统和芯片融合发展的同时，降低少数企业受制裁、全产业链被迫中断的风险。

（二）政策措施建议

1. 推动企业开放合作，加强产业链协同创新

加大对重点品类汽车芯片研发的支持力度，加快补齐车规级芯片产业

链短板。一是尽快启动新一轮集成电路领域国家科技重大专项，设立汽车芯片研发子项，围绕具有自主知识产权的核心芯片设计、车规级芯片工艺开发、先进封装、EDA 工具等，加快补齐车规级芯片产业链短板，形成贯通全产业链的支撑能力。二是攻克一批重点品类产品，形成产品系列化能力。加大力度攻关高可靠的多核 MCU、中高端 IGBT / MOSFET 功率芯片、达到先进技术性能标准的 DRAM 车规存储芯片、大容量高可靠性的 3D NAND 和 NOR Flash 存储芯片等一批技术路线明确、产业急需和发展前景广阔的产品，尽快形成自主生产能力；加强第三代半导体功率芯片、通信芯片、传感芯片的开发；支持发展自动驾驶高性能 AI 芯片，持续推动 3D 封装技术进步，弥补我国在先进工艺上的不足。三是鼓励有条件的地方围绕建设高质量新能源汽车产业集群，搭建汽车产业技术联盟，以统一的创新平台、整车级验证平台为依托，推动整车设计、汽车芯片和操作系统、"三电"研发生产、新能源整车等企业协同创新、深度融合发展。

建设车用操作系统全国性技术平台，推动产业协同创新。操作系统具有典型的网络效应，只有用户数量达到临界规模才能最终形成生态，赢得市场。受用户总数限制，同一细分市场能够容纳的操作系统有限，桌面、手机领域仅有 Windows / MacOS 和 Android / iOS 最终构建了稳定的生态。一是联合企业、科研机构、学会等力量，搭建车用操作系统全国关键和基础共性技术平台。对基础性、通用性的底层技术以及开发仿真工具链、算法库等进行统一攻关，避免企业对基础共性技术重复性投资，防止市场过于分散。二是利用好行业协会、基金会等平台，构建知识产权共享联盟，以免费共享知识产权的方式吸引汽车软硬件厂商加入。

发挥开源创新的组织力量，构建开源开放的产业生态。一是优化国内开源社区建设，建设自主的根社区。进一步完善开源社区的管理运营机制，提升开发者活跃度，通过开源社区和优质开源项目降低企业的开发、使用成本，开源社区负责共建、优化开源自主的底层车用操作系统，企业可根据开源系统进行定制化的优化开发，为企业让出更多利润空间。二是加强国际开源合作。鼓励龙头车用操作系统企业积极参与国际开源社区，促进车用开源技术的开放交流，同时积极建立海外社区，广泛吸引国际专业技术人员加入。

2. 完善应用推广政策，助力国产芯片和操作系统打开市场

支持国产车规级芯片上车应用，培育开放、竞争、合作的良好产业生态。一是支持在中国境内投资的整车企业，特别是自主品牌及合资企业，发挥好链长作用，给具备条件的本土汽车芯片企业同等、无歧视的上车验证机会，在持续提升汽车芯片性能、降低成本的同时，提高供应链韧性和安全水平。二是健全完善汽车芯片保险保障机制，研究设立汽车芯片专用险种，对保费实行试点补贴，通过市场化方式破解国产汽车芯片的上车难题。三是建立供应链企业"白名单"制度，加强优秀汽车芯片方案的推广。在新能源汽车补贴政策终止后，建议对国产汽车芯片和关键零部件继续予以支持。四是支持国内汽车芯片领军企业持续提升产品质量、性能和成本优势，积极融入全球整车企业和一级供应商的供应链，在开放、竞争、合作中进一步提升互信互利水平。

鼓励整车企业优先采购能同时稳定兼容进口和国产车用操作系统的软硬件产品。鼓励整车企业将零部件和基础软件在国产车用操作系统中通过测试作为指标之一并优先采购，促进国产车用操作系统得到公平的测试验证机会，为国产操作系统赢得上车机会，打破进口系统的生态绑定。

3. 统一技术标准、加快上车认证，全流程促进软硬件融合

加快建立和完善车规级芯片技术标准体系，加强专业化权威检测认证服务能力建设。一是加快编制发布科学适用、与国际接轨的车规级芯片技术标准体系，推进中外标准互认。二是发挥我国在5G、V2X标准方面的

优势，加强国际合作，增强在国际标准化组织、行业技术联盟中的话语权。三是指导车规级芯片检测认证能力建设。支持集标准研究、测试评价、产品认证于一体的国家级权威车规级芯片检测认证服务机构的建设，加快可信度认证立法，提高检测认证机构的知名度和公信力。支持国际性专业车规管理认证机构来华落驻或与境内权威机构开展合作。

统一车用操作系统标准，完善测试评价体系。一是在 2019 年汽车标委会发布的《车用操作系统标准体系》基础上，进一步推动车用操作系统标准体系取得行业共识，鼓励车企、操作系统开发商在统一的标准下开发车用操作系统，防止因技术路线分散而导致用户规模不足、生态难以建立。二是加快制定车用操作系统的安全标准、技术要求和评价方法，引导行业对国产车用操作系统的信息安全、功能安全、通信时延、调度时延等进行测试、认证，支持出口厂商严格对标国际功能安全、信息安全和预期功能安全标准进行测试认证，确保操作系统满足车规级安全。三是强化对车用操作系统、数据存储、通信网络、应用软件等信息安全的监管能力，督促第三方测试机构和整车厂完善网络安全、数据安全的管理体系，深入落实在智能驾驶过程中对空间坐标、影像、点云等测绘数据的收集、处理、使用、存储和流动的相关要求。

推动软硬件解耦，统一通信接口和技术标准。软硬件解耦分离、统一并开放接口是构建汽车生态的关键，其中包括软件与软件之间、硬件与硬件之间和软件与硬件之间的解耦。鼓励由创新联合体牵头，研究制定统一的软硬件接口和技术标准，借鉴英特尔"开放但不免费"的模式，以互惠许可等方式推动产业链上下游共享知识产权，继续推动产业分层解耦和分离开放。

4. 强化财税金融支持，减轻企业短期经营压力

进一步完善政策支撑体系。以车用操作系统安全标准为引领，推动具

备条件的国产车用操作系统广泛上车、测试、应用，以真实场景和丰富数据的训练提升操作系统的安全性、可靠性，形成正向的商业闭环。对同时引入国产一体式和合作式车用操作系统的整车厂给予额外优惠，加速不同模式的国产车用操作系统迭代升级。

优化高风险、长周期的金融支持手段。一是加大银行信贷和资本市场的支持。继续推动商业银行加大对车用操作系统、基础软件、汽车芯片等企业的信贷支持力度，发挥科创板、创业板等多层次资本市场作用，支持优质企业上市融资。二是引导风险资本注入。优化国有基金池管理，将操作系统、基础软件纳入投资范围，将政府投入作为劣后级投入，有效引导早期天使、风险投资、私募股权等机构长期投资进入。

5. 重视人才培养和激励，持续壮大人才队伍

加快本土人才培养。车用操作系统和汽车芯片涉及多领域交叉，技术难度大、复杂程度高、发展速度快。建议加强本土人才培养，重点培育既懂操作系统，又懂芯片和汽车的复合型人才。将车用操作系统作为基础教育和高等教育的授课案例，围绕车用操作系统底层、核心技术和产业化，加快创新型人才培养。结合国家集成电路科学与工程一级学科建设，鼓励企业在建立实习和实训基地等方面发挥重要作用。鼓励高校和龙头企业合作建立产教融合、校企结合的人才培养平台，加大资金支持，通过设立企业定制班，开展双边科研合作，探索双导师制等多种方式，提高人才工程化能力和创新能力。

吸引并留住高端人才。一是精准引进海外尖端人才。鼓励企业对标国际厂商的薪资待遇，加大对行业拔尖技术人才和成熟技术团队的引入，夯实底层内核技术能力和生态构建能力。二是留住高端人才。通过推动税收减免和住房、落户、子女教育等定向优惠政策，提高车用基础软件操作系统、高端芯片等研发人才的幸福感，防止人才流失。

第五章
中国与世界

王金照　石耀东　周毅　张宪国　李沐阳[1]

　　从国别来看，19世纪末期，德国、法国等欧洲国家率先成为世界汽车强国。进入20世纪后，别克、福特、通用等汽车品牌在美国诞生，凭借这些车企强大的资本、技术、管理和品牌优势，美国开始超越欧洲国家成为汽车强国。20世纪七八十年代，日本、韩国抓住全球石油危机、汽车小型化与平台化革命契机，凭借低成本竞争优势和精益生产方式、零库存管理革命，也开始步入汽车发达国家行列。进入21世纪，汽车电动化、智能化、网联化、共享化革命到来，全球汽车产业格局将再次进入调整期。此时，中国的汽车产业经过改革开放40多年，也建立起完整的产业体系，形成了巨大的产销规模，技术水平逐步提高，在新能源汽车领域具有了领先优势，产生了能在国际舞台崭露头角的汽车品牌，具备了大规模走出国门的能力。未来，中国汽车出口有望突破500万辆/年，海外投资建厂生产有望达到500万辆/年。中国汽车产业的全面崛起及国际化进程，将是世界汽车产业发展史在21世纪最重要、最令世人瞩目的篇章。

1　王金照，国务院发展研究中心产业经济研究部部长、研究员。
　石耀东，国务院发展研究中心产业经济研究部一级巡视员、研究员。
　周毅，国务院发展研究中心产业经济研究部研究室副主任。
　张宪国，中国汽车战略与政策研究中心汽车政策研究部总监、学科带头人。
　李沐阳，北京交通大学经济管理学院博士生。

一 汽车产业全球化的前世今生

研究分析汽车产业全球化变迁过程和当前发展现状，比较分析日韩等后起汽车大国发展模式异同，对未来中国汽车产业的国际化进程具有重要的战略意义。

（一）汽车产业全球化过程中的三次重大变迁

纵观 130 余年的世界汽车产业发展史，当一个国家汽车工业的发展边界全面突破地理界线，在更大范围、更宽领域、更深层级和更多形态上参与全球汽车产业循环，进而对全球汽车市场和行业竞争格局产生重大影响的时候，世界汽车产业会进入一个重心转移的大变革时代，历史上这种大变革主要有三次。

第一次是在 20 世纪早期的工业电气化飞速发展时代。以三大汽车公司为代表的美国新生制造业力量，利用现代化大机器工业、流水线规模化生产和泰罗制科学管理等手段迅速建立起强大的工业体系，继而成功地超越德国、英国、法国、意大利等老牌汽车强国。美国三大汽车公司更是凭借其强大的资本、技术、管理和品牌优势，在世界各地大规模投资设厂、建立营销服务网络和研发机构。底特律一度成为"美国制造"的代名词，而不仅仅是一座汽车城。这种局面一直延续到 20 世纪 70 年代两次石油危机之后，才被以丰田汽车公司为代表的日本厂商所打破。

第二次是 20 世纪七八十年代。以日本丰田、本田、日产三大汽车公司和韩国现代起亚汽车公司为代表的东亚新兴工业化国家的制造企业，抓住了全球石油危机、汽车小型化与平台化革命的契机，凭借低成本竞争优势和精益生产方式、零库存管理革命，取代了美国底特律传统三大公司，与变革中的德国传统三大公司（大众、奔驰和宝马）一道成为世界汽车工业的主导性力量。这次权力更替与重心东移，自 20 世纪 80 年代开始一直延续至今，仍然处在一个较高的平台上，只是随着近年来中国的迅速崛起和汽车出行领域的"三大革命"才有了些许改变。日本和韩国汽车厂商在全球建立了庞大的贸易、生产与服务体系，尤其是其海外产销量远远大于国内产销量，成为这一次权力更替与重心转移的重要特征。

第三次是汽车产业进入新时代。尽管中国自 2009 年开始就登上了全球最大汽车生产国和消费国之位，但是，由于国内市场长期被跨国公司所主导，合资企业中的中方缺失话语权，本土品牌厂商难以在燃油车这个传统赛道上撼动德、美、日厂商的优势地位。不过这种局面随着近年来席卷全球的汽车电动化、智能化、网联化、共享化革命有了极大的改变。尽管中国本土厂商在车载芯片、车载操作系统、动力电池上游关键原料等某些环节上还面临较大的供应链压力，但是，比亚迪、广汽、吉利和一众本土"造车新势力"紧紧抓住电动化、智能化、网联化等重大变革带来的历史性契机，以持续而高强度的研发投入、庞大而多元化的国内市场、灵活而高效的商业模式、完备而稳定的产业配套和供应链体系，以及特斯拉中国超级工厂所带来的鲇鱼效应，成功地在新的赛道上开始历史性超越，新一轮的产业格局再调整已经开始。

（二）汽车产业全球化发展的现状

汽车产业全球化发展既壮大了各国汽车产业本身，也带来了大规模的汽车出口和投资。从全球范围来看，2021 年全球总共生产了大约 8000 万辆汽车，约有 60% 是本地化消费，近 40% 是在国外被消费（出口）。从品牌所属国来看，这 8000 万辆汽车产量，至少有 50% 是依靠跨国投资在其他国生产，不到 50% 的汽车是在品牌所在国生产。

接下来将分别从国别、品牌和出口的角度来看汽车产业的全球化发展。

从国别来看，中国、美国、日本、印度、韩国是 2021 年汽车产量排名前五的国家（见表 5-1）。截至 2022 年年底，中国连续 14 年全球产销量排名第一位。

表 5-1　2021 年全球主要国家和地区汽车产量情况

排名	国家和地区	产量（万辆）	同比增长（%）	全球占比（%）
1	中国	2608.2	3	33
2	美国	916.7	4	11
3	日本	784.7	-3	10
4	印度	439.9	30	5
5	韩国	346.2	-1	4
6	德国	330.9	-12	4
7	墨西哥	314.6	-1	4
8	巴西	224.8	12	3
9	西班牙	209.8	-8	3
10	泰国	168.6	18	2
11	俄罗斯	156.6	9	2
12	法国	135.1	3	2
13	土耳其	127.6	-2	2
14	印度尼西亚	112.2	63	1
15	加拿大	111.5	-19	1
16	捷克	111.1	-4	1
17	斯洛伐克	100.0	1	1
18	英国	93.2	-6	1
	全球	8014.6	3	100

数据来源：课题组根据 OICA 数据整理。

从品牌销量来看，丰田、大众、雷诺日产三菱、现代起亚、通用是全球销量前五位的汽车集团，年销量均在 600 万辆以上（见表 5-2）。我国的吉利、长安、长城、上汽乘用车也进入了全球前二十位的汽车集团销量榜单。

表 5-2　2021 年全球主要汽车集团销量排名

排名	汽车集团	销量（万辆）	市场份额（%）	备注
1	丰田	1050	12.7	含日野和大发等
2	大众	888	10.7	含奥迪、斯柯达、西雅特等
3	雷诺日产三菱	768	9.3	
4	现代起亚	667	8.1	
5	通用	629	7.6	含上汽通用五菱
6	斯特兰蒂斯	614	7.4	含欧宝（PSA）、FCA 等
7	本田	448	5.4	
8	福特	372	4.5	
9	戴姆勒	286	3.5	含奔驰、卡车
10	铃木	276	3.3	
11	宝马	252	3.0	
12	吉利	220	2.7	含沃尔沃轿车、Polestar、宝腾、莲花等
13	长安（自主）	175	2.1	
14	马自达	129	1.6	
15	长城	128	1.5	
16	上汽乘用车(自主)	120	1.5	不含上汽通用五菱
17	塔塔汽车	110	1.3	含捷豹、路虎

数据来源：MarkLines，企业公开披露。

从出口来看，按金额计，德国、日本、美国、墨西哥和韩国位居前五位，中国位列第七位（见表 5-3）；按数量计，日本、德国、墨西哥、美国、西班牙位居前五位，分别出口 501 万、385 万、290 万、285 万、215 万辆，中国位列第六位，为 212 万辆。

表 5-3　2017—2021 年主要汽车出口国的出口金额排序

排名（按2021年排序）	国家	出口金额（亿美元）				
		2021 年	2020 年	2019 年	2018 年	2017 年
全球总出口		8722.0	7937.5	9522.5	9667.0	9236.3
1	德国	1580.3	1395.1	1644.9	1772.8	1777.6
2	日本	976.6	897.9	1097.7	1114.6	1054.1
3	美国	749.8	630.3	785.0	719.3	730.9
4	墨西哥	707.7	701.5	843.7	799.8	703.2
5	韩国	464.7	373.5	429.6	408.5	416.6
6	西班牙	419.1	378.5	419.9	437.0	419.9
7	中国	344.3	157.1	163.0	157.2	141.0
8	英国	325.7	284.5	408.0	445.2	440.5
9	法国	324.7	279.8	351.2	367.9	319.4
10	加拿大	312.4	344.1	467.7	461.7	497.0
11	斯洛文尼亚	275.6	246.6	235.2	224.3	169.2
12	捷克	248.2	218.9	237.8	239.2	224.2
13	比利时	242.4	265.0	295.1	273.1	270.9
14	意大利	227.8	196.9	215.6	239.8	245.1
15	土耳其	174.2	161.7	201.8	209.1	190.1
16	泰国	174.0	133.5	163.3	193.2	183.3
17	瑞典	166.4	145.1	160.4	164.9	137.0
18	荷兰	152.7	136.3	165.8	177.4	157.0
19	匈牙利	124.8	116.9	129.5	116.0	114.0
20	波兰	103.0	104.4	131.9	134.0	123.6

注：由于个别国家未统计汽车出口数量，基于数据的可得性和可比性，本表以出口金额为排序依据。

数据来源：根据联合国商品贸易统计数据库数据整理。

（三）汽车产业全球化过程中的后起汽车大国发展模式比较

后起国家汽车产业面对强大的发达汽车大国竞争时，通常实施贸易与投资保护，其理论依据来自幼稚产业、学习曲线与动态比较优势演变、产业政策与竞争力提升。下文将比较分析墨西哥、巴西、日本、韩国等后起汽车工业大国融入世界的模式，总结经验与教训，以对我国汽车产业国际化进程提供借鉴。

1. 对外资不设防的拉美全面依附型模式

以墨西哥、巴西为代表的后起汽车大国的发展模式基本上以其本国经济起飞模式，特别是对外资的全面开放、深度融入跨国公司的全球体系为战略取向，推动本国汽车工业迅速成长壮大，伴随 20 世纪六七十年代出现的"拉美经济奇迹"一道跻身世界汽车大国行列。但全面依赖外部力量和产业链体系，特别是对国外资本、技术、品牌和营销网络的严重依赖，缺乏本国主导的长期规划、创新与升级的话语权和能力，汽车大国最终不仅无法转化为汽车强国，反而伴随经济成长落入了"中等收入陷阱"，本国汽车工业停滞不前甚至陷入全面衰退的境地，结局发人深省。特别是对于中国汽车工业的所有从业者而言，这种无条件融入外部体系、依赖国外大循环为根基而生存的依附型融入发展模式，是值得高度警惕的。

（1）墨西哥汽车产业开放史考察

墨西哥汽车工业的百年发展史，其实是一部全面融入《美墨加协定》（USMCA，2020 年 7 月取代了实施了 26 年的《北美自由贸易协定》）和全面融入全球汽车工业体系的历史，处于无与伦比的压倒性和战略性地位。凭借独特的地理区位和低成本优势，同时也考虑到本土薄弱的工业基础，墨西哥政府采取了全面开放、全面接受外来投资（包括美国、德国、日本、韩国等国家的跨国公司）[1]、全面促进出口、全面扶持产业成长的财税激励政策等一揽子发展战略，取得了显著成绩。2021 年，墨西哥汽车产量达到 314.6 万辆，位列全球第七位，90.9% 的产量用于出口，仅美国市场就占了 80% 的出口份额。然而，过度依赖国外资本、技术、品牌和营销体系，政府缺乏对由外资主导的汽车工业体系有计划地引导、约束和优化，无法借助外力培育、嫁接和融合本土汽车工业，导致墨西哥本土的汽车工业始终无法成长起来。

如今，在新能源车这个新赛道，美国正在把墨西哥这个自贸协定伙伴晾在一旁，根据美国 2022 年 8 月实施的《通胀削减法案》，美国的税收抵免、工厂改造补贴、新生产设施补贴，以及美国财政部的新能源产能建设贷款等一系列优惠政策，都将墨西哥排除在外，即只有在美国投资设厂的新能源车主机厂商和电池厂商才能拿到上述补贴。

（2）巴西汽车产业开放史考察

与墨西哥相似，巴西汽车工业也有近百年的成长史。作为金砖国家和南美最大经济体的巴西，汽车工业一直是本国最为依赖的支柱型产业。在二战后的几十年里，凭借庞大的人口规模、外资的全面进入和一定的制造业基础，巴西成为全球汽车厂商的投资热土，欧洲、美国和日本的大型汽车厂商纷纷到巴西投资建厂。2021 年，巴西全年汽车销量为 224.8 万辆，位居南美洲第一位、世界第八位。时至今日，巴西的汽车工业一直由欧美日韩跨国汽车集团主导，例如德国大众汽车公司在巴西生产的甲壳虫曾经

---

1 已在墨西哥投资设厂的汽车厂商包括：奥迪（Audi）、宝马（BMW）、菲亚特 - 克莱斯勒（Fiat Chrysler, Stellantis 集团）、福特（Ford）、通用（General Motors）、本田（Honda）、起亚（Kia）、马自达（Mazda）、日产（Nissan）、丰田（Toyota）和大众（Volkswagen）等。据墨西哥经济部统计，1999 年至 2019 年第三季度，墨西哥汽车行业外资流入 727 亿美元，占外资流入总量的 12.8%，前五大来源国为美国（355 亿美元）、日本（138 亿美元）、德国（127 亿美元）、加拿大（29.6 亿美元）和韩国（22.3 亿美元）。参见上海市商务委：《从宁德时代宣布在墨西哥建厂看墨西哥作为汽车产业投资目的地的优势》，2022 年 8 月 11 日。

是全球累计产量最高的车型，中国第一个中外合资轿车品牌大众桑塔纳也来自巴西。尽管本土品牌 Agrale 和 TAC 在巴西获得了一定生存空间，但总的来看，巴西的汽车工业仍然被国外投资、国外技术和国外品牌主导。

虽然早在 1956 年，巴西政府就实施了《汽车工业逐步实现民族化计划》，并鼓励以全散件组装（CKD）方式组装整车，该政策促使福特、通用、奔驰、宝马、大众、丰田等一众美欧日系车企到巴西投资设厂，通过 CKD 方式进口零部件进行本地化组装[1]，然而历届政府既未制定培育和壮大本国民族汽车工业的长远规划和长期战略，也未针对跨国汽车公司制定约束性和规范性的产业政策，可谓对外资全面开放和不设防，跨国公司可以在当地设立 100% 股权的工厂，可以自由构建和控制产业链供应链，可以有选择地配置全球化平台和整个产业链。在这种情况下，Agrale、TAC、Troller 等本土品牌难以成长也就不足为奇了。

从另一个角度来看，这种"但求所在、不求所有"式的依附型成长模式，为巴西汽车工业在跨国公司主导下全面融入世界汽车工业体系提供了制度保障，其年产量一度超过 370 万辆。但自 20 世纪 90 年代以来，受经济衰退、汇率波动、国际金融危机冲击和去工业化等因素的综合影响，巴西的汽车工业陷入了长期衰退的泥沼，产销量萎缩明显，并被中国、印度等后起汽车大国远远甩在身后。

2. 以我为主的东亚组团出海型模式

（1）日本汽车产业开放史考察

日本汽车工业起步于 120 年前，但真正开始腾飞是在 20 世纪 60 年代。从技术模仿起家，在通产省"国民车计划"和扶持性产业政策的引导下，日本不断夯实汽车产业基础能力和国际竞争力，并最终成长为世界汽

---

1 伊军令：《奥运之外，浅谈巴西汽车工业》，《汽车纵横》，2016 年 9 月 29 日。

车强国。其中有几个重要的里程碑：1967 年，日本汽车销量首次突破 300 万辆，超过德国成为世界第二大汽车生产国；20 世纪 70 年代石油危机为日本汽车打开了进军国际市场的机遇之窗，1976 年日本出口整车 250 万辆，首次超过国内销量；1980 年，日本凭借 1104 万台整车的产量一举摘下全球最大汽车生产国的桂冠，但这一时期也遇到在《日美汽车贸易协议》（1981 年）和"广场协议"后日元快速升值的严峻挑战，日本厂商开始大规模赴美投资设厂。

对日本汽车产业成功秘诀有诸多解析视角：第一个视角是宏观视角，例如日本汽车产业奇迹主要归功于政府自"扶持国民车纲要"开始，陆续实施了一系列卓有成效的产业政策，高积累率助推重化工业和经济高速成长，政府利用行政窗口指导、差别化的车辆税、开发银行优惠贷款、产业高度化和合理化等政策组合以及健康良性的市场竞争机制推动了本土汽车厂商及零部件企业不断提升产业竞争力；第二个视角是微观视角，例如，以日本汽车厂商为代表，日本企业普遍实行了终身雇用、年功序列、企业内工会"三大神器"，还有以丰田章一郎为代表的企业家精神、以零库存管理和看板生产等为主要精髓的精益生产方式、以主要银行制度和关联企业交叉持股的现代企业制度和公司治理体制，等等。我们想强调的是第三个视角——国际视角。实际上，日本汽车产业奇迹离不开产业界和政府部门根据不断变化的国际环境所提供的战略机遇期，采取灵活策略性和战略性行动，由以整车出口为主的出口导向型开放模式，向以对外投资和对外出口并重的双轮驱动型全球化模式转变，进而全方位嵌入全球汽车工业体系和全球市场之中，不断将外部的生存压力转化为内在的转型升级动力。

接下来将详细阐述日本汽车产业融入世界的过程。总的来看，它是以资本、产品和技术"走出去"为主的，国外厂商对日本汽车工业的直接投资和产品输出的规模，相对于其对外投资和产品输出而言是极小的。不过，这并不意味着日本汽车工业从一开始就排斥外国投资和技术，它接受外国投资的历史可谓由来已久。早在 20 世纪 20 年代，美国三大汽车公司先后在日本建立了汽车装配线，并于 1929 年将总产量提高到近 30000 辆，而彼时日本本土汽车厂商的总产量尚不足 500 辆。[1] 1936 年 5 月，日本政府通过了《汽车制造业法》，为日本本土车企提供保护性关税、对进口车辆进行配额限制、严格控制美国车企扩大投资和增加产能等，在这一系列扶持政策的推动下，本土汽车厂商迅速成长起来，并在随后几年里迫使美国三大厂商从日本市场上败退下来。

20 世纪五六十年代，日本汽车工业的国际化进程是组团出海、开疆拓土的扩张史。日本汽车厂商并未停留在照抄照搬上，而是上下游厂商协调行动，在引进模仿的基础上，不断消化吸收和适应性改进国外先进技术，并与强大的国外厂商开展技术合作，不断增加自主技术积累，不断优化产业布局和配套体系，不断增强人才培养和系统能力建设。同时，他们高度重视开发利用国际市场，尽管丰田汽车公司于 1957 年首次进入美国市场时以失败告终，但它并未气馁，而是持续补短板，联合核心供应商一道不辍开拓国际市场，并通过整车及零部件的整条供应链出口来牵引产业链投资，在海外构筑起庞大的产业集群、供应链和营销服务网络。并且，在此过程中以通产省为代表的日本政府机构审时度势，通过窗口指导、策略性贸易管制、税收优惠、财政补助、加速折旧、优惠信贷与外汇配额等一揽子扶持政策，提升日本汽车工业国际竞争力，助推日本汽车厂商组团式出海，使日本成长为名副其实的世界汽车强国。[2]

---

1 中汽创新创业中心：《知己知彼，二战前日本汽车工业发展史》，2017 年 11 月 28 日。

2 1955 年 9 月日本提出加入《关税及贸易总协定》，为国内汽车厂商争取了 10 年的缓冲期。在外资准入方面，自 20 世纪 60 年代中期开始先后实行了五轮自由化措施，直到 1973 年 5 月才基本实现外资自由化，其中：1967 年首先开放了摩托车的投资市场准入（100% 自由化）；1969 年开放了汽车内胎制造业（50% 自由化）；1970 年开放了轴承、模具、计速器、汽车运输业、维修业、租赁业（50% 自由化）；1971 年开放了汽车制造业（50% 自由化）；等等。参见车经社：《夺取汽车工业的王冠，日本是如何做到的？且看日本如何保护和扶持》，2020 年 3 月 31 日。根据《机械工业振兴法》（1956 年）的规定，日本开发银行承担对一级零部件厂家提供融资支持的职责，而中小企业金融公库则负责对二级零部件厂家提供融资支持。

　　20世纪七八十年代，外部环境剧烈变化带来了巨大挑战与机遇。70年代的两次石油危机是全球汽车市场重要的分水岭，它一方面成为行动迟缓、固执保守的美国三大汽车厂商的滑铁卢，另一方面成为擅长生产小型车的日本厂商全面进军国际市场的里程碑。1979年，日本在美国销售了240万辆汽车，占全美汽车销量的20%和进口汽车总量的80%以上，美国人惊呼这是"又一次珍珠港事件"。进入80年代后，随着日本与欧美国家汽车贸易摩擦加剧，特别是在"广场协议"之后，面对日元快速升值、美法意等国针对日本进口车实施数量限制（1994年后解除）、强制采购美国零配件等不利条件，日本汽车厂商以大规模海外投资设厂和全球产能布局作为应对之策，并将质量可靠耐用、燃油经济性高、产品性价比高的优势发挥到极致。这一时期是日本汽车厂商赴海外投资设厂最集中、最活跃的时期，不仅本田汽车、日产汽车公司和丰田汽车公司这三大汽车厂商先后于1982年、1983年和1984年在北美投资建厂，而且像马自达（1987年）、三菱（1988年）等厂商也不甘落后地开始在北美投资。例如，三菱汽车公司通过出让15%的股权与克莱斯勒公司结成战略联盟，二者各自出资50%成立合资公司共同开发新车型。1990年，日本汽车产量达到近1350万辆的历史峰值，进一步巩固了汽车强国的地位。

　　20世纪90年代之后，虽然日本经济陷入"失去的三十年"，但日本汽车厂商全球化的步伐却并未停止，一方面继续增加和优化在美国和欧洲市场等传统市场的战略布局，另一方面加大在中国、印度、拉美、东南亚等新兴市场的投资。日本汽车厂商在亚洲地区的投资与产能布局也是组团式的。相比上汽大众于1984年、一汽大众于1991年、华晨宝马于2003年和奔驰于2005年在华建立合资企业，日本三大汽车公司在投资中国这个具有战略性意义的决策上，不仅行动迟缓，而且在步调上也大体一致。其中，一汽丰田、广汽丰田先后于2000年和2004年成立，广汽本田、东风本田先后于1998年和2003年成立，东风日产于2003年成立。日本三大厂商对中国市场在其全球战略和资源布局中的地位认知上，谨慎有余而胆略不足，迄今仍未完全走出单纯的消费市场定位。

拥有 6 亿多人口、2021 年产量达到 354 万辆的东南亚市场历来是日本汽车厂商非常重视的战略目标。早在 20 世纪 70 年代，日本摩托车和汽车厂商便利用当地丰富的劳动力资源和市场潜力，同时绕开高昂的整车进口关税壁垒，纷纷选择赴泰国、马来西亚、印度尼西亚等国家投资设厂，并利用零整关税差额[1]进行散件组装（这三国的年产量占整个东南亚年产量的 90% 以上）。与中国不同，东南亚国家由于汽车制造业基础薄弱、产业链条不完整、本土供应商水平不高、自主开发能力有限、市场需求有限，因而日本厂商多采取主机厂和核心供应商组团投资，以及利用东盟自贸区内部分工协作和散件组装的方式在当地组装生产。经过多年的市场耕耘，日本汽车厂商已经建立起相对于欧美和中国汽车厂商明显的产品优势、技术优势、营销与服务体系优势以及品牌优势，牢牢地占据了东南亚市场的大部分份额。特别是在泰国、印度尼西亚、马来西亚和菲律宾的市场上，日系车普遍占有 80% 以上的市场份额，如在印度尼西亚市场，以丰田为龙头，大发、铃木、本田、日产和三菱等日系品牌占据了当地 95% 以上的市场份额[2]。这种碾压式优势不仅把在东南亚国家耕耘几十年的美国和欧洲老牌汽车厂商挤出市场[3]，也给后来者中国汽车厂商进入当地市场树立了高墙。

日系车企在东南亚的成功还应部分归功于当地政府的政策扶持。东南亚国家充分利用其有利的地理区位、便捷的交通运输和低廉的劳动力成本等条件，普遍实行了倾斜性的产业政策，包括维持较高的整车关税税率和相对较低的零部件关税税率，以此来促进整车和零部件制造业的增长。例

1　指进口整车的关税和采用零部件当地组装的零部件关税差额。

2　潘虹：《决战东南亚新十年，中日争夺 7 亿人汽车梦》，《车圈能见度》（*Car Visibility*），2022 年 6 月 27 日。

3　例如，美国通用汽车公司早在 1927 年就在印度尼西亚建立了第一家汽车组装厂。

如，泰国自 20 世纪 60 年代起就降低了进口零部件的关税，鼓励外国厂商在当地建立组装厂以全散件组装（CKD）方式生产整车。在政策的感召下，丰田、本田、日产等日本八大汽车制造商先后在泰国投资建设了各自的 CKD 工厂，并承诺为当地工厂提供先进制造技术，同时带动供应链上的诸多核心供应商一并到泰投资。为扩大整车出口，自 1994 年开始泰国还对整车出口实行了特惠关税。亚洲金融危机后，泰国又取消了外资股权限制，不仅日本厂商在泰扩大了投资，而且美国三大厂商也开始全资在泰建立生产基地。2008 年开始，泰国政府提出了打造"亚洲底特律"的总体构想和发展目标。经过几十年的耕耘，目前泰国已经形成由外资主导和出口导向型的东南亚最大的汽车生产国、消费国和出口国，其出口量占产量的一半左右。但光环之下，泰国本土的汽车品牌和核心供应商却始终没有发展起来。[1]

（2）韩国汽车产业开放史考察

韩国是继日本之后，又一个从学习模仿西方技术起家，最后崛起为世界性汽车大国和汽车强国的成功案例。2021 年，现代汽车、起亚汽车、韩国通用汽车、雷诺三星汽车和双龙汽车这五大车企全球销量共计 743 万辆，其中，海外销量近 600 万辆，占比近 80%。[2] 我们要考察韩国汽车工业的成长史，就不能忽视其融入国际市场的过程。从时间轴来看，韩国汽车工业比中国汽车工业还要晚几年起步，进军美国等发达国家市场也只是 20 世纪 80 年代中期以后的事情，但其后来居上的成长轨迹及国际化实绩却异常突出。与日本相似，韩国汽车工业大体经历了技术引进模仿、进口散件组装、进口替代、规模化生产、大规模出口和全面融入全球化的发展阶段。这其实也是韩国制造业崛起，特别是以开放带动自主增长发展模式的一个

1　泰国工业汽车协会、MarkLines：《外资主导汽车业 泰国将打造成"亚洲底特律"！》，《中国汽车报》，2022 年 10 月 13 日。

2　谭璇：《韩国五大车企 2021 年全球销量为 743 万辆》，盖世汽车，2022 年 1 月 6 日。

缩影。在每一个发展阶段，韩国汽车产销量增长的背后，都伴随着本土企业综合实力的提高、产业配套体系的完善和自主创新能力的提升。特别是在发展初级阶段，与外国公司合作，引进先进技术，在引进中模仿，在学习中提高，这种成长模式与日本厂商异曲同工。

多年来，韩国政府和企业界始终保持着这样的战略意识：一是只有掌握完全的自主开发能力，才能掌握产业发展的主导权，引进国外先进技术的目的还是增强自主能力；二是囿于本国市场容量的有限性，必须保持本土市场的绝对主导地位，同时大力拓展海外市场，只有这样才能获得生存空间；三是做大做强一个有超大规模、超强实力的超级龙头企业（现代汽车公司），围绕该龙头企业构造一个庞大的产业链和供应链，就像三星之于韩国电子信息产业一样，是国家汽车产业总体竞争力的根本保证；四是主机厂、核心零部件、贸易物流等厂商要结成紧密的供应链和利益链，特别是在开拓海外市场时，产业链投资是重要的品质保证和供应链效率保证（见专栏二）。

专栏二　现代汽车国际化发展历程

韩国最大的汽车集团现代汽车公司的成长历程完全可以说是一部生动的融入世界的演进史，其国际化程度领先于其他跨国汽车公司。2021年，现代汽车在全球交付了约389万辆，同比增加3.9%。其中韩国本土销量约为73万辆，同比减少7.7%；海外销量约为316万辆，同比增加7%，海外销量是国内销量的4.35倍。[1]

回顾现代汽车这几十年"引进来"和"走出去"的历程：1967年郑周永在首尔成立了现代汽车公司，并开始与美国福特汽车公司合作，以期通过对引进福特技术的全面消化吸收来提高自主能力。20世纪70年代，在韩国政府"汽车国产化"政策的指导下，现代汽车等本土车企开始大

---

[1] 谭璇：《韩国五大车企2021年全球销量为743万辆》，盖世汽车，2022年1月6日。

规模引进国外生产技术并消化吸收，不断提高国产化水平，如 1973 年引进了日本三菱汽车的发动机、传动系统和底盘技术，并投资 1 亿美元建设新生产线，很快就将国产化率提高到了 100%。1974 年现代汽车首款量产自主车型"小马"（Pony）问世并出口到厄瓜多尔，成为继日本之后亚洲第二个自主研发车型。1981 年现代汽车与日本三菱汽车公司合资，后者出资占股 10%。1983 年新款"小马"轿车在加拿大上市，两年后现代汽车在加拿大魁北克省投资设厂。1986 年"小马"轿车在美国成功上市并引发轰动效应，现代汽车公司借机加快了在美国市场布局的步伐，而此举正值日本汽车厂商受困于日美汽车贸易协定和自主限额管理之际，可谓难得的机遇。到 1990 年为止，现代汽车累计出口美国超过 100 万辆。1998 年，受亚洲金融危机的冲击，起亚汽车一度面临绝境，在政府斡旋下，2000 年现代汽车收购重组了起亚汽车公司，进一步增加了产能，丰富了产品线，增强了自主开发能力，同时集团更名为现代起亚汽车集团（以下简称"现代汽车集团"）。2001 年现代汽车集团销量达到 223 万辆，其中约 60% 为出口，集团销量位列世界第七。进入 21 世纪以后，现代汽车集团的国际化步伐进一步加快，例如其分别于 2002 年在美国亚拉巴马州，同年在北京（与北京汽车集团合资），2005 年在土耳其，2007 年在斯洛文尼亚，2008 年在捷克和印度（第二工厂），2011 年在俄罗斯圣彼得堡州，2012 年在巴西圣保罗州，2022 年在印度尼西亚投资建厂。[1] 除了制造工厂，韩国现代汽车集团旗下还控制着一家综合性大型全球物流公司（Hyundai Glovis），不仅为韩国现代汽车出口全球市场提供物流运输保障，同时还为大众汽车公司等其他竞争伙伴提供海上运输服务。[2]

1　《汽车发展史简谈——现代（Hyundai Motor Company）》，易车网，2021 年 7 月 27 日。
2　王楚：《超 4 亿美元！现代 Glovis 获整车品牌独家中国地区运输合同》，"国际船舶网企鹅号"，2021 年 12 月 20 日。

（四）对中国汽车产业国际化发展的启示

我们从汽车产业国际化进程的不同模式，特别是拉美模式和日韩模式的简要回顾与考察中，可以大致得出以下一些重要结论和启示。

第一，汽车全球化对一国汽车产业发展意味深远，是衡量一国是否为汽车强国的重要标尺。汽车强国在汽车产业发展过程中必须"走出去"，只有"走出去"才能成长、壮大。日本、韩国的汽车发展史都说明了这一点。如果一个国家的汽车产业绝对地依赖于单一市场（不管是国内市场还是国际市场）、绝对地依赖单一资源与要素配置（无论出口贸易还是进口贸易，外国直接投资还是对外直接投资，国际品牌还是本土品牌），那么它都无法成为汽车强国。从日本和韩国的经验来看，汽车强国的国际化演进过程是一个从量变到质变的过程；是一个由以本国消费市场和最重要生产基地为主的单极化发展格局，转向进口与出口、贸易与投资、国内与国际交互发展并重的均衡发展格局的演进过程；也是一个由注重做大规模和占领市场为先的外延式扩张模式，转向做强做精国际竞争力、不断占据全球产业链高端的内涵式发展模式的演进过程。

第二，融入全球汽车市场和全球产业体系是一个长期的动态演进过程，需要政府和产业界的共同努力。其一，政府的支持与帮扶是必要条件而非充分条件，更非无条件的托底和全盘买单。基于良性竞争的市场机制才是汽车产业国际化的基础性和决定性力量。没有好的产品、好的服务、好的技术做支撑，再多的政府帮扶也不可持续，而产业竞争力的形成离不开有效竞争的市场机制。其二，无论是日本、韩国汽车产业走向全球过程中曾经实施过的关税保护、非关税贸易壁垒，还是外汇管制、出口补贴、财政补助、政府采购等扶持，都具有一定的历史局限性，都离不开当时的国际经贸环境。时过境迁，在新的历史条件下，汽车产业的国际化进程必须与时俱进，必须以新的内涵、新的形式、新的体系化框架来构建和推进。

其三，各个国家应当根据本国的实际情况来设计、构建和推进汽车产业国际化进程。先发优势并不必然转换为长期的竞争优势，后发优势也并不必然可以转化为后来居上的实绩。政府和产业界既要考虑未来可能发生的一系列有利和不利因素，也要制订切实可行的发展目标和方案。

第三，国际资本和国际市场是一把双刃剑，能否用好国际资本、用活国际市场，关键在于能否实现与本国资本、本国市场的巧妙嫁接，能否恰如其分地将它们融合到自主品牌、自主能力的发展轨道上。无论是拉美的墨西哥和巴西，还是东南亚的马来西亚、印度尼西亚和菲律宾，已经属于地区性重要市场和汽车大国，但是它们都难以被称为全球性的汽车大国和汽车强国，一个根本原因是这些国家的汽车产业基本上被外国资本和外国品牌主导，当地厂商的自主品牌长期陷入"大树底下不长草"的窘境。当然，这些国家的汽车产业在对外开放之初，也曾试图通过一定的贸易、投资和市场保护为本土品牌、本土厂商创造生存土壤。但由于本国制造业基础，特别是汽车产业的上下游供应链、技术积累、人才积累等长期缺乏自立自强的能力，导致诸多保护性的产业政策收效甚微，最终不得已走向全面开放、任由外国资本和外国品牌来主导的道路，进而不得不面对"不求所有、但求所在"的局面。中国不同于墨西哥和巴西，中国有雄厚的制造业基础，有庞大而多元的消费市场，有丰富的资本积累、人才积累和技术积累，有完善的营销与服务网络，有深厚而成熟的品牌积淀，有较为成熟的政策体系。更为重要的是，中国有不断崛起和壮大的本土品牌和本土厂商，有持续强化的创新与自主发展能力，有另起炉灶、另辟新赛道的综合实力，中国汽车产业的国际化进程不可能走拉美模式和东南亚化道路。有这些基础做后盾，中国汽车产业融入国际化的进程就会牢牢把控在自己手中，产业的对外开放就不会动摇产业安全的根基。

二　中国在汽车全球化大格局中的位置

在电动化、低碳化、智能化、网联化和共享化的大时代全面来袭之际，中国正在以前所未有的规模、方式和结构，以前所未有的深度、广度和速度，全面融入全球汽车产业体系，这在130余年世界汽车发展史上前所未有。中国与世界汽车产业体系的联结融合具有重大意义。目前我国汽车产业已形成较完善的产业体系，正处于由跟跑德、日、美等汽车强国转向并跑的过渡阶段。自2009年以来中国连续14年位居世界汽车产销第一，中国自主品牌车企开始在国际上崭露头角，产业链供应链发展逐步完备，多数企业已具备产品设计、开发、测试等完整的研发能力，新能源和智能网联汽车产业较国外已具备先发优势，"走出去"步伐加快，成为具有世界影响力的汽车大国和汽车消费市场。未来，我国汽车国内汽车年产销有望突破3000万辆，其中自主品牌能达到2000万辆，其他类型在1000万辆左右。在"走出去"方面，我国汽车年出口量有望突破500万辆，海外投资建厂生产有望达到500万辆。越到汽车强国建设的关键吃紧阶段，越要进一步发挥新能源和智能网联汽车优势，看清差距，努力补齐产业链供应链的短板，培育具有国际竞争力的汽车品牌，做强国内市场的同时积极布局海外市场。

（一）我国汽车产业规模和体系位居全球前列

1. 从规模看，我国汽车产销规模连续多年居全球第一位

我国汽车产销量全球最大，2022年产销分别达到2702.1万辆和2686.4万辆，同比增长3.4%和2.1%，已连续14年居全球第一位。从全球可比数据来看，2021年我国汽车产量为2608.2万辆，超过第二位（美国）、第三位（日本）、第四位（印度）、第五位（韩国）的产量之和，占全球总产量的33%（见表5-1）。2021年我国汽车销量达2627.5万辆，接近紧随

其后的美国、日本、印度、德国的销量之和，占全球总销量的32%（见表5-4）。

表5-4　2021年全球主要国家和地区汽车销量情况

排名	国家和地区	销量（万辆）	同比增长（%）	全球占比（%）
1	中国	2627.5	4	32
2	美国	1540.9	4	19
3	日本	444.8	-3	5
4	印度	375.9	28	5
5	德国	297.3	-9	4
6	法国	214.2	2	3
7	巴西	212.0	3	3
8	英国	204.4	4	2
9	俄罗斯	174.2	7	2
10	韩国	173.5	-9	2
11	加拿大	170.5	8	2
12	意大利	166.5	6	2
13	澳大利亚	105.0	15	1
14	墨西哥	104.7	7	1
15	西班牙	103.4	0	1
16	南非	46.5	25	1
17	智利	41.6	61	1
	全球	8268.5	5	100

数据来源：课题组根据OICA数据整理。

2. 从品牌看，我国自主汽车品牌开始在全球崭露头角

我国自主品牌汽车企业起步晚于国外，但近些年发展迅速，根据品牌评估机构Brand Finance排出的"2021全球最有价值的100个汽车品牌"榜单，我国自主品牌上榜数从2001年的0个增加至2021年的24个。从

国内看，2022 年，我国自主品牌汽车在国内市场的累计份额达到 50%，较 2021 年增加 6 个百分点，这是近 10 年来，我国自主品牌全年市场份额首次达到 50%。从全球看，虽然日本、德国、美国等的汽车品牌长期占据汽车销量排行榜，但近年来我国也有吉利、长安、长城、上汽乘用车等多个自主品牌进入全球车企销量排行榜并屡创新高（见表 5-2）。

中国品牌汽车在国外得到认可。在欧洲，根据全球汽车信息平台 MarkLines 的数据，2021 年，中国品牌汽车在欧洲 29 个国家总销量达 8 万辆，而在 3 年前，销量仅为几千辆。上汽大通电动车型在细分市场的占有率已提升至 15%。在澳大利亚，2021 年名爵 ZS SUV 占该国电动汽车销量的 27%，排名第一位。长城和上汽大通均进入澳大利亚皮卡销量前十位，上市仅一年的长城炮位列第九（销量 6906 辆），上汽大通 T60 则位列第十（销量 6705 辆），而上汽大通厢式货车市场占有率高达 28.1%。在俄罗斯，根据欧洲商业协会统计数据，2021 年中国品牌汽车份额增至 6.9%，提升 3.4 个百分点。在智利，上汽大通皮卡的市场占有率快速上升至 21.7%，位列当地第一。在墨西哥，江淮占电动汽车市场总销量 60% 以上，市场占有率位列第一。

3. 从产业上下游看，产业链配套体系完备，汽车制造成本相对较低

我国汽车产业链发展水平稳步提升。在传统燃油车领域，整车产品质量稳步提升，零部件的附加值也开始逐步提高，轮胎、轮毂、车架、车身覆盖件等工艺技术已经成熟，在动力总成和电子电器等领域也有了积极探索和初步发展。在新能源汽车领域，已建立起从关键材料、核心零部件到整车，再到基础设施、制造装备及回收利用等各环节的完整产业链体系，在全球处于较高水平。我国汽车零部件企业超过 10 万家，2022 年美国《汽车新闻》发布 2022 年全球汽车零部件配套供应商百强榜，我国有 10

家企业入围，入围企业数量仅次于德国、日本、美国，居第 4 位，且呈逐年攀升态势。博世、电装、麦格纳、大陆等多数国际知名企业均在我国建厂，排名前 10 位的企业在我国的生产工厂及研发机构总数量达 400 多家。正因为具备完备的配套体系，加之国内市场具有规模优势，我国整车制造成本相比国外更低。以某电动汽车为例，当产能利用率同样处于 80% 水平时，国内生产成本比国外低 30% 左右。

4. 从"走出去"进程看，汽车已出口至多个发达国家，投资也在快速增长

2021 年我国汽车出口同比增长 1 倍，达到 212 万辆，2022 年首次突破 300 万辆，达到 311.1 万辆，同比增长 47%。从全球可比角度看，我国汽车出口量由 2020 年的 107 万辆增长到 2021 年的 212 万辆，由全球第 10 位提高到第 6 位，仅排在日本、德国、墨西哥、美国、西班牙之后（分别出口 501 万、385 万、290 万、285 万、215 万辆）。市场遍布高、中、低收入国家，既有比利时、英国等高收入国家，也有智利、墨西哥等中高收入国家，还有越南、孟加拉国等中低收入国家。从投资看，中国品牌车企加大海外市场布局，加快重点市场投资建厂步伐，提高本地化生产水平。据不完全统计，截至 2021 年年底，31 家主要中国品牌车企在海外区建立 67 个工厂，年产能约为 176 万辆。

5. 从技术水平看，我国新能源汽车产业具备先发优势

我国新能源汽车产业从无到有逐步发展壮大，新能源汽车产销规模连续 8 年居世界首位。2022 年我国新能源汽车销量达到 689 万辆，占国内汽车总销量的 25.6%，占全球市场的比重由 2021 年的 53% 攀升至 2022 年的 63.6%。其中，自主品牌新能源汽车销量为 557 万辆，占比超过 80%。截至 2022 年年底，我国新能源汽车保有量达 1310 万辆，占汽车总量的 4.10%，占全球新能源汽车保有量的 50% 以上。

我国新能源汽车技术和产品竞争力国际领先，已建立全球最完善的新能源汽车供应链体系。量产动力电池单体能量密度达到300瓦时/千克，较十年前成本下降80%；电机峰值功率密度超过4.8千瓦/千克，最高转速达到1.6万转/分钟，DHT混合动力系统已实现大规模装车；电池和电机技术都处于国际领先水平。电控核心部件IGBT和SiC功率器件也实现了多车企量产应用。

整机和零部件都涌现出一批龙头企业。2022年，比亚迪、上汽通用五菱、广汽、上汽、长安、奇瑞6家企业进入全球新能源汽车销量前10强；吉利、东风、哪吒、理想4家企业进入销量前20强。2022年全球前10位动力电池企业中我国占6席，合计市场份额达60.4%，其中宁德时代市场份额达37%，是全球最大的动力电池供应商。

形成较强的国际竞争力。我国庞大的新能源汽车产销规模和完备的上下游产业链体系，降低了电动汽车生产成本。例如，比亚迪汽车国内生产成本加上运费和30%关税出口至美国仍比在当地生产便宜，特斯拉在中国生产成本比本土低20%～40%，再加上智能网联化优势，我国新能源汽车出口竞争力很强。2022年我国新能源汽车出口67.9万辆，同比增长1.2倍，约占全球出口总量的1/3，是全球出口最多的国家。部分自主品牌企业已经登陆传统汽车强国市场，如比亚迪新能源乘用车已进入日本、德国，销售遍布全球40多个国家和地区。

6. 我国已成为智能网联汽车主战场，完全有机会引领全球智能网联汽车产业发展

我国智能网联汽车产业市场规模约占全球市场份额的22%，已成为全球智能网联汽车规模最大、产业链协同最优的产业高地，激光雷达、智能座舱、人工智能芯片等技术取得了较大突破，部分达到了国际先进水平。目前，我国已基本形成智能网联汽车技术创新、产业生态、基础设施、法

规标准、产品监管和网络安全体系，并在市场驱动、信息通信、基础设施建设等方面具备显著优势。我国即将启动智能网联汽车准入和上路通行试点，将开启高级别自动驾驶汽车产业化新阶段，极大促进智能网联汽车产业发展进程，完全有机会持续引领全球智能网联汽车产业发展。

（二）我国汽车产业发展仍存在一些短板

一是缺少具备国际竞争力的汽车集团。无一家自主品牌车企上榜BrandFinance "2021全球最有价值的前10汽车品牌榜"。从国际经验看，汽车强国普遍会经历"先分散后集中"的发展历程，会形成几家具备国际竞争力的龙头汽车企业集团，日本形成以丰田、日产三菱和本田为中心的三大汽车集团，德国形成以戴姆勒奔驰、大众、宝马为核心的3家汽车集团，美国形成以通用、福特、菲亚特克莱斯勒为代表的三大巨头。其中，丰田2021年全球销量超过1000万辆，大众超过800万辆，通用超过600万辆，而我国吉利汽车集团全球销量为200万辆，与日本、德国、美国等汽车强国差距明显。

二是国内市场上还分布着大量低、小、散车企。一是部分企业产能利用水平较低。2021年，我国产能利用率低于20%的汽车企业超过130家，约占整车生产企业数量的50%以上。产能利用率低于20%的汽车集团超过90家，占比超过60%。二是多数企业市场占有率不高。2021年我国汽车产量低于5万辆的汽车企业超过180家，约占整车生产企业数量的70%以上。汽车产量排名前10位的汽车集团分别是上汽、一汽、东风、长安、广汽、北汽、吉利、长城、奇瑞、比亚迪，这10家汽车集团集中度为85.4%，剩下130余家企业的市场份额仅为14.5%。

三是我国汽车供应链仍存短板弱项。主要是关键核心零部件、基础元器件和原材料以及核心装备等，对外依赖度较高。传统燃油车的动力系统、电子系统领域的技术较弱，新能源汽车关键技术领域虽取得了一系列技术和产业化优势，但在高端车规级芯片、开发工具等领域仍被"卡脖子"，从研发投入水平来看，2021年中国自主品牌企业中只有上汽（206亿元）和比亚迪（106亿元）两家汽车集团的研发投入达到百亿元水平，但与大众（1149亿元）、宝马（464亿元）等跨国集团相比仍存在明显差距。动力电池上游关键原材料锂、镍、锰对外依存度均超过80%，钴对外依存度高达97%。

四是国际化水平不高，汽车出口和投资的规模相对汽车强国仍较小，难以真正实现高端突破。2021年，我国约25%的整车企业向外出口汽车，但每家企业平均出口量仅2.9万辆，其中超过5万辆的企业仅有13家。除特斯拉等少数电动车品牌外，出口汽车仍以中低端为主。

五是汽车零部件产业相对国外不足。从规模上看，零部件规模偏小。根据国家统计局数据显示，2021年，我国汽车制造业营业收入达8.16万亿元，同比增长3.4%。根据Wind统计，2021年我国规上汽车零部件主营业务收入达4.07万亿元，同比增长8.3%，整车和零部件比例约为1∶1，与国际汽车工业发达国家1∶1.7的比例相比，还有很大提升空间。从品牌上看，全球前几大知名品牌，如博世、电装、麦格纳、大陆、采埃孚、爱信、摩比斯、李尔、法雷奥、佛吉亚等，无一是中国自主品牌，并且中国品牌主要聚焦在非核心零部件领域，电子电器、动力系统等核心零部件大多由国外品牌把持。

（三）未来前景展望

在过去130多年的世界汽车工业发展史中，主导全球汽车工业发展格局的是大多拥有100年以上历史的跨国汽车公司，如奔驰、宝马、大众、通用、福特、丰田、本田、现代、博世、采埃孚、爱信、米其林等，这些如雷贯耳的名字常年霸占"世界 500 强"席位，成为书写百年世界汽车工业史的主角。然而，在新一轮科技革命和重大技术变革来临之际，汽车产业的成长形态、发展方式、发展要素、竞争格局、空间布局等，都在发生根本性变化，特别是越来越多的跨国汽车公司开始向绿色化、智能化和共享化的移动出行解决方案提供商的战略方向加快转型，未来的世界汽车产业"谁主沉浮"，尚存在相当大的不确定性。

可以肯定的是，以上汽、一汽、吉利、比亚迪等为代表的中国本土汽车厂商作为新兴力量已经登上了世界汽车产业舞台，作为全球汽车产业版图的新兴力量，必将成为世界汽车产业发展格局的改写者。中国本土汽车厂商可能有以下几种方式扩展全球业务，构建自己的全球势力范围。

一是中国汽车厂商以本土大本营作为最大生产基地和输出地，将产品销往全球市场。从日本和韩国厂商的经验来看，海外收入可以达到总收入的 30%～40% 甚至更高。二是中国本土汽车厂商由大规模贸易起步，带动大规模海外生产性投资，在世界各地特别是主要的海外销售市场建立生产基地，或收购重组当地厂商，不断提高当地产业链供应链配套水平，积极构建自己的全球生产营销网络。三是中国汽车零部件厂商以整车厂商为核心，不断提高技术水平和竞争力，逐步嵌入跨国汽车公司的全球生产供应网络。例如，宁德时代围绕为跨国汽车公司提供配套服务，将生产网络扩展到全球主要市场。四是从事车载信息通信、娱乐系统、数据网络服务等的中国高科技企业，凭借其在语音识别系统、图像识别系统、应用软件、人机交互和车载娱乐系统等方面的优势，成功嵌入跨国汽车公司的全球网络，成为独立发展的轻资产型汽车类电子零部件供应商。五是对原有跨国汽车厂商低效率的生产设施进行接管，甚至进行股权收购和企业重组。

三. 中国汽车产业"走出去"——出口篇

汽车大规模出口是拉动经济增长和结构升级的重要举措。当前我国汽车出口出现了快速增长的势头，2021年我国汽车出口212万辆，同比增长1倍。2022年，由于海外供给不足和我国车企出口竞争力的大幅增强，汽车出口突破300万辆，达到311.1万辆，同比增长47%，有效拉动行业整体增长。根据我们初步测算，未来我国汽车出口有望突破500万辆/年。应从战略高度重视汽车出口，选定战略出口方向，完善出口促进政策，高度重视新能源汽车产业发展。

（一）近年来我国汽车出口快速增长

2021年我国汽车[1]出口同比增长1倍，2022年同比增长54%。从金额来看，由2020年的157.1亿美元增长到2021年的344.3亿美元，由全球第15位大幅提高到第7位（见表5-3）。

1. 从车型看，乘用车出口占主体，SUV又占乘用车出口的主体

乘用车占据我国汽车出口的主体地位，2021年乘用车出口161.4万辆，占汽车出口总量的4/5，同比增长112%，其中SUV出口占乘用车出口的69%。商用车出口占出口总量的1/5，除了客车出口增速偏低外，其他均较快增长。从动力来源看，新能源汽车出口强劲，2021年我国新能源汽车出口30万辆，同比增长3倍多（见表5-5）。

---

1 按照我国海关统计口径，包括半挂车用的公路牵引车、客车、乘用车、货车、装有发动机的车辆底盘等。

表 5-5　2021 年我国汽车分车型出口情况

分类	车型	出口量（万辆）	同比增长（%）
乘用车	基本型（轿车）	42.3	122.5
	多功能（MPV）	3.4	176.1
	运动型多用途（SUV）	111.4	109.8
	交叉型	4.2	62.5
	乘用车合计	161.3	112.4
商用车	客车	5.0	24.2
	货车	28.2	73.3
	半挂牵引车	3.8	125.4
	客车非完整车辆	0.2	255.0
	货车非完整车辆	2.9	97.1
	商用车合计	40.1	70.7
总计		201.4	103
其中：新能源汽车		30.0	331

数据来源：中国汽车工业协会。

2. 从出口主体看，汽车出口集中度较高，且绝大多数车企实现了出口增长

　　汽车出口的集中度较高，出口排名（按出口数量，下同）前二十的车企出口共计 198.2 万辆，占出口总量的 98.4%，出口排名前五的车企出口共计 134.4 万辆，占比 66.7%。除了大庆沃尔沃外，其余 19 家车企均实现了不同程度的增长。其中，上汽出口量第一，以名爵、宝骏、荣威、上汽大通等自主品牌为主，出口了近 60 万辆。奇瑞以瑞虎、T19 和捷途等自主品牌为主，出口 80 多个国家和地区，夺得第二位。排名第三位的特斯拉更是由 2020 年出口 0.7 万辆跃升到 2021 年的 16.34 万辆，同比增长 22 倍多（见表 5-6）。

表 5-6 2021 年我国主要汽车企业出口情况

排序	企业名称	出口量（万辆）	同比增长（%）
1	上海汽车集团股份有限公司	59.83	85.1
2	奇瑞汽车股份有限公司	26.93	136.6
3	特斯拉（上海）有限公司	16.34	2234.3
4	中国长安汽车集团有限公司	15.91	92.8
5	东风汽车集团有限公司	15.39	123.7
6	长城汽车股份有限公司	14.28	103.7
7	浙江吉利控股集团	11.5	58.2
8	北京汽车集团有限公司	8.11	48.8
9	安徽江淮汽车集团股份有限公司	7.36	100.5
10	中国重型汽车集团有限公司	5.41	74.5
11	大庆沃尔沃汽车制造有限公司	3.79	-8.2
12	中国第一汽车集团有限公司	2.4	77.8
13	华晨汽车集团控股有限公司	2.18	38.9
14	广州汽车工业集团有限公司	2.07	47.9
15	陕西汽车控股集团有限公司	1.91	72.1
16	厦门金龙汽车集团股份有限公司	1.75	8.7
17	比亚迪股份有限公司	1.62	211.5
18	河北中兴汽车制造有限公司	0.59	47.5
19	郑州宇通集团有限公司	0.49	28.9
20	徐州徐工汽车制造有限公司	0.34	355.2

数据来源：笔者根据中国汽车工业协会数据整理。

3. 从出口目的地看，市场主要遍布在高、中收入国家，但单价差距显著

2021 年我国汽车前十大出口目的地依次是智利、沙特阿拉伯、俄罗斯、

比利时、澳大利亚、墨西哥、埃及、孟加拉国、英国和菲律宾，既有比利时、英国等高收入国家，又有埃及、孟加拉国等中收入国家。但汽车平均单价在不同收入国家间差距明显。因出口集中在特斯拉车型，出口比利时、英国等的汽车平均单价均在 18 万元以上。而出口孟加拉国汽车单价仅为 0.9 万元，约为出口比利时、英国的 1/20（见表 5-7）。经查海关数据，2021 年，我国向孟加拉国出口了 8.6 万辆汽车，其中 8.3 万辆为仅装有驱动电动机的主要用于载人的机动车（海关 HS 编号代码 87038000），总价 4.05 亿元，折合平均单价仅为 0.5 万元。

表 5-7　2021 年我国汽车出口主要目的地

排序	国家	出口量（万辆）	出口额（亿元）	平均单价（万元）
1	智利	19.1	119.4	6.2
2	沙特阿拉伯	13.3	118.7	8.9
3	俄罗斯	12.1	128.0	10.5
4	比利时	9.2	167.2	18.2
5	澳大利亚	9.4	103.4	11.0
6	墨西哥	9.5	60.4	6.4
7	埃及	8.8	43.7	5.0
8	孟加拉国	8.6	7.4	0.9
9	英国	7.4	134.5	18.1
10	菲律宾	5.9	59.7	10.2
前 10 位合计		103.3	942.4	9.1（平均值）

数据来源：笔者根据海关总署数据整理。

其中，新能源汽车出口目的地以高收入国家为主，2021 年我国新能源汽车前十大出口目的地依次是比利时、孟加拉国、英国、印度、泰国、德国、法国、斯洛文尼亚、澳大利亚和菲律宾，对其出口量占新能源汽车出口总量的 77.8%。与上年相比，对上述 10 国新能源汽车的出口量均呈增长态势。

（二）我国汽车出口快速增长背后既有短期因素影响，又有长期结构性变化

我国汽车出口快速增长有短期因素影响。全球疫情等短期因素导致欧美汽车生产供应链不畅、生产萎缩，我国出口能趁势填补国外供需缺口。据世界汽车组织数据显示，2021 年全球汽车生产较 2019 年下降 13%，而我国同期数据为增长 1.4%，国外供给不足给我国汽车出口创造了条件。

同时，汽车产业也出现了重大结构性变化。传统燃油车"三大件"技术和品牌逐步积累提升，竞争力持续增强。2021 年出口排名前两位的上汽和奇瑞均为自主品牌，分别出口 60 万辆、27 万辆。在我国销量中占比较大的 SUV 国际竞争力较强，2021 年我国乘用车出口 161.4 万辆，其中 SUV 出口占比 69%。新能源汽车成为出口的亮点，我国新能源汽车产业化走在全球前列，我国新能源车销量占全球销量的 50% 以上，也掌握了电池、电机和电控的核心技术，实现了规模化发展，全球竞争力很强。2021 年全球新能源汽车共出口 154 万辆，其中我国出口 50 多万辆，是出口最多的国家（见附表 5-1）。另外，我国正成为外资车企的生产出口基地，2021 年外资（含合资）车企的出口占总出口的比例约为 1/4。其中，特斯拉由 2020 年出口 0.7 万辆跃升到 2021 年的 16.3 万辆，增长 22 倍多。

（三）长远来看，我国汽车出口有望突破 500 万辆 / 年的规模，经济带动效应显著

目前，多数国家自我国进口的汽车金额占其汽车总进口金额的比例不高。除了少数非洲、南美发展中国家、俄罗斯、南亚东南亚近邻国家外，多数国家进口我国汽车的比例均在 10% 以下，相当多的国家在 1% 以下。在 2021 年进口汽车总额大于 100 亿美元的国家中，除了沙特阿拉伯和比

利时，其他国家进口我国汽车的比例都在 10% 以下，美国、意大利、法国、加拿大、瑞士、波兰、奥地利、西班牙甚至不足 1%（见附表 5-2）。

　　未来出口增长的空间主要来自两方面。一是市场份额提升的潜力，二是汽车需求增长的潜力。综合来看，在不发生大规模经贸摩擦的条件下，未来每年出口量有望突破 500 万辆。500 万辆的贸易额规模在 1500 亿美元左右，约占全球汽车出口贸易额的 13%，占全国 GDP（按当前计）的比重接近 1%。汽车大规模出口能够带动经济增长，据我们测算，汽车出口每增长 1 个单位，可带动钢铁、电子等产业增加 3.4 个单位产出。汽车大规模出口还能有效保证我国在劳动力成本攀升背景下产业仍具有竞争力，真正实现居民收入的提升。

　　未来出口增长的动力主要来自贸易环境的改善和企业自主开辟国外市场、新能源汽车竞争力提升、外资品牌出口发力等。一是 RCEP 等政策红利即将显现，在国内市场增长放缓、产业竞争力逐步提升背景下，各车企将加大力度开拓国外市场，比如长城汽车将开始运营马来西亚、越南等市场，比亚迪汽车宣布将进入日本市场，预计会显著改变某些国家进口我国汽车份额偏少的现状。二是新能源汽车正成为全球汽车产业的新增长点，将为我国汽车出口贡献重要力量，预计我国仍将保持全球出口第一的地位。三是随着国内上下游供应链配套能力逐步提升、股比要求全面放开，外资车企将调整在华战略布局。从德国宝马将美国作为其出口基地的实践来看，2021 年其美国工厂生产 43 万辆且 60% 用于出口，未来外资有可能将作为我国重要出口基地，进一步扩大出口。

（四）相关政策建议

　　要从战略高度重视汽车的出口，完善政策体系，支持鼓励各类企业开辟国外市场。

一是坚持"两个并重"的思路。要坚持自主品牌和外资品牌发展并重。既要支持自主品牌扩大出口，在国外建设销售生产网络；又要鼓励外资品牌将我国作为出口基地，利用其现成的销售网络，借船出海。要坚持出口和投资并重。我国汽车出口量不断刷新纪录，未来难以避免遇到非关税壁垒、经贸摩擦等阻力。因此，要鼓励支持车企在出口基础上，积极尝试直接投资，与当地企业合资或独资发展，输出我国汽车技术和品牌，并带动汽车零部件出口。

二是明确出口两大重点方向，有针对性地开展国际贸易谈判、政策协调等，为企业开辟国外市场创造条件。第一类方向是汽车需求量大但进口自我国份额较小的成熟市场，如北美、欧盟等，更多是要加强国际政策法规协调，推动打破汽车出口的非关税壁垒。比如，针对欧盟出台的电池废电池法规和即将实施的"碳关税"政策，做好动力电池产品碳足迹工作以提前防范，建设好汽车产业零碳近零碳示范园区，加快完善我国的碳市场，有效管理出口新能源汽车的数据跨国流动等，充分利用WTO争端解决机制，提升汽车领域外贸争端协调服务水平。第二类方向是汽车千人保有量还处于攀升期的新兴市场，如南亚和东南亚、独联体国家、西亚和非洲市场等。要在我国根据国内汽车产业发展水平相应调整对某些国家进口汽车关税的基础上，通过自贸协定谈判或多双边其他出口机制建设，实质性推动印度（汽车关税为到岸价的125%）、越南（汽车关税为到岸价的50%）等高汽车关税国家降低关税。此外，我国汽车存量市场巨大，可考虑加大力度支持鼓励向中低收入国家出口二手汽车。

三是长短结合解决好新能源汽车发展中的问题。要尽快解决物流不畅问题，借鉴美国、欧洲的有关做法，对现行铁路运输标准进行适应性修订，明确新能源汽车的产品质量安全标准和运输安全管理规程，利用中欧班列和西部陆海大通道更好推动新能源汽车在欧盟、东盟等市场的推广发展。长远看，要做好美国、欧洲极限施压条件下的准备，目前新能源汽车的芯片和操作系统仍依赖国外，随着我国汽车出口异军突起，很可能会被一些霸权国家围堵和扼杀，因此要围绕新能源汽车"三电"、智能化与网联化技术等持续开展技术攻关，特别是要解决车规级芯片和车载操作系统"卡脖子"问题，防止在新能源汽车发展的下半场掉队；还要支持引导企业布局海外资源市场，加强国内资源勘探开发，提升资源利用效率，加快替代性技术研发，解决新能源汽车所需的镍、钴、锂、锰等资源对外依存度过高问题。

四是多措并举鼓励支持各类企业开辟国外市场。要支持企业强化品牌建设，充分利用进博会、中国品牌日、外交部全球推介活动等平台，展示我国代表性汽车产品。要完善汽车出口财税金融支持政策，在汽车出口退税、出口信贷与融资担保等方面给予更大力度优惠。支持企业加快海外市场售前售后服务体系建设，引导企业抱团赴重点市场建设汽车贸易专用海外仓，提高售后服务响应能力。鼓励中资金融机构设立海外分支，推出面向海外终端客户的消费金融产品。

四 中国汽车产业"走出去"——投资篇

"走出去"是我国汽车产业未来发展必须要推进的战略。经过多年积累，我国车企"走出去"的内容和形式也在不断丰富，首先是整车出口快速增长，达到一定阶段后，投资开始快速增长，从简单的组装厂投资再到国外全产业链生产制造，并发展成"走出去"的主要模式。

（一）近年来车企对外投资步伐加快

整车企业持续推进海外本地化发展并继续扩大当地投资。近年来，中国品牌车企加大海外市场布局，加快重点市场投资建厂步伐，提高本地化生产水平。据不完全统计，截至 2021 年年底，31 家主要中国品牌车企在海外建立 67 个工厂，产能约为 176 万辆。2021 年 5 月，上汽集团巴基斯坦 KD 工厂正式投产，首辆名爵 HS 正式下线。2021 年 7 月，一汽集团缅甸 KD 工厂投产，T77 车型顺利下线。2021 年 8 月，长城汽车与戴姆勒集团就收购巴西伊拉塞马波利斯工厂正式签署协议，改造后年产能达到 10 万辆（见表 5-8）。

表 5-8　中国品牌重点车企海外整车产能布局情况

企业	地址	主要产品	规划产能	发展概况及新动向
长城汽车	俄罗斯图拉州乌兹洛瓦亚工业园工厂	哈弗 F7x、哈弗 H9、Jolion、大狗（Dargo）等车型	15 万辆/年	作为特别投资合同（SPIC）签约项目，已在图拉州现有工厂开展第 2 期工程。计划将年产能扩充至 15 万辆。2020 年 11 月，发动机工厂正式奠基，规划年产能 8 万辆
	泰国罗勇府	皮卡和 SUV 产品，涵盖 HEV、PHEV 和 BEV 等车型	8 万辆/年	工厂收购自通用汽车，占地面积 81.81 万平方米，拥有 1500 余名员工。2021 年 6 月，泰国工厂正式投产
	巴西伊拉塞马波利斯工厂	2025 年前将投放 10 款新能源产品，包括 4 款纯电动车型和 6 款混动车型	10 万辆/年	工厂经改造升级后，预计 2023 年下半年投产，至 2025 年关键零部件本地化率达到 60% 以上，未来将辐射整个拉美地区
上汽集团	泰国春武里府	名爵 ZS、名爵 HS、大通 T 系列	10 万辆/年	工厂收购自通用汽车。实际产能约为 4 万辆/年。2020 年 10 月，已在泰国当地开展电动汽车充电设施建设工作
	印度古吉拉特邦巴罗达市	名爵 Hector、名爵 ZS 电动车型、名爵 Gloster	5.6 万辆/年	2017 年年初投资 32.75 亿元收购并改造印度通用公司 HALOL 工厂，2019 年正式投产，同年 6 月推出印度市场首款搭载上汽自主研发的 i-Smart 智能新车系统的车型名爵 Hector

企业	地址	主要产品	规划产能	发展概况及新动向
上汽集团	巴基斯坦东部旁遮普省首府拉合尔	名爵乘用车产品（含电动车型）	—	上汽集团和巴基斯坦 JW-SEZ 集团成立合资工厂
上汽通用五菱	印度尼西亚西爪哇 Bekasi、GIIC 工业园内	Confero、Cortez、Formo、Almaz、Air EV 等车型	12 万辆 / 年	2017 年 7 月投产，工厂占地面积为 60 万平方米，总投资额 7 亿美元。拥有冲压、焊接、涂装、组装设备。2022 年，Air EV 率先在印度尼西亚上市
赛力斯	印度尼西亚万丹省西冷市	Super Cab、Glory 580、Gelora-E 等车型	5 万辆 / 年	与当地 Kaisar Motorindo Industri 的合资工厂，2017 年 4 月投产。占地面积为 8 万平方米。工厂投资额达 1.3 万亿印尼盾，具备冲压、焊接、涂装、总装等工艺。计划 2023 年推出纯电动汽车"MINI EV"、SF5
奇瑞	巴西圣保罗州	瑞虎系列、艾瑞泽系列	5 万辆 / 年	2017 年 11 月，与巴西最大汽车经销商 CAOA 集团成立合资公司（股比为 50∶50），产品辐射南共市地区
吉利	白俄罗斯明斯克州鲍里索夫地区	博越 SUV、帝豪 X7、新款酷瑞、帝豪轿车等车型	12 万辆 / 年	工厂占地面积 118 公顷，包括焊装、涂装和总装三个车间及各种辅助设施。工厂一期于 2016 年 8 月开工建设，2017 年 11 月正式投产运营，投资额达到 3.45 亿美元。产品出口俄罗斯和乌克兰等国
吉利	马来西亚中部霹雳州丹戎马林	X70（博越）、X50（缤越）等车型	40 万辆 / 年	2017 年吉利入股宝腾后，丹戎马林工厂全面升级

续表

企业	地址	主要产品	规划产能	发展概况及新动向
比亚迪	匈牙利北部科马罗姆	纯电动客车、叉车	400辆/年	总投资额为2000万欧元，工厂面积为6.6万平方米，2017年第一季度投产。除了整车生产线之外，还建有研发中心和电池测试能力
	美国加州兰卡斯特	电动客车（K6/K9）、卡车、电池	1500辆/年（客车）	北美地区最大的纯电动客车工厂，占地面积近5.1万平方米
	巴西坎皮纳斯市	纯电动客车等	500～1000辆/年（客车）	直接创造就业岗位450个，也是比亚迪拉美地区研发中心

资料来源：笔者根据公开资料整理。

　　中国品牌车企加快海外新车型投放。新车型投放主要方式有三种：一是随着本地化不断深入推进，在海外扩大新车型的本地生产；二是利用成套散件（CKD）出口较为优惠的关税政策，向对整车出口（CBU）征收较高关税的国家进行出口；三是直接采用CBU出口，多为零关税或可享受优惠关税的各类电动车型。比亚迪积极开拓美洲新能源汽车市场，2021年先后有电动铰接式客车在巴西下线，e5纯电动汽车出口智利，唐EV进入巴西市场并向墨西哥交付电动载货汽车。长城汽车不断扩展国际化版图。2021年6月，长城泰国罗勇工厂正式投产，首辆哈弗H6混动车型下线，是长城汽车在东盟市场进入快速发展阶段的重要标志。2021年11月，长城在泰国发布欧拉好猫纯电动车型，2021年12月进军英国市场。此外，以小鹏、蔚来为代表的造车新势力也积极开拓欧洲市场（见表5-9）。

表5-9　2021年中国品牌车企海外新车型投放情况

企业	海外车型投放情况
长安汽车	1月，首批166辆凯程F70皮卡出口沙特阿拉伯； 9月，在阿曼推出三款车型（EADO Plus2022、CS75 Plus和Hunter皮卡）

企业	海外车型投放情况
一汽集团	4 月，红旗品牌正式在沙特阿拉伯上市； 5 月，向越南出口 100 辆 JH6 重型载货汽车； 7 月，红旗 H9 在阿塞拜疆上市； 10 月，红旗纯电动智能 SUV E-HS9 出口挪威
东风集团	9 月，赛力斯在泰国推出印度尼西亚产 SUV Glory； 12 月，100 辆东风新能源商用车出口韩国（EV200）
上汽集团	2021 年，在欧洲推出 MG 品牌纯电动休旅车和纯电动 SUV； 2 月，上汽大通 EV90 纯电动轻客正式进军荷兰、挪威和意大利； 2 月，上汽集团 R 汽车全球首款 5G 智能电动 SUV Marvel R 启动交付； 5 月，上汽通用五菱向越南出口首批整车（出口车型为 N111P、N300P 及 N300L 封窗车三款）； 8 月，150 辆上汽大通 EV90 冷藏车空运出口至英国
比亚迪	3 月，首款在巴西生产的电动铰接式客车投入运营； 8 月，50 辆 e5 纯电动车正式交付智利； 12 月，唐 EV 正式进军巴西纯电动车市场； 12 月，向墨西哥交付 20 辆纯电动重型载货汽车
长城汽车	4 月，正式进入埃及市场； 5 月，Jolion 车型开始在俄罗斯销售； 6 月，首辆哈弗 H6 混动车型在泰国工厂下线； 7 月，哈弗初恋、哈弗 H6 正式登陆埃及市场； 11 月，在泰国推出新款 EV 欧拉好猫； 12 月，欧拉好猫进军英国市场
江汽集团	9 月，在巴西发布江淮大众产 EV E-JS1； 9 月，纯电动汽车批量交付哈萨克斯坦（IEV7S）； 10 月，在墨西哥推出电动 SUV
江铃集团	8 月，100 辆轻型载货汽车 CKD 成套散件出口越南； 10 月，在马来西亚推出皮卡 Vigus Pro CKD 车型
福田汽车	5 月，在巴西扩大产品阵容并在当地生产（在重型卡车欧曼系列的产品阵容中增加车辆总重为 17～25t 的版本）

续表

企业	海外车型投放情况
黄海客车	3 月，向韩国出口 6 辆电动客车； 11 月，向韩国出口 100 多辆电动客车
小鹏	1 月，第二批 209 辆小鹏 G3 发运欧洲； 8 月，首批小鹏汽车 P7 出口挪威
蔚来	9 月，SUV ES 8 在挪威开启交付

资料来源：笔者根据公开资料整理。

　　汽车零部件企业加快在海外投资布局。我国汽车零部件加速融入全球产业体系，纷纷扩大海外投资布局，通过海外并购、投资建厂等多种方式进一步提升技术创新与产品供给能力。2021 年，北京海纳川收购汽车天窗供应商英纳法，并组建上海研发总部和北京研发中心，在汽车天窗产品方面实现技术与应用的提升。南京奥特佳收购空调国际集团，借助空调国际集团的全球销售网络与大众汽车德国总部、通用汽车美国总部、印度塔塔汽车等建立联系并商谈未来合作。截至 2021 年年底，华域汽车下属延锋汽车饰件已基本完成对江森自控内饰业务的整合，延锋内饰成为全球最大的汽车内饰供应商。2021 年 3 月，赛轮轮胎在柬埔寨投资建设年产 900 万条半钢子午线轮胎项目，并在年内实现投产与销售。2021 年，赛轮轮胎实现海外营收 130.1 亿元，同比增加 18.6%，占企业当年总营收的比重达72.3%。2021 年 5 月，新泉汽车饰件公司的墨西哥工厂奠基。墨西哥工厂是新泉的第二家海外公司，计划总投资约 4000 万美元，预计投产后将实现每年约 1.5 亿美元销售额，并为当地创造约 400 个就业岗位。

（二）动力电池对外投资成为新亮点

　　动力电池企业加快海外投资合作，实现海外经营新突破。得益于全球新能源汽车市场的快速增长，我国动力电池企业正加快进入全球汽车产业链供应链。宁德时代已于 2018 年进入欧洲，在德国设立欧洲生产研发基地，2019 年启动德国图林根电池工厂建设，投资 18 亿欧元，规划产能达 14GWh，未来将为宝马和其他德国车企供货。比亚迪于 2021 年 3 月启动欧洲电池工厂的筹建工作，未来将为欧洲汽车客户进行配套；2021 年年底，比亚迪与韩国双龙汽车签约，将共同研发动力电池。国轩高科与大众汽车集团签订战略合作框架协议，将在德国萨尔茨吉特工厂布局电芯生产，并协助大众集团开发采用标准电芯的电池装车应用，萨尔茨吉特电池生产中心涵盖大众集团电池技术中心、电芯测试实验室、电芯试点生产线以及电池回收试验工厂。中航锂电与全球低压汽车蓄电池行业领先者柯锐世（Clarios）达成全球性战略合作，将在北美、欧洲和亚太地区合作研发和制造磷酸铁锂低压锂电系统。远景动力大规模布局海外产能，分别于 2021 年 6 月、7 月和 8 月在法国、英国和日本设立独资和合资的电池工厂，新增海外产能达 67GWh。此外，亿纬锂能、孚能科技、蜂巢能源等我国电池企业也在加快海外布局，抢抓全球新能源汽车发展机遇。

（三）汽车投资未来发展前景

我国汽车"走出去"的方式是：首先是出口快速增长，达到一定阶段后，投资开始快速增长，从简单的散件组装到国外全产业链生产制造，并发展成"走出去"的主要模式。

我国汽车"走出去"的途径是：传统的自主品牌汽车先在东南亚、中东、南亚以及北非等欠发达但具有高成长潜力的地区积累经验，稳定后进军以欧洲、美国为代表的主流市场积累品牌，最后进行全球辐射与扩张；新能源汽车和收购品牌，如 MG、沃尔沃，则可直接向欧洲乃至美国市场发展。

1. 从德国、日本、韩国海外布局的经验来看，我国汽车对外投资提升的空间很大

在看我国汽车产业对外投资潜力前，先要比较研究 2021 年国外其他品牌对外投资情况。2021 年，德国大众、宝马、戴姆勒奔驰等品牌共销售汽车 1426 万辆，德国本土生产汽车 331 万辆，即使这 331 万辆均为德国品牌企业生产，仍有至少 1095 万辆德国品牌汽车在他国生产，也就是国外投资生产的数量至少是本国的 3.3 倍。

日本本土 2021 年生产汽车 785 万辆，日本品牌丰田、日产三菱、本田、铃木、马自达等共销售汽车 2415 万辆，这说明日本品牌汽车至少有 1630 万辆是在他国生产的，即国外投资数量至少是本国的 2.08 倍。

韩国本土 2021 年生产汽车 346 万辆，韩国品牌现代起亚共销售汽车 667 万辆，这说明韩国品牌汽车至少有 321 万辆是在他国生产，也就是国外投资数量至少是本国的 92.8%。

对比我国，2021 年中国品牌汽车生产 1249 万辆，国外投资产能仅为 176 万辆，上升的潜力很大。

2. 从市场结构来看，未来投资增量遍布欧洲、东南亚、美洲等市场

投资主要考虑因素包括当地市场、当地配套、贸易壁垒等。从市场和配套等因素来看，我国未来投资增量主要来自欧洲、东南亚、美洲等市场。

欧洲将是我国新能源汽车品牌的重点方向，欧洲新能源汽车渗透率高，公众对环保呼声高，对新能源汽车接纳率高，部分国家对新能源汽车有购置税免税政策，充换电基础设施也比较充足，是投资的重点领域。2021 年我国向欧洲汽车出口数量达 18.9 万辆，同比增长达 114%，新能源汽车已开始广泛进入挪威、荷兰、英国等发达国家市场，随着出口的继续增长，

在欧洲投资将成为重要选项。

东南亚也是未来我国汽车海外布局的重点方向。东南亚消费需求旺盛，地理位置较近，交通物流便利，受到《区域全面经济伙伴关系协定》政策支持，具有良好的汽车工业体系，这些因素共同促进东南亚投资市场发展。其中，泰国、印度尼西亚等一直以来是外资车企的投资地，目前每年汽车产量分别为 169 万辆、112 万辆等，当地消费规模也分别达到 89 万辆、75 万辆等，未来预计仍将增长，我国可借助当地汽车工业配套体系，重点布局投资产能，辐射整个东南亚。

我国汽车品牌在南美较有影响力，已积累了不少口碑。2021 年，在我国汽车主要海外市场出口量中，南美出口量最大，达 39.2 万辆，市场占有率达 11.9%。在南美，最大的汽车市场在巴西，年消费 212 万辆，我国汽车投资的潜力巨大，智利近年来一直是我国第一大出口目的地，占我国汽车出口的近 10%，中国制造在智利颇受认可，未来也可考虑在该地布局汽车产能。

北美市场竞争激烈，也是未来出海绕不过的重要市场。我国汽车在墨西哥较受欢迎，是墨西哥汽车的第一大供应国。2022 年 1—11 月，墨西哥从世界各地进口汽车总计 651710 辆，其中 153707 辆是在中国制造的汽车，约占 23.6%。美国汽车市场规模大，2021 年美国汽车消费 1541 万辆，竞争激烈，全球知名车企均在美国有投资产能，我国可一方面通过并购产能进入美国市场，另一方面待汽车技术水平提升后进入美国市场。

综合来看，2021 年中国自主品牌汽车销量 1249 万辆，占全球的 15% 左右，基于德国、日本、韩国汽车"走出去"模式经验和未来各国市场结构发展前景看，如果不考虑贸易摩擦，未来我国汽车品牌的竞争力稳步提升，海外投资建厂生产有望达到 500 万辆。

（四）问题和挑战

汽车"走出去"从直接出口到海外建厂投资，一个重要因素是要有规模效应。当前海外汽车供应链配套能力欠缺，需要与整车投资同步跟进。

后发劣势效应明显，当地服务运营、品牌建设等均落后于德国、日本等早已大规模海外布局的车企。海外布局不仅需要整车企业参与，还需要当地运营跟得上。自然状态下，这些方面的发展可以同步甚至滞后于海外布局的过程，但当前欧洲、东南亚、北美、南美等主要汽车市场均有德国、日本等国车企大规模布局，我国车企是后进入市场者，存在竞争劣势，必须费大力气打造当地服务运营能力。但当前存在两个主要问题：一是受跨境融资成本高、中资银行海外分支机构少等因素影响，海外经销商和消费者融资不足；二是售后服务体系不完善，海外配套服务网点建设缓慢。

车企赴海外投资仍有一些壁垒。并购投资时，会面临越来越严格的外资审查。拜登曾直言不讳地提出不会让中国赢得新能源汽车领域的竞赛，未来料将以所谓"国家安全"的名义，对我国车企海外投资施加限制或不给予公平竞争的机会。此外，海外建厂投资的审查相对轻松，但会被要求提交生产经营、研发等的数据，核心技术容易被窃取。

（五）相关建议

汽车产业国际化发展是汽车强国的重要标志之一。唯有汽车产品、汽车企业自主参与国际市场的竞争，才能培育出强有力的市场竞争力和品牌竞争力。与汽车强国相比，我国汽车产业在海外市场国际化水平仍有待提升，需要国家在遵守国际规则的基础上，统筹外交、金融、物流、第三方平台等各方面资源，为汽车"走出去"创造良好的外部环境。

提高供应链效率，整车与供应链协同出海，提升当地供应链水平，降低生产运营成本。海外市场环境复杂多变，中国汽车品牌如能在海外建立起自身的供应链体系并打通生产制造等环节，提高物料流动效率，降低空置成本，逐渐构筑行业壁垒，将对市场突破起到重要作用。可引导中国品牌车企抱团共同培育供应链，提升配套效率。

鼓励企业因地拓展海外业务，在重点市场精耕细作。在"一带一路"沿线国家和地区市场，仍以用户为中心，提供差异化的产品和服务。在成熟的欧美等市场，以创新的商业模式、新能源汽车为载体，提供绿色共享出行方案和车联网服务等。

推进高水平自贸区建设，提高投资便利化水平。加快推动中日韩、中国—海合会等贸易协定谈判，将汽车产品列入降税、投资便利化的清单。利用《区域全面经济伙伴关系协定》（RCEP），深化与东盟国家车企、零部件企业合作，促进车企海外布局。高质量共建"一带一路"，与沿线国家和地区加强在汽车投资、标准法规等领域的全方位合作。积极参与国际标准法规协调，推进与重点市场产品认证多双边互认，适时加入《关于采用统一条件批准机动车辆、装备和部件并相互承认此批准的协定书》。

鼓励汽车产能国际合作。研究制定汽车产业对外投资指导意见，推动我国优势产品、技术、标准、服务、资本"走出去"，深度融入全球产业链、价值链。鼓励有实力、有条件的企业开展兼并重组、战略联盟、交叉持股、技术合作等多种方式，适时收购境外的知名企业、先进技术、销售网络和研发机构。加强汽车企业境外投资项目支撑，支持汽车度过出口的战略亏损期，完善汽车产业投资管理和国有企业考核机制，形成有利于优势骨干企业快速壮大的发展环境。

加快培育世界级一流企业。实施新能源汽车自主品牌竞争力提升工程，集中各方面资源，支持重点自主企业通过布局高端市场、提供增值服务、打造用户社群、参与国际赛事等方式持续提升品牌形象和市场竞争力。从长远来看，要做好美欧极限施压条件下的准备，目前新能源汽车的芯片和操作系统仍依赖国外，随着我国新能源汽车异军突起，很可能会被一些霸权国家围堵和扼杀，因此要围绕新能源汽车"三电"、智能化与网联化技术等持续开展技术攻关，特别是要解决车规级芯片和车载操作系统"卡脖子"问题，防止在新能源汽车发展的下半场掉队。

完善汽车"走出去"服务体系，支持鼓励对汽车企业在海外市场的金融、物流、基础设施、运营等方面提供全方位服务。有效发挥汽车行业协会的作用，给予企业海外运营的法律和政策指导，尤其是帮助企业应对海外投资审查、了解当地消费者偏好等。以新能源汽车进入欧美等发达国家市场为契机，推动基础设施与服务体系先行，降低境外投资融资难度，依托中资银行建立统一的车企海外市场融资平台，并鼓励设立海外分支推出面向海外终端客户的消费金融产品，提升本地化金融服务水平，便利出国人员、海外业务人员的审批等。

五　国内市场开放

汽车产业的国际化进程是一个两个市场、两种资源、各类生产要素双向流动、相互融通、相互强化的过程，不能片面强调、不可偏废任何一个方面。中国汽车产业要全面融入世界，不仅中国商品、中国资本、中国技术、中国标准、中国人才要"走出去"，还要对国外商品、国外资本、国外技术、国外标准、国外人才、国外管理等外部资源与要素放松管制、开放市场。

（一）外部形势需要我国坚持开放发展，成为汽车行业贸易与投资自由化坚定的捍卫者与推动者

中国作为世界最大的汽车生产国和消费国，尽管受到外部市场、供应

链和政策环境等方面的压力与约束，仍要坚定地担当起全球汽车产业和汽车市场稳定器，乃至全球制造业、世界经济增长的最强动力源的职责。供应链脱钩、逆全球化、贸易壁垒、技术封锁、不公平竞争等，在未来若干年中可能不会消失，甚至可能进一步加剧，成为世界汽车产业复苏成长的最大绊脚石。此时，中国要坚定地打好全球化和开放合作的大旗，构建"既能走得出、又能引得来"的双向对外贸易、投资、技术、人才、数据等要素全面开放格局，利用高水平经贸合作的框架来打造和谐的外部朋友圈，不求短时私利，要重视在互惠互利中做大蛋糕、分好蛋糕，这对于促进长期的汽车贸易与投资增长是十分重要的。

（二）全面、客观、准确地定位跨国车企在中国汽车产业国际化演进中的独特地位和作用

自 20 世纪 80 年代中期跨国汽车公司开始进入中国市场以来，跨国汽车公司一直是中国汽车产业发展的核心力量，扶持了零部件供货商、培育了下游客户、形成了一系列汽车标准，特别是在乘用车领域，跨国汽车公司一直占据着 55% 以上的市场份额，成为当之无愧的主导者。然而，近年来，随着新能源车和智能网联车辆的兴起，以比亚迪、长城、吉利、蔚来等为代表的一批中国本土厂商和本土品牌强势崛起，跨国汽车公司的市场份额开始下降，少数国际厂商甚至退出了中国市场。在这种情况下，有些人开始质疑甚至排斥未来跨国汽车公司在中国市场和中国汽车产业的地位和作用。对此，要保持高度的清醒，要有全面、客观、理性和战略性的认知。

既不能依旧高度依赖，也不能全方位排斥或否定，要采取积极的开放融入策略，建立全面战略伙伴关系。要通过市场驱动、产业推动和政策引导，促使跨国车企在华业务的战略性转型，促使其进一步本地化。这种转

型不能停留在随着股权比例政策的全面放开而将中外合资企业调整为外资控股或外商独资企业这种浅层次的转型上，而应当促使其将中国市场的战略定位实质性地转向区域性甚至全球性生产基地、贸易枢纽、创新策源地、区域总部甚至全球总部上，促使其深度参与中国厂商的电动化、智能化和共享化转型。

（三）优化营商环境，促使跨国车企向新方向转型

要实现上述战略转型，一方面需要跨国车企自身对地区产能和生产布局进行战略性调整；另一方面需要国家对涉及跨国公司的诸多功能性政策进行优化调整，营造公平竞争的政策环境，处理好开放合作与自主可控的关系。最终两个方面互相促进，共同促进跨国车企在华转型。

一是做好龙头车企、示范性大项目的服务工作。加强利益绑定，解决其核心关切，提振其长期在华投资信心，形成跨国车企在华发展的示范标杆，并吸引更多车企来华投资。

二是营造公平竞争的政策环境。在政府补贴、政府采购、产业规划、标准制定、国家创新计划等领域，除涉及国家安全外，要保证公平，提高跨国车企参与感和获得感。注重保护知识产权，破除地方保护主义，及时回应企业申诉，纠正执行过程中不合理的行为。

三是进一步鼓励跨国车企本地化。鼓励跨国车企升级和延长在华产业链供应链，将更多的高端生产环节和管理机构甚至总部配置在我国，并推动供应链本土化。引导鼓励跨国车企在华设立高质量、实质性的本地研发中心，按照中国的标准和生态系统进行研发布局，形成良好的科技和人才外溢效应。

四是维护良好的中外政治经济关系。加强中外友好往来，扩大我国在外的"朋友圈"，尽可能地避免经济贸易问题政治化。同时对做出巨大贡

献的在华跨国车企，建议国家领导人出访时访问其总部，以增强其投资信心并形成示范效应。

五是处理好自主可控与开放合作的关系。在涉及国家安全的领域保持底线思维，对于我国严重依赖的车规级芯片、基础软件领域，要坚定不移地推进自主可控能力建设，避免出现极端情况下相关领域停摆的局面。同时避免在执行中将自主可控范围扩大化，自主可控不是所有品牌都追求国产化，要避免舆论的过度渲染致使跨国车企对我国的政策方向产生疑虑。

附表 5-1　2021 年全球新能源汽车出口情况

排名	国家	出口量（万辆）	出口量占比（%）	出口额（亿美元）
全球总出口		154	100	500.1
1	中国	50.2	32.6	92.4
2	德国	31.9	20.7	157.2
3	比利时	12.7	8.2	46.4
4	美国	11.4	7.4	46.6
5	斯洛伐克	10.0	6.5	25.8
6	法国	8.8	5.7	21.3
7	捷克	7.2	4.7	26.4
8	英国	5.8	3.7	17.5
9	意大利	3.9	2.5	10.7
10	日本	3.8	2.5	10.2
11	斯洛文尼亚	3.7	2.4	7.1
12	奥地利	1.3	0.9	7.9
13	荷兰	0.7	0.5	2.4
14	瑞典	0.4	0.2	1.3

续表

排名	国家	出口量（万辆）	出口量占比（%）	出口额（亿美元）
15	白俄罗斯	0.3	0.2	0.0
16	匈牙利	0.3	0.2	1.5
17	丹麦	0.3	0.2	0.6
18	立陶宛	0.1	0.1	0.3
19	加拿大	0.1	0.1	0.6
20	挪威	0.1	0.1	0.2

注：此处新能源汽车的统计口径为纯电动乘用车和纯电动客车。

数据来源：笔者根据联合国商品贸易统计数据库整理。

附表 5-2　2021 年我国汽车在各国进口市场的规模和比重

自我国进口的比重 ＼ 金额	进口汽车总金额（美元）			
	≤ 1 亿	1 亿 ～ 10 亿	10 亿 ～ 100 亿	≥ 100 亿
30% 以上	卢旺达 *	刚果（布）*、卡塔尔 *、白俄罗斯、印度、塔吉克斯坦 *、缅甸、蒙古国、老挝 *	越南 *、乌兹别克斯坦、厄瓜多尔	无
10% ～ 30%	所罗门群岛 *、刚果（金）*、基里巴斯 *、塞拉利昂 *、巴巴多斯	科特迪瓦 *、津巴布韦、坦桑尼亚、玻利维亚、马里 *、莫桑比克 *、赞比亚 *、布基纳法索、喀麦隆 *、马达加斯加 *、乌拉圭 *、乌干达 *、亚美利亚、毛里塔尼亚 *、安哥拉 *、哥斯达黎加 *、汤加	俄罗斯 *、哈萨克斯坦 *、智利、菲律宾、印度尼西亚、马来西亚、巴基斯坦、斯洛文尼亚、埃及、南非 *、加纳 *、尼日利亚 *、泰国 *、墨西哥、巴西	沙特阿拉伯 *、比利时

续表

金额 自我国进口的比重	进口汽车总金额（美元）			
	≤1亿	1亿～10亿	10亿～100亿	≥100亿
1%～10%	伯利兹、马尔代夫、布隆迪*、萨摩亚、阿鲁巴、格林纳达、蒙特塞拉特*、开曼群岛、冈比亚*、斐济、中非共和国*、圣卢西亚*、佛得角*、塞舌尔*、帕劳*、东帝汶*、百慕大群岛*、阿富汗、科摩罗*、苏里南	吉尔吉斯斯坦、法属波利尼西亚*、突尼斯*、尼泊尔*、圭亚那、苏丹*、肯尼亚、纳米比亚*、柬埔寨、斯里兰卡、贝宁、塞内加尔、牙买加*、巴拿马、阿塞拜疆、文莱、毛里求斯*、伊朗*、巴拉圭、塞尔维亚、黑山、利比亚*、洪都拉斯*、尼加拉瓜、马拉维*、巴哈马群岛*、萨尔瓦多、摩尔多瓦共和国、黎巴嫩、特立尼达和多巴哥	哥伦比亚、科威特*、约旦*、新加坡*、以色列、阿曼*、新西兰、埃塞俄比亚*、巴林*、危地马拉、多米尼加、乌克兰、阿根廷、保加利亚*、摩洛哥*、尼日尔*、土耳其、芬兰、爱尔兰*	澳大利亚、挪威、英国、阿联酋*、韩国*、日本、德国、瑞典、荷兰
1%以下	安提瓜和巴布达*、圣文森特和格林纳丁斯、圣多美和普林西比、莱索托*、圣基茨和尼维斯*	博茨瓦纳*、马耳他*、也门*、冰岛、阿尔巴尼亚*、北马其顿*、巴勒斯坦国*、塞浦路斯、拉脱维亚	丹麦、罗马尼亚、格鲁吉亚、葡萄牙、阿尔及利亚*、匈牙利、希腊、斯洛伐克、爱沙尼亚*、多米尼加*、立陶宛、捷克、克罗地亚	美国、意大利、法国、加拿大、瑞士、波兰、奥地利、西班牙

注：带*的国家暂无2021年汽车进口金额数据，因近几年全球汽车贸易总体规模变动不大，故取其往年最新数据替代。还有少数国家一直未公布数据，因而将其剔除。

资料来源：笔者根据联合国商品贸易统计数据库整理。

第六章
加快完善面向汽车强国的
行业管理体制

朱一方　张宪国　黄永和 [1]

近年来，中国逐步构建了全方位、系统化、覆盖全生命周期的汽车产业政策体系，汽车产销连续十多年居首位。在"十四五"时期新形势下，围绕高质量发展的任务和建设汽车强国的总体目标，需深入推进汽车全产业链电动化、智能化、网联化、低碳化转型，同时应在产业组织结构上实现集团化、集群化、国际化发展。对比上述目标任务，我国汽车行业仍存在退出机制不畅、多头重复管理、新兴领域监管滞后等体制机制问题亟待解决，有必要尽快采取措施，优化产业组织结构、推动生产管理法制化、完善智能网联汽车发展与监管的顶层设计。

---

1 朱一方，中国汽车技术研究中心有限公司产业政策研究部副部长。
　张宪国，中国汽车技术研究中心有限公司产业政策研究部总监、高级工程师。
　黄永和，中国汽车技术研究中心有限公司总师办副主任、资深首席专家。

一 汽车强国建设需要统筹协同和激励约束相结合的管理体制

改革开放 40 多年，中国汽车产业已建立起完整的产业体系，形成了巨大的产销规模，进入由大变强的关键发展阶段。在新一轮科技革命深刻演变下，汽车产业电动化、智能化、网联化、低碳化变革趋势愈加明显，汽车与能源、信息、交通等相关产业加速融合发展。新时代，在积极构建新发展格局和实施创新驱动国家战略的指引下，为推动中国汽车产业在国际化竞争中实现高质量发展，建立健全"既立足自身发展又广泛统筹协调，既鼓励创新又宽容失败"的管理机制十分迫切。

（一）汽车产业进入由大变强的关键发展阶段，早期形成的以保护和扶持为核心的管理思路亟待调整

我国已形成了较完善的产业体系。我国汽车工业取得了快速发展，自 2009 年以来连续 10 多年位居世界汽车产销第一，成为名副其实的汽车工业大国。骨干民族品牌汽车企业多已具备正向开发的设计匹配、性能开发和测试试验等完整的整车研发能力，并实现了由单一产品到模块化平台的能力转变。零部件供应体系建设逐步完善，关键零部件配套能力显著增强。汽车产业在带动经济增长、拉动投资、扩大就业、提振内需消费、增加税收等方面发挥了支柱产业的作用。汽车相关产业税收占全国税收比、从业人员占全国城镇就业人数比、汽车销售额占全国商品零售额比均连续多年超过 10%。全国与汽车相关产业的就业人数，已经超过城镇就业总人数的 1/6，且汽车制造业每增加 1 名就业人员可带动 10 名相关人员就业。根据国家统计局数据，2021 年，汽车制造业增加值占全国工业增加值、国内生产总值的比重分别为 4.8%、1.6%；汽车行业规模以上企业实现主营业务收

入 8.67 万亿元，利润总额达 5306 亿元，完成固定资产投资 1.13 万亿元（占制造业固定资产投资总额的 4.6%）。

汽车市场增长的不确定性增大。当前国内外发展环境复杂严峻多变，全球经济发展面临较大萎缩风险，地缘冲突持续干扰产业链供应链稳定运行。我国宏观经济发展持续承压，内需不足，部分刺激政策到期退出，市场整体困难和挑战影响更大，如不加以调控，2023 年我国汽车市场将回落。而基于汽车市场发展规律和国际经验判断，中国汽车市场仍有望取得较大发展。"十四五"期间，汽车仍将在国民经济发展和重大社会变革中继续起到支柱作用，到 2025 年中国汽车市场有望达到 2900 万辆的规模。

（二）新一轮科技革命带来重大发展机遇，诸多新领域、新形势需要新型监管

汽车产业本身是典型的技术密集型产业，在新一轮科技革命和产业变革与汽车产业降速调整相叠加的大背景下，技术将在汽车产业核心竞争力构成中占据更大比重。从企业经营角度看，受宏观经济发展影响，我国各类资源要素（土地、人力、物流等）成本上升，依靠加大投入、规模扩张的发展模式难以为继，企业只有不断加大研发投入，提升产品、服务质量和附加值，才能增强企业盈利能力，以适应竞争日益激烈的市场环境。从消费需求角度看，消费升级正在推动产品高端化发展，需要企业将创新摆在核心位置，加大研发投入，不断提升技术水平和优化产品结构，才能有效应对持续变化的市场需求。从产业发展角度看，电动化、智能化已成为汽车产业未来发展趋势，汽车与相关产业融合进程加快，新技术、新产品、新主体、新模式不断涌现，传统汽车产业链、技术链和价值链被改造，我国汽车产业发展迎来重大历史机遇。面对有限的机遇窗口期，迫切要求我国在新一轮科技革命和产业变革中迎难而上，抢占战略新兴领域发展先机，

培育技术领先优势，才能使我国汽车产业实现赶超式发展。

各国政府通过制定新能源汽车国家发展战略，组织实施大规模的政府—企业合作计划，出台消费及税收支持政策等，大力支持新能源汽车发展。自 2012 年全球新能源汽车销量迈上 10 万辆台阶以后，全球新能源汽车呈现超高速增长态势，2022 年全球新能源汽车销量达 1125.8 万辆，连续两年实现翻番增长（见图 6-1）。2022 年，中国新能源汽车销量达 688.7 万辆，连续 7 年位居全球第一，全球市场份额超过 50%（见图 6-2）。德国、挪威、荷兰、瑞士等欧洲国家的新能源汽车销量呈现快速增长。

汽车产业在新一轮科技变革与产业革命的影响下已脱离传统的单一产业发展路径，各类新技术与汽车产业融合进程正在加速。打破有关部门行业管理隔断，建立跨行业协同发展机制，支持汽车、新型能源、信息通信、人工智能、互联网等产业协同创新是汽车产业实现创新发展的关键举措。

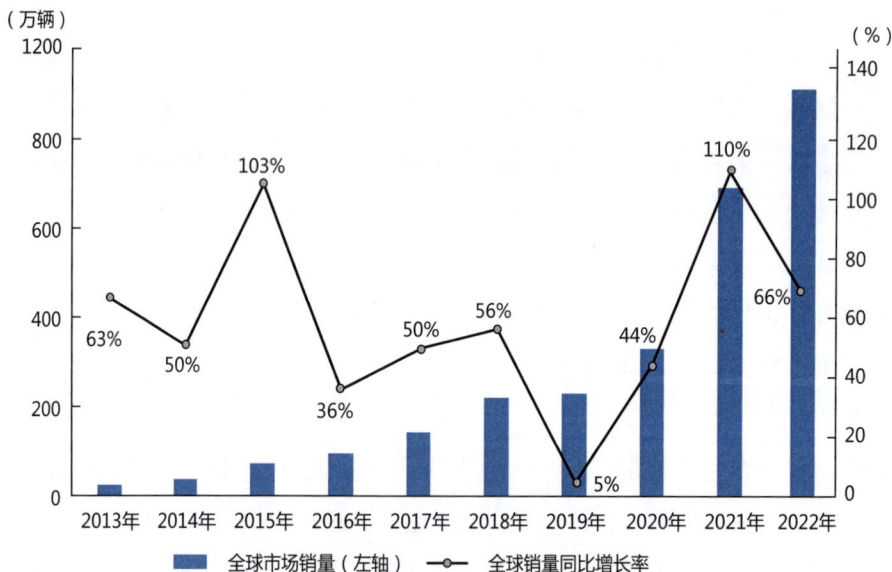

图 6-1 2013—2022 年全球新能源汽车销量

数据来源：EV Volumes、国际能源署（IEA），中汽政研整理。

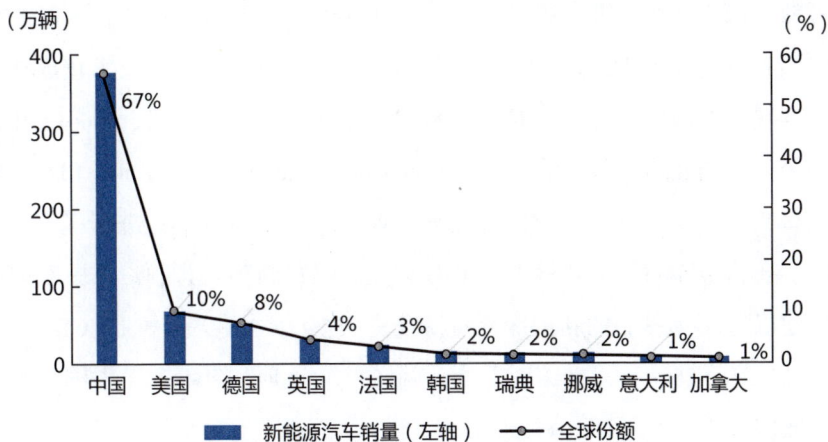

图 6-2　2022 年新能源汽车销量排名前十位国家

数据来源：EV Volumes、国际能源署（IEA），中汽政研整理。

（三）汽车产业在新发展格局中肩负新的历史使命，需要更加契合国家战略的行业管理体制

加强关键核心技术的自主创新与国际合作成为产业发展的迫切议题，产业发展需要在国际范围内加大协调力度。目前部分发达国家已经或正在建立排他性区域贸易协定，贸易保护主义和逆全球化严重冲击了既有产业体系，加剧了全球通胀压力，不利于汽车市场增长。个别西方国家在多领域压制中国。

美国进一步加强出口管制，中美贸易摩擦已升级为科技打压，芯片产业的竞争与发展成为关键。为确保在技术上保持领先优势，美国多次以所谓的"国家安全"及外交政策为由，通过"实体清单""军用最终用户清单"等方式，将中国企业及高校列入清单，并将新兴和基础技术以及关键原材料纳入出口管制。中国芯片产业发展受限，对中国汽车产业向智能化转型升级造成负面影响。2021 年 11 月，美国阻止荷兰公司向中国出口极

紫外线（EUV）光刻机。2022 年 7 月，美国向荷兰和日本施压，要求光刻机制造商阿斯麦（ASML）和尼康（Nikon）停止向中国出售技术较成熟的深紫外线（DUV）光刻机。2022 年 8 月，美国商务部工业和安全局（BIS）发布公告，禁止电子设计自动化（Electronic Design Automation，EDA）软件出口中国，这限制了中国芯片设计厂商向 3 纳米及以下先进制程突破。同时，还将金刚石、氧化镓两种芯片相关必需材料列入管制清单。欧盟正在构建以"碳"为核心的新型绿色贸易壁垒，建立碳边境调节机制（CBAM）、发布"Fit for 55"（"减碳 55"）一揽子气候计划，也不利于中国同类产品对欧盟的出口。

党的二十大报告指出，要把实施扩大内需战略同深化供给侧结构性改革有机结合起来，增强国内大循环内生动力和可靠性，着力提升产业链供应链韧性和安全水平。在新一轮科技革命推动下，扩展新内涵、创造新技术、构建新生态成为全球汽车产业的时代特征，汽车已成为多产业跨界融合和集成创新的重要载体。目前，我国汽车产业发展重点由速度、规模转向质量、结构，发展模式由跟随、学习转向赶超、创新；我国正处于落实碳达峰碳中和战略目标、由汽车大国迈向汽车强国的关键时点，也面临重大历史机遇。应保持战略定力，将稳定和促进汽车消费放在突出位置，通过汽车大宗消费带动全国内需消费市场，有效促进就业、平稳经济运行，也有助于通过汽车转型升级推动多产业跨界融合创新，助力制造强国、质量强国和交通强国等建设。

促进汽车产业高质量发展，是立足国家战略的需要。须进一步贯彻落实党中央、国务院决策部署，综合施策，在供给侧促进产业加快实现电动化、智能化、网联化、低碳化转型，大幅提升自主创新能力，保持产业链供应链安全、稳定，在需求侧进一步释放消费潜力，稳定和促进汽车消费，坚持问题导向和精准施策，扩大市场需求与结构调整相结合，促进当前消费和产业长远发展相结合。

二 产业组织结构与产能布局

2018 年以来，中国汽车产业进入降速调整阶段，产量增速放缓，但产能快速增加，产能过剩风险持续上升。产能利用率是反映工业发展水平的一项重要指标，汽车产能利用率持续下滑，暴露出中国汽车生产企业众多、发展水平参差不齐、产能布局分散等结构性问题。

（一）汽车生产企业数量多、规模小，仍需提高发展质量

中国汽车企业数量众多，且仍呈现持续增长态势。汽车工业发达国家经验表明，汽车强国普遍会经历"先分散后集中"的发展历程，最终形成市场高度垄断的竞争格局。德国、美国、日本都经历过汽车企业数量大规模增加的阶段。但经过激烈的市场竞争，优胜劣汰，最终日本形成以丰田、日产三菱和本田为中心的三大汽车集团；美国形成以通用、福特、菲亚特克莱斯勒为代表的三大巨头，随着新能源汽车产业发展，特斯拉也快速崛起；德国形成以戴姆勒奔驰、大众、宝马为核心的三家汽车集团。而中国汽车企业数量远高于德国、美国、日本等汽车工业发达国家。截至 2021 年年底，《道路机动车辆生产企业及产品公告》（以下简称《公告》）内整车生产企业数量多达 250 家，较 2019 年增加 10 家且仍有继续上升趋势，按集团分大约为 140 家。

企业规模普遍偏小，具备国际竞争力的大型汽车集团较少。按企业口径划分，2021 年度，中国汽车产量低于 5 万辆的汽车企业超过 180 家，约占《公告》内整车生产企业数量的 70% 以上。产能低于 10 万辆的汽车企业超过 150 家，约占《公告》内整车生产企业数量的 60% 以上。按集团口径划分，2021 年产量低于 10 万辆的汽车集团约有 120 家，占比超过 85%。产能低于 20 万辆的汽车集团约有 115 家，占比超过 80%。从国际经

验看，汽车强国都会形成几家具备国际竞争力的龙头汽车企业集团。如日本丰田、德国大众、美国通用等全球销量基本在 600 万辆以上，其中丰田 2021 年全球销量超过 1000 万辆（见表 5-2）。而中国仅吉利一家汽车集团全球销量达到 200 万辆水平，与汽车强国差距明显。

一些企业发展质量不高，竞争力不强。一是部分企业产能利用率水平较低。2021 年，中国产能利用率低于 20% 的汽车企业超过 130 家，约占《公告》内整车生产企业数量的 50% 以上。产能利用率低于 20% 以下的汽车集团超过 90 家，占比超过 60%。二是多数企业市场占有率不高。2021 年，汽车产量排名前十的汽车集团分别是上汽、一汽、东风、长安、广汽、北汽、吉利、长城、奇瑞、比亚迪，这十家汽车集团集中度（CR10）为 85.4%，剩下 130 余家企业的市场份额仅为 14.5%。三是企业研发投入水平相对较低。根据上市企业年报，2021 年中国自主品牌企业中只有上汽（206 亿元）和比亚迪（106 亿元）两家汽车集团的研发投入达到百亿元水平，但与大众（1149 亿元）、宝马（464 亿元）等跨国集团相比仍存在明显差距。四是国际化水平不高。2021 年，中国约有 25% 的整车企业向外出口整车，但每家企业平均出口量仅为 2.9 万辆，其中超过 5 万辆的企业仅有 13 家。

（二）汽车产能布局分散，产业集聚效应尚未有效发挥

产业集群的核心是在一定空间范围内产业的高度集中，集群规模越大，越有利于降低企业的运营成本，提高规模经济效益和市场竞争力，建立区域经济竞争优势。汽车产业体量大、产业链长、关联度高、影响面广，产业集群化发展的特点更加突出。国际上绝大多数国家汽车产业都通过产业集群的方式予以发展，比如美国底特律、日本丰田城和德国斯图加特。中国汽车产业也在向集群化方向发展，但仍存在投资分散、规模不经济等问题。

部分产业基础薄弱的地区，汽车项目难以运转、产能闲置。汽车产业产值高、税收贡献大、吸纳就业多，是各地招商引资工作的重点、社会各

界关注的热点。一些产业基础薄弱的地区，出于发展经济目的大力开展汽车项目招商引资，但受限于当地产业发展环境，落户几家规模小、竞争力低的生产企业，也难以形成产业集聚效应，最终导致大量产能闲置，造成当地资金、土地、人才等资源的浪费和流失。截至2021年年底，中国共28个省份有汽车产能，其中10个省份产能低于100万辆，部分省份的产能利用率低于35%。

部分产业基础扎实、配套体系完善的地区，产能利用水平不高。目前，中国汽车产业已经形成东北、京津冀、长三角、珠三角、成渝和中部六大产业集群。经过长期发展，这些集群具备良好的产业环境，汇集了大量优秀的汽车企业和零部件配套供应商。得益于区位优势，多数地区汽车产能利用率保持在较高水平，但也有一些地区产能利用率较低，未能有效发挥产业集聚效应。比如江苏省地处长三角，汽车产能超过400万辆，但产能利用率长期徘徊在30%左右。

（三）关键在于打破"越热越管、越管越热"的恶性循环

要解决产能过剩问题，只有追根溯源，才能对症下药、有的放矢。根据"产能利用率＝产量/产能"，可以从产能和产量两方面来分析产能过剩原因。

产能总量持续增长。一是中国企业普遍对市场前景过于乐观，考虑产能建设周期，多数企业有意提前建设、储备，以便及时响应市场需求。二是汽车电动化、智能化吸引了大量业外资本，加速了产能增长。三是汽车制造项目一直是地方政府招商引资的"香饽饽"，地方的过度投入与支持在一定程度上干扰了企业正常的投资决策，催生一些产能"泡沫"。四是落后产能退出通道不畅，导致产能总量有增难减。很多经营情况非常恶劣甚至已经停产的企业，成为一个个"壳资源"，产生了大量无效、低效的产能，加大了产能过剩风险。

产量增速放缓。一是国内市场转入产业结构调整和市场动力转换阶段。自 2018 年以来，中国汽车市场进入下行区间，2021 年中国汽车市场克服新冠疫情干扰，实现止跌回升，重回 2600 万辆规模。伴随中国经济发展的持续复苏，汽车市场也将逐渐迎来消费增长，但当前推动新车市场增长的汽车保有量、人口老龄化、城市道路通行状况、轨道交通与出行服务便利性等消费要素决定市场新增总量或已达到峰值。二是国际市场开拓未见显著成效，且短期内无法快速突破。近年来，中国汽车出口规模虽然大幅增长，但与中国汽车产业规模仍然不相称，2021 年中国汽车出口 196.91 万辆（含成套散件），出口占比为 7.6%，虽有所提升但仍处于较低水平。中国汽车企业国际化发展大大晚于欧、美、日、韩等经济体，主要企业的国际化布局和海外经营能力与其他经济体的跨国汽车企业仍存较大差距，在激烈的国际竞争中突出重围难度很大，客观上需要一个比较长的发展周期。

可以看到，我国产能利用率下滑既有产量增速放缓的原因，也有产能持续增长的原因。但产量震荡调整是中国汽车产业发展到现阶段的必然结果，符合产业客观规律，且短期内无法改变。因此，产能无序扩张成为现阶段产能利用率下滑、产能布局分散的主要原因，而地方政府盲目招商、干预市场调节机制又是导致产能无序扩张的核心因素。

当前，为防控汽车产能过剩风险，降低资本无序涌入、防范地方投资风险，相关管控措施增加了新企业进入难度，同时由于缺少企业退出机制，逐渐形成了难进入也难退出的局面。于是，企业并购成为业外企业进入汽车行业的重要路径之一，资质（俗称"壳资源"）的稀缺性和积累下的各类债务导致企业并购价格水涨船高。其中，地方政府千方百计保住当地"壳资源"，企业则借助社会资本和地方帮扶进入汽车行业获取资质，发展不好后接着倒卖"壳资源"，最终形成"越管越热、越热越管"的恶性循环。要从根本上解决这个问题，核心是要依法建立有进有出的机制，规范地方招商引资行为，引导企业基于自身发展需要和市场因素，自主开展进入、退出和投资布局等经营决策。待有进有出的机制建立后，再有序放宽投资管理和产能调控的行政手段。

三　市场调节机制与政府监管

在社会主义市场经济中，政府监管与市场调节作用始终有机地结合在一起。在依靠市场提升效率的同时，也要依赖政府在宏观上把控，通过政策调整促进社会公平。当前，中国汽车企业多、散、乱的情况尚未得到根本解决，尚未在充分的市场竞争中完成企业形象树立和品牌价值积淀，企业守法诚信经营的自觉性不高，汽车行业管理的有效实施仍需依赖强有力的政府监管。但目前，汽车行业管理仍存在一些关键问题亟须解决。

（一）汽车产品多头重复准入管理亟待优化整合

在产品准入环节，中国同时存在《公告》、汽车 CCC 认证、环保信息公开、营运车辆达标管理共四个准入制度。虽然管理的出发点、侧重点各有差异，从单个部门履职需要看均有一定合理性，但叠加到每家生产企业，则明显形成了各管一摊、重复管理的政策效果。

从行业发展角度看，同一环节或领域的多头、重复管理给企业带来了沉重负担，特别是因时间成本增加而错失市场机遇导致的损失更是难以估量。不同政府部门监管同一环节和领域，也严重浪费了有限的政府行政资源，而且在面临重大问题时，不同部门需要加强政策的沟通协调也可能导致需要更长的决策周期。

（二）事中事后监管强度与产业规模不匹配

监管频次不足、监管难以有效覆盖。以《公告》为例，截至 2020 年年底，中国《公告》内道路机动车辆生产企业共有 2500 余家，分为整车制造类和改装类两大类企业，覆盖乘用车、货车、客车、专用车、挂车、摩托车等各类产品，有效车型数量合计超过 11 万个。面对如此庞大的产业规模，受人力、物力和财力的限制，当前抽查、检查难以实现生产企业和车型产品有效全覆盖。

监管和处理处罚手段受限，监管威慑力不足。我国车辆生产管理主要由工业和信息化主管部门以《公告》为抓手进行开展，对违法行为处罚主要是警告、限期整改、暂停合格证电子信息传送、撤销问题产品、暂停新产品申报等行政处罚措施，缺少国外同领域及国内其他行业、领域常用的高额经济处罚等手段。

由于监管乏力，加之各部门间缺乏高效、充分的信息共享，导致汽车行业管理相关政策法规的约束力、威慑力大打折扣。面对巨大的经济利益和较低的违法违规成本，一些汽车生产企业存在不同程度的违法违规问题，产品油耗和排放数据造假、货车大吨小标、非法改装生产、倒卖合格证等现象屡禁不止。个别落后企业通过违法获利方式维持生存，甚至在特定时期、特定领域出现"劣币驱逐良币"现象，这也是中国汽车行业优胜劣汰进程缓慢的重要原因之一。在这种环境下，中国目前及未来较长一段时间内仍不具备实施自我认证式准入的条件（见专栏三）。

专栏三　A 公司骗补事件

A 公司是一家专用车生产企业。2015 年，A 公司在不具备相应生产能力的情况下，通过编造采购、车辆生产销售等原始凭证和记录，上传虚假合格证，违规办理机动车行驶证等方式，获得中央财政补助资金约 2.6 亿元。

采购环节，A 公司在财务账簿上以暂估入账等方式编造采购数据，在 2015 年共虚假入账 1901 套车身，1378 组电池；生产环节，A 公司共打印上传车辆合格证 3659 个，除撤销的 650 个外，上传数 3009 个，远远超过其实际生产数量；销售环节，A 公司对外公布的 2015 年销售数据为 2187 辆，但根据实际销售电子台账，截至 2015 年年底，A 公司仅销售 161 辆新能源汽车。在没有实际车辆的情况下，A 公司还违规办理了车辆登记手续，2015 年年底突击办理车辆注册登记共 1435 辆。

但受限于执法手段有限的客观事实，即使针对这种极其恶劣的行为，受《中华人民共和国行政许可法》相关条款制约，主管部门也无法撤销其生产准入许可。

（三）产业创新加速迸发，监管创新缺乏制度保障

按照现行管理要求，所有上市销售的汽车产品必须符合现有国家标准。而汽车产品是高新技术的重要载体，涉及诸多领域，正随着科技进步而不断升级。同时，社会对汽车节能、环保和安全的要求日益严格，汽车产品也必须应用越来越多的先进技术以解决目前所面临的各类社会难题，对新技术的需求十分强烈和迫切。由于缺少上位法支撑，管理部门针对汽车产品应用新技术的支持、引导和规范的政策出台困难，缺少容错机制，加之相关国家标准研讨、制定和实施进程必然滞后于技术创新，影响了新技术、新产品的市场化进程，对技术创新和应用产生了一定的制约和延缓，如不及时调整，这一问题将在未来汽车智能化发展浪潮中愈加明显。

（四）须推进法治建设以强化政府监管效能

缺少汽车管理专门立法和跨部门沟通协作困难是多头准入、监管乏力、退出困难的主要原因。中国一直没有针对汽车管理的专门立法，相关管理依据分散在大量一般性法律文件中，各法律规定间缺乏系统性、衔接性，没有对政府监管进行系统性设计。在没有法律统一授权的情况下，各部门依照三定方案行使职责，导致汽车管理职能分散、涉及部门众多、权力边

界不清。由于参与管理的部门多，各部门通常从履行职责、规避风险、便于实施的角度出发进行决策，导致容易管理的环节政出多门、交叉重复，难以管理的环节相互推诿、监管乏力。此外，有关政府部门在汽车行业管理方面的机构及人员配置、经费预算等均严重不足，导致监管的广度、深度、频度难以处在合理水平。

从世界范围看，欧美日等汽车工业强国和地区均制定了明确的法律法规，并据此搭建了高效有力的执法体系，对车辆生产环节实施依法监管。通过科学立法和严格执法，欧美日等在保障安全、环境、能源等社会公共利益的同时，营造了公平竞争、优胜劣汰的市场环境，为汽车产业持续发展和提升国际竞争力创造了有利的制度条件。

党的二十大报告指出，我们要坚持依法治国、依法执政、依法行政共同推进，坚持法治国家、法治政府、法治社会一体建设。具体到汽车行业，应加快推动汽车行业法治化建设，以法治手段促进全国统一大市场建设，大幅提高企业违法成本，明确市场竞争边界，为行业健康有序发展提供法治化保障。

四　智能网联汽车争先发展的机遇与挑战

智能网联汽车为人工智能、云计算等先进技术应用提供良好场景，带动先进传感器、高精度地图、芯片等新型产业链成为汽车产业转型的重要方向。自动驾驶是智能网联的高级阶段，各国纷纷将自动驾驶汽车作为汽车产业国际竞争的战略高地。我国智能网联汽车与国外齐头并进，正面临重要机遇，但也面临政策法规体系建设滞后、产业链存在短板、核心技术缺失等挑战。

（一）智能网联汽车进入产业布局关键期，成为全球汽车产业竞争的战略重心

智能网联汽车产业生态快速迭代。丰田、本田、大众、戴姆勒、宝马等主要跨国车企纷纷发布搭载具备高级自动驾驶功能的车型，谷歌（旗下公司 Waymo）、苹果等科技巨头纷纷跨界开展无人自动驾驶功能产品的研发测试，汽车及出行服务生态有望迎来巨大变革。据麦肯锡公司预测，中国可能是全球最大的自动驾驶市场，到 2030 年，中国自动驾驶汽车总销售额将达 2300 亿美元，基于自动驾驶的出行服务订单金额将达 2600 亿美元。咨询公司罗兰贝格预测，到 2025 年，中国 L4 级及 L3 级的自动驾驶新车占比将超过 20%。

主要汽车生产国以战略引领自动驾驶产业进程。欧盟委员会 2018 年发布了《通往自动化出行之路：欧盟未来出行战略》，认为自动驾驶是欧洲的新机遇，提出到 2030 年步入完全自动驾驶社会，到 2050 年在欧洲道路交通事故死伤人数为零。英国交通部 2019 年发布了《移动未来：城市战略》，预计到 2035 年英国智能网联汽车和自动驾驶汽车出口将达 150 亿英镑（约合 199 亿美元）。美国的白宫和交通部发布其第 4 版自动驾驶发展战略《联邦自动驾驶汽车政策指南（AV4.0）》，确立了安全优先、促进高效市场、促进标准法规协调统一等原则，进一步指导州政府加快立法进程和加强协调。美国未来能源安全的研究报告预测，到 2050 年，预计自动驾驶将为美国创造 3.2 万亿～ 6.3 万亿美元的经济效益，其中社会福利和消费者福利预计将接近 8000 亿美元。

各国抓紧制修订法规保障自动驾驶商业化落地。一是德国在自动驾驶的国家发展战略、技术伦理规则、法律规章等方面走在前列。在 2017 年出台《自动化和互联化机动车交通伦理准则》并修订《道路交通法》的基础上，德国又于 2021 年制定《自动驾驶法》，实现了对 L3 级及以上自

动驾驶汽车的法律规制。2022 年 3 月，德国联邦内阁通过了由德国联邦数字化和交通部提出的《自动驾驶汽车条例》，对自动驾驶汽车上路程序等做出详细规定。《自动驾驶汽车条例》发布实施后，自动驾驶功能汽车的上路审批程序将具备执行力。二是美国修订法律为自动驾驶释放创新空间。在各州立法经验基础上，2022 年 3 月，美国国家公路交通安全管理局（NHTSA）发布了最终版的《无人驾驶汽车乘客保护规定》，修改或重新定义了美国《联邦机动车安全标准》（FMVSS）中多项相关规定，其中明确了具备自动驾驶功能的汽车，可以不具备传统方向盘等手动控制装置，为无驾驶员、无车内安全员的探索提供了良好的政策法规环境。三是日本修订后的《道路运输车辆法》和《道路交通法》于 2020 年 4 月生效，已允许 L3 级自动驾驶汽车在日本合法上路。此外，英国、韩国也积极开展自动驾驶法规制修订，积极发布技术路线，参与自动驾驶竞争。

（二）中国汽车智能化、网联化进程加快，部分领域具备领先优势

智能网联汽车产业化发展取得积极进展。一是已形成较为完善的智能网联汽车技术链，包括自动驾驶系统集成，激光雷达、控制决策、算法、人工智能芯片、智能座舱、C-V2X、北斗导航等关键技术自主研发均取得突破，已形成全球并跑格局，部分产品已经实现前装量产应用。二是具备 L1～L2 级自动驾驶功能汽车的市场份额进一步扩大。根据中国汽车战略与政策研究中心统计，在 2021 年 1—11 月上市的 640 款新车中，有 224 款具备 L1 级自动驾驶功能（占比 35%），有 295 款具备 L2 级自动驾驶功能（占比 46%），具有网联功能的车型在新车型中占比已接近 50%。大量具有网联功能的 L1～L2 级智能网联汽车快速涌入市场，通过移动通信网络、无线 Wi-Fi、蓝牙、专用短程通信技术（DSRC）等方式与"车 - 路 -

网－云"进行更多交互。三是具备 L3～L4 级自动驾驶功能汽车在私家车市场和共享出行市场的商业应用取得新进展。小鹏、蔚来、上汽、广汽、长城等企业具有高级驾驶辅助功能的车型陆续发布，车型产品配备激光雷达、高清摄像头、4D 毫米波雷达等先进传感器以及高算力芯片，百度、华为等高级辅助驾驶技术也应用于威马、北汽极狐、广汽埃安等更多车型。百度、AutoX、文远知行、小马智行等科技企业在全国多地开展 L4 级智能网联汽车的示范运营，运营区域范围和运营道路里程不断增加，高级别自动驾驶商用化进入了示范应用新阶段。《新能源汽车产业发展规划（2021—2035 年）》提出争取 2025 年实现高度自动驾驶汽车在限定区域和特定场景商业化应用，2035 年实现高度自动驾驶汽车规模化应用的目标。

政策法规标准体系逐步建立。中国先后制定了《汽车驾驶自动化分级》《汽车软件升级通用技术要求》等国家标准，已完成第一阶段智能网联汽车标准体系的建设，已报批发布相关标准 39 项，中国已经初步建立了能够支撑驾驶辅助、低级别自动驾驶的智能网联汽车标准体系。新一阶段的智能网联汽车标准体系将涵盖智能感知、信息通信、决策控制与执行、功能安全、预期功能安全、信息安全、数据安全等内容。到 2030 年前中国将新增 100 余项智能网联汽车标准。同时积极参与国际标准制修订，由中国牵头和参与制定的国际标准法规有 19 项，为全球智能网联汽车产业的发展贡献了中国智慧。

此外，中国已形成国家智能网联汽车示范区和车联网先导区竞相发展的格局。中国从 5G、物联网、智能交通、智慧城市等不同角度出台政策措施，大力推动车联网基础设施建设。我国智能网联汽车发展所需的高精地图、北斗导航定位、智慧道路基础设施等配套发展迅猛，运营管理经验不断积累，优势较为明显，有力支撑了中国智能网联汽车的发展。

（三）中国智能网联汽车产业发展可能面临"起个大早、赶个晚集"的重大风险

尽管中国智能网联汽车产业化实现全球并跑，局部还保持领先优势，但是智能网联汽车涉及主体更加多元、系统边界更加模糊。中国在智能网联汽车制度环境建设、产业链完整性、关键技术等部分领域还与美国、德国等存在差距。若不能加大统筹协调、高效推进，就会丧失发展先机、仍受制于人。须加快部门之间的协同配合，着力解决智能网联汽车高速公路测试、自动驾驶地图应用、网络基础设施建设和道路智能化改造等关键问题，促进车路协同发展和数据互联互通。

自动驾驶产业化所需的政策、法规、标准创新不足。中国相关法律法规尚未针对自动驾驶汽车做出调整，《中华人民共和国道路交通安全法》《中华人民共和国公路法》《中华人民共和国保险法》等都不涉及自动驾驶方面的内容，《中华人民共和国网络安全法》《中华人民共和国测绘法》《中华人民共和国标准化法》等对自动驾驶新技术产业化明显存在不明确、不适用的情形，《中华人民共和国道路交通安全法》修订稿未提出 L3 级自动驾驶的管理思路，自动驾驶汽车上高速公路也还存在法规障碍。计划开展的"智能网联汽车准入和上路通行试点"是在限定区域、特定企业主体间销售使用，而且要求必须有车内安全员，相较于德国允许 L3 级产品真正市场化的策略还有一定差距。在一系列条件不具备的情况下，我国智能网联汽车应用示范以功能性展示示范为主，与实际应用需求结合度低，有失去商业化先机的风险。

产业链不完整和核心技术存在短板。一是芯片、操作系统、计算平台等产业链核心环节缺失，束缚产业发展。汽车芯片短缺造成全球大范围汽车减产，2021 年全球汽车累计减产超过千万辆，其中，欧洲和北美减产规

模最大，中国减产约 198 万辆，排名第三位。[1] 根据中汽政研调研，某民族品牌 L2+ 级的 PHEV 车型所用芯片约 2000 颗，伴随智能化水平提升，所需芯片将呈现翻倍式增长。[2] 二是原材料价格普涨压缩行业利润。受国内外多种因素影响，国内大宗原材料价格普涨，而工业品出厂价格未明显上涨，行业利润下滑，影响行业企业的研发投入及产品投放，扰乱产业发展周期。根据国家统计局数据显示，跟汽车制造高度相关的燃料动力、黑色金属、有色金属、化工等原材料 2021 年 1—11 月购进价格同比涨幅达 19.4% ～ 43.8%，铝、锌等个别产品价格同比翻倍，铜较 2019 年年底增长 17 倍以上。同时，工业产品出厂价格明显倒挂，汽车制造业出厂价格同比下降 0.4%，下降幅度仅次于医药制造业，排名第二位。2021 年 1—10 月，汽车制造业虽然营收同比增长 8.7%（6.89 万亿元），但利润总额却同比下降 2.9%（4233.7 亿元），远低于制造业整体增长。[3] 三是关键核心资源储量难以支撑未来发展。新能源汽车高速发展，但新能源汽车核心部件动力电池的关键核心资源——锂、钴等国内储量不足，对外依赖度较高，主要从刚果（金）、阿根廷、智利等进口，难以支撑产业未来发展。四是高性能传感器、线控底盘、汽车 AI 等领域核心技术积累不足，研发投入比例偏低。核心技术的缺失，潜藏智能网联汽车网络安全、数据安全的风险。

产业融合带来管理多元和协同难度加大。一方面，智能网联汽车依托激光雷达、高清摄像头等先进传感器采集到的点云、图像和视频信息，其中可能包含大量的个人信息和重要数据，事关国家安全和公民隐私保护。对此新形势新问题，中国加快了立法建设，出台了一系列政策文件，但是具体的操作流程仍在逐步完善，实施效果也需时间来验证。同时，多部门

1　根据汽车行业产量监控第三方机构 AutoForecast Solutions 的统计数据得出，截至 2021 年 12 月 12 日。

2　预计 L3+ 级的 PHEV 车型需要约 4000 颗芯片。

3　据国家统计局：2021 年 1—10 月，制造业营收实现 90.21 万亿元，同比增长 20.7%；利润总额实现 5.93 万亿元，同比增长 39.0%。

密集发布一系列政策，在具体实施细则不明确的情况下，为尽力避免合规风险，一些企业采取保守策略，中断了跨境开展的汽车研发活动。另一方面，为推动自动驾驶技术不断优化与升级迭代，企业将一些自动驾驶技术搭载在具有组合驾驶辅助功能的车型上。这些新技术并无成熟的认证体系去验证，也无成型的标准规范去遵循，在未经充分验证前投入市场，可能存在产品安全风险。此外，智能网联汽车与城市基础设施缺乏协同，数据孤岛现象突出。

五　构建高水平管理体制，推动汽车产业高质量发展

长期以来，中国汽车产业管理较为科学合理，有力保障了产业的快速发展。面向新阶段，高质量发展是全面建设社会主义现代化国家的首要任务。为推动汽车产业在新机遇新挑战下实现高质量发展，要构建更高水平的汽车产业管理体制，重点要解决好四大关系。一是市场发挥决定性作用与有为政府的关系；二是产业整体结构调整、布局优化与地方产业转型升级盲目性的关系；三是抢占智能网联汽车发展先机与既有监管体系优化迟缓的关系；四是产业整体发展水平与国际化进程相对缓慢的关系。

（一）加强汽车强国建设的顶层设计

建议必要时设立由国务院牵头的"建设汽车强国领导小组工作机制"。一是汽车是国民经济的重要战略性支柱产业，是稳增长、促发展的重要手段，党中央、国务院高度重视汽车产业发展；二是新能源汽车、智能网联汽车呈现跨界融合、协同创新的新局面，不再局限于单一产业部门，不仅涉及能源安全、网络数据安全、公共安全，还涉及国家安全与发展关系；

三是智能网联发展涉及众多法律、标准、国际规则的对接协调，事关多方面部门利益的优化调整，必须由国家层面统筹协调才能推动，否则不但进展迟缓而且见效甚微。

基于现有部门职责，建议工作机制的构成单位至少应包括发展改革、教育、科学与技术、工业和信息化、公安、司法、财政、自然资源、生态环境、住房和城乡建设、交通运输、商务、应急管理、国资监管、海关、市场监管、税务、网信等部门。

建议工作机制的主要任务是协调重大政策研究和实施。一是推进实施智能网联发展战略，在协调跨部门、央地协同联动的重大事项上，明确汽车管理的主责部门（负责行政管理职责）、配合部门（仅提建议或参与政策制定，但不直接介入管理）；二是协调制定智能网联汽车发展重点领域规划和政策，解决汽车产业主管部门难以解决的法律、标准、规则关系平衡的重大机制问题；三是统筹推动智能网联重大工程和试点示范，指导汽车芯片攻关、基础设施布局、生产力布局、汽车海外发展等重大联合机制；四是完成党中央、国务院交办的其他事项。

（二）加快车辆管理法治化

党的二十大报告提出，转变政府职能，优化政府职责体系和组织结构，推进机构、职能、权限、程序、责任法定化，提高行政效率和公信力。汽车与通信、互联网、交通出行等产业跨界融合特征愈加明显，不仅关乎节能、环保、安全等社会公共利益，也关乎国民经济发展和社会和谐稳定。长期以来，我国对汽车行业和车辆产品实行严格的行政管理，但一直缺少一部专门的法律进行系统规范和调整，导致法律法规体系不健全、政府管理职能分散且协同不足、"多头管理"等问题较为突出。随着汽车与能源、交通、网络等方面的融合发展，车辆管理法治化的迫切性更加突出。

一是尽快完善车辆管理法律法规体系。抓紧推动《道路机动车辆生产准入许可管理条例》纳入国务院立法计划并发布实施，填补车辆生产管理专门法空白，与《中华人民共和国道路交通安全法》《中华人民共和国产品质量法》《中华人民共和国认证认可条例》《中华人民共和国网络安全法》《中华人民共和国数据安全法》等主要法规联动协同。从维护交通安全、节约能源和资源、促进公平竞争等角度出发，统一国产汽车和进口汽车的准入和监管制度，取消不必要的准入和监管制度，并尽可能集中准入和监管权限。启动道路机动车辆管理法立法研究工作，推动整合相关法律法规涉及汽车行业、车辆产品相关规定，明确相关部门职能边界和协作机制，减少职权交叉和重复管理。

二是以立法的方式为监管创新提供制度保障。建立市场主体新技术新产品新模式容错机制、行政部门推行监管创新的行政免责机制。为"让国企敢干、民企敢闯、外企敢投"营造好的政策和制度环境，为行政部门探索监管创新提供容错机制，相关部门在开展充分研究并征求社会意见的基础上，对推动新技术、新产品、新工艺、新模式应用而做出的行政决策免除行业监管责任。

三是完善事中事后监管的执法能力建设。目前，有关政府部门在汽车行业管理方面的机构及人员配置、经费预算等均严重不足，与中国的汽车产销规模、汽车企业及品牌数量、产业结构很不匹配。建议参照国际经验并结合中国实际，支持汽车产品管理部门加强执法监管能力建设，增加执法监管机构人员配置，建立健全对相关人员的聘用、培训、考核、奖惩、问责等制度，加强执法队伍内部监督检查。同时，根据管理需要增加执法经费财政预算，保持执法监管的广度、深度、频度处在合理水平，确保相关法律法规得到有效实施。

（三）引导汽车产业投资布局，规范地方有序发展汽车产业

外部冲击导致汽车产业链不稳、新能源汽车盲目投资和无序发展等问题不同程度地存在，统筹汽车产能布局是保障汽车产业链安全、稳定和实现汽车产业高质量发展的客观要求。在尊重市场规律的基础上依法依规开展投资管理，按照区域集聚、主体集中要求，坚持全国一盘棋，强化统筹谋划，优化产业布局。

一是严控产能增量。分类指导、分企施策，放宽条件、重点支持优势企业合理的扩能需求，同时限制产能过剩的企业扩能。支持新势力企业与优势企业生产合作，尽快启动新势力企业与《公告》内企业联合研发、合作生产试点工作，鼓励新势力企业利用现有产能发展新能源汽车。

二是优化产能存量结构。实施大型优势企业集团培育计划，建立涵盖组织保障、技术研发、供应链畅通、品牌建设、财税金融支持、人才保障、国际化发展等多维度的支持体系和"绿色通道"，引导关键重点短缺资源的供给保障向优势企业集中或倾斜，营造适宜优势企业做大做强、民族品牌向上发展的有利氛围。支持《公告》内优势企业通过重组、收购股权等方式扩大生产能力，允许其以委托加工生产等灵活方式利用闲置产能。采取有效措施加快清理僵尸企业和各类违规建设项目，推动产能利用率低、技术落后的汽车企业有序退出，为产业转型升级和高质量发展腾挪空间。

三是统筹优化产能布局。发挥现有产业集群优势，推动产业向产能利用充分、配套体系完善的地区集聚，打造具备国际竞争力的新能源汽车产业集群，控制产业基础薄弱、发展风险较高的地区新增新能源汽车产能。引导汽车生产企业集聚发展，在现有生产基地未达到合理规模前，不在其他地区增加布点。

四是保护市场公平竞争。为加快建设公平、开放的全国统一大市场，须重点破除部分地方要求企业设立法人单位或建厂、采购本地零部件、设

置地方目录或备案等问题。此外，建议指导地方充分评估汽车项目投资风险，进一步明确地方政府不得妨碍市场公平竞争，在开展汽车投资项目过程中提供的税收、资金、土地等优惠应合法合规且风险可控。规范监管地方国有资本，避免地方政府通过国有资本过度干预市场主体投资活动。

（四）构建敏捷监管的智能网联政策体系

智能网联汽车在技术成熟度、市场成熟度等方面具有较大不确定性，面临传统监管方式适用性差、新型监管方式周期长的瓶颈。为平衡创新发展与安全稳定，宜在法律层面相对明确的治理原则指导下，坚持"政策方向明、政策措施轻"的监管逻辑，使用灵活政策工具和快速出台的政策作为补充，依据情况及时调整。

加快构建智能网联汽车准入管理体系。尽快发布智能网联汽车准入和上路通行试点政策，开展试点工作。以准入和上路通行试点方式推动自动驾驶汽车商业化，进一步完善标准体系、积累管理经验，推动产业生态迭代、法律制度完善。随着试点经验积累，快速制定和迭代优化智能网联汽车准入和监管规则。借鉴国际经验建立生产企业标准法规豁免机制，在不损失车辆和其他交通参与者安全的前提下，允许生产企业提出申请豁免，经主管部门批准或备案后，允许小规模上路通行。

进一步完善上路通行和保险制度。按照合理控制风险的原则，相关部门联合支持地方开展自动驾驶功能汽车的上路通行。重点探索解决智能网联汽车交通法规符合性、车辆登记、驾驶人（或安全员）管理、试点区域及交通设施技术要求、交通事故责任等问题。鼓励保险行业与汽车行业联合研究制定适用于自动驾驶汽车的保险专属条款，为量产的自动驾驶汽车提供适宜的车险产品。

加大技术和商业模式创新支持力度。依托重点产学研用单位组建创新联盟，以申报国家基金项目、揭榜挂帅等方式支持开展对汽车操作系统、车规级芯片等的联合攻关。

（五）着力提升汽车产业国际化发展水平

汽车产业国际化发展是汽车强国的重要标志之一。唯有汽车产品、汽车企业自主参与国际市场的竞争，才能培育出强有力的市场竞争力和品牌竞争力。与德美日等汽车强国相比，我国汽车产业在海外市场的国际化水平仍有待提升，需要国家在遵守国际规则的基础上，统筹外交、金融、物流、第三方平台等方面资源为汽车产业"走出去"创造良好的外部环境。

推进高水平自贸区建设，提高贸易便利化水平。加快推动《全面与进步跨太平洋伙伴关系协定》、中日韩、中国—海合会等贸易协定谈判，将汽车产品列入重点降税产品清单。高质量共建"一带一路"，与沿线国家和地区加强在汽车贸易、投资、标准法规等领域的全方位合作。积极参与国际标准法规协调，推进与重点出口市场产品认证多双边互认。尽快启动加入《关于采用统一条件批准机动车辆装备和部件并相互承认此批准的协定书》（"1958 年协定书"）的相关研究工作，确定行动时间表和路线图，削减我国汽车企业产品出口认证壁垒，缩短认证周期，降低出口成本，助力民族品牌拓展海外市场。

支持民族品牌汽车走向国际市场。一是以新能源汽车进入欧、美、日等发达经济体市场为契机，推动基础设施与服务体系先行，提供高质量、高技术、高附加值的产品和服务。鼓励企业在海外建立展示中心、分拨中心和零售网点等，鼓励充电基础设施、配件等同步"走出去"。二是鼓励汽车产能国际合作。研究制定汽车产业对外投资指导意见，推动中国优势产品、技术、标准、服务、资本"走出去"，深度融入全球产业链、价值链。鼓励有实力、有条件的企业通过兼并重组、战略联盟、交叉持股、技术合作等多种方式，适时收购境外的知名企业、先进技术、销售网络和研发机构。

搭建汽车"走出去"服务平台。将汽车产品国际贸易与产业海外发展纳入重点国家和重点市场已有的磋商对话、混委会等机制和快速反应通道中，通过多种手段维护我国汽车产业海外利益。依托专业机构搭建海外汽车产业交流和政策沟通平台，鼓励各部门、各地方、各领域的服务主体，为汽车企业在海外市场的金融、通关、物流、基础设施、咨询服务等方面提供全方位服务。

III

产业综述

第七章
汽车强国建设迈入新征程
——2021—2022 年度中国汽车产业发展综述

郑亚莉　雷韧　林艳　李嘉琳[1]

2022 年，我国汽车产业克服新冠疫情多点散发、原材料价格上涨、芯片供给不足等不利因素影响，产业全年发展实现平稳向好，汽车产销量连续 14 年全球第一，出口量跃居世界第二，新能源汽车发展规模再创新高，继续引领全球汽车产业电动化转型，车路云一体化的中国方案智能网联汽车发展优势愈加明显，产业化进程持续加快。总的来看，我国汽车产业转型升级和高质量发展成效显著，在党的二十大精神引领下，开启汽车强国建设新征程。

---

1 郑亚莉，中国汽车工程学会国际汽车工程科技创新战略研究院战略规划部部长。
雷韧，中国汽车工程学会国际汽车工程科技创新战略研究院战略规划部研究员。
林艳，中国汽车工程学会国际汽车工程科技创新战略研究院战略规划部研究员。
李嘉琳，中国汽车工程学会国际汽车工程科技创新战略研究院战略规划部研究员。

一　党的二十大胜利召开，为汽车产业擘画高质量发展蓝图

（一）党的二十大引领汽车强国建设迈向新征程

党的二十大报告提出建设现代化产业体系，强调坚持把发展经济的着力点放在实体经济上，推进新型工业化，加快建设制造强国、质量强国、航天强国、交通强国、网络强国、数字中国。

汽车强国是制造强国、交通强国建设的应有之义。习近平总书记指出，我们要成为制造业强国，就要做汽车强国。[1]我国汽车产业历经七十余年发展实现了从无到有，从小到大的历史性跨越，但大而不强的问题依然存在。党的二十大以"建设现代化产业体系"为战略部署，多角度推动汽车强国建设迈向新征程。

一是加快产业基础能力提升。我国汽车产业目前在车规级芯片、开发验证工具、关键材料等基础支撑领域短板问题突出，已显著影响产业链韧性和安全水平。党的二十大报告明确提出实施产业基础再造工程，支持"专精特新"企业发展。我国将引领汽车产业突破一批基础元器件、基础零部件、基础软件、基础材料和基础工艺，加速培育一批专注产业链重点领域、掌握关键核心技术的行业企业，提升产业链韧性和自主可控能力，实现产业链安全稳定，为汽车强国建设构筑坚实基础。

二是加强战略性资源供给。近年来，随着我国新能源汽车销量持续提升，锂、镍等动力电池原材料受多重因素影响供给持续紧张，已成为制约我国新能源汽车高质量发展的瓶颈问题。党的二十大报告强调巩固优势产

---

[1] 张晓松、朱基钗、杜尚泽：《充满希望的田野　大有可为的热土——习近平总书记考察吉林纪实》，新华社，2020 年 7 月 25 日。

业领先地位，提出提升战略性资源供应保障能力。我国将有力推动锂、镍等战略性矿产资源开发利用进度，维护原材料供应链畅通稳定，对补足新能源汽车产业原材料资源短板、巩固提升产业领先优势具有重要意义。

三是加速跨领域融合发展。新能源汽车作为战略性新兴产业是新能源、新材料、新一代信息技术等前沿技术的集成交汇和先导应用领域，具有融合开放的鲜明特征。党的二十大报告提出，推动战略性新兴产业融合集群发展，构建新一代信息技术、人工智能、生物技术、新能源、新材料、高端装备、绿色环保等一批新的增长引擎。对战略性新兴产业的跨界融合发展做出战略部署，将强化新能源汽车与关联新兴产业在管理协同、融合创新、资源集聚等方面的发展合力，加快构建完善多部门多领域多主体参与的新能源汽车"网状生态"，进一步赋能新能源汽车高质量发展和汽车强国建设。

（二）党的二十大为新能源汽车高水平科技创新指明方向

科技创新是我国新能源汽车产业的发展基石，历经二十余年风风雨雨，我国新能源汽车科技创新工作已取得显著成绩，尤其是动力电池等关键领域技术和产业化水平领先国际，支撑新能源汽车发展进入快车道。但也要看到，随着全球主要汽车强国纷纷加大新能源汽车科技创新全链条支持力度，我国新能源汽车技术先发优势正在面临前所未有的严峻挑战。面向产业科技竞争新变化、新形势，党的二十大做出了"完善科技创新体系""加快实施创新驱动发展战略"等工作部署，为新时期新能源汽车科技创新工作指明了方向。

一是完善科技创新体系。新能源汽车涉及工业、科技、交通运输、能源等多个领域，其科技创新工作不时出现政出多门、管理分治、资源分散等现象，创新合力不够突出，产学研协作和跨产业融合创新需要进一步加强。党的二十大报告要求完善科技创新体系，提出完善党中央对科技工作统一领导的体制，健全新型举国体制。我国需进一步深化科技体制改革，持续高效发挥集中力量办大事的制度优势，打破部门分割的局面，盘活创新资源，推动有为政府和有效市场更好结合，为新能源汽车科技创新工作整体效能提升提供重要制度保障。

二是加快核心技术攻坚。我国新能源汽车产业虽已取得一定先发优势，但仍然面临一系列尚待突破的瓶颈技术难题，随着欧美日愈加重视新能源汽车产业发展，不断提升新能源汽车全链条研发投入，特别是加大前沿技术研发和产业化支持，我国新能源汽车自主创新压力和技术攻关紧迫性日益提升，产业先发优势正在面临前所未有的严峻挑战。党的二十大报告要求加快实施创新驱动发展战略，强调以国家战略需求为导向，积聚力量进行原创性引领性科技攻关，坚决打赢关键核心技术攻坚战。我国将进一步推动汽车产业加快固态电池、操作系统、高算力芯片等关键核心技术攻关进度，加速抢占新一轮产业竞争技术制高点，助力培育我国新能源汽车产业长期领先优势，持续赋能新能源汽车高质量发展和汽车强国建设。

（三）党的二十大明确汽车绿色低碳转型发展目标

实现碳达峰碳中和，是党中央统筹国内国际两个大局做出的重大战略决策，是着力解决资源环境约束突出问题、实现中华民族永续发展的必然选择，是构建人类命运共同体的庄严承诺，也是一场广泛而深刻的经济社会发展系统性变革。汽车产业作为国民经济支柱产业和带动多领域融合创新的先导产业，实现绿色低碳发展既是落实国家"双碳"战略的重要支撑，也是产业高质量发展的内在要求。

党的二十大报告要求积极稳妥推进碳达峰碳中和，推动能源清洁低碳高效利用，推进工业、建筑、交通运输等领域清洁低碳转型。这为交通运输领域绿色低碳发展提供了根本遵循，汽车作为交通运输领域最重要的排放部门，当前排放占比已达到85%以上，贯彻落实二十大精神，加速推进以碳达峰碳中和为目标的绿色低碳转型已成为汽车产业新发展阶段的关键核心与重要主题。

二 产业政策多维发力，支撑汽车产业克服多种不利因素，实现健康平稳发展

（一）促消费一揽子政策推动汽车产业成为拉动经济重要引擎

发布稳增长一揽子政策措施，推动汽车市场加速回暖。2022年5月，国务院印发《扎实稳住经济的一揽子政策措施》，其中汽车领域的措施涉及新车购置税、汽车限购、二手车流通、皮卡进城、新能源汽车充电桩（站）投资建设运营等多方面内容，具体包括：各地区不得新增汽车限购措施，已实施限购的地区要逐步增加汽车增量指标数量、放宽购车人员资格限制，鼓励实施城区、郊区指标差异化政策；要加快出台推动汽车由购买管理向使用管理转变的政策文件；全面取消二手车限迁政策，在全国范围取消对符合国五排放标准小型非营运二手车的迁入限制，完善二手车市场主体登记注册、备案和车辆交易登记管理规定；支持汽车整车进口口岸地区开展平行进口业务，完善平行进口汽车环保信息公开制度；对皮卡车进城实施精细化管理，研究进一步放宽皮卡车进城限制；研究年内对一定排量以下乘用车减征车辆购置税的支持政策；优化新能源汽车充电桩（站）投资建设运营模式，逐步实现所有小区和经营性停车场充电设施全覆盖，加快推进高速公路服务区、客运枢纽等区域充电桩（站）建设。国务院一揽子政策措施的出台，对2022年汽车产业稳定发展和消费增长发挥了关键作用，

特别是为下一步有关部门和地方政府制定汽车产业相关政策措施指明了方向，购置税减半政策落地，市场拉动效果显著。《扎实稳住经济的一揽子政策措施》出台后，财政部、税务总局随即发布了《关于减征部分乘用车车辆购置税的公告》，对购置日期在 2022 年 6 月 1 日至 2022 年 12 月 31 日且单车价格（不含增值税）不超过 30 万元的 2.0 升及以下排量乘用车，减半征收车辆购置税。本次购置税优惠政策较以往范围进一步扩大，优惠范围内的传统燃油乘用车销量占全部传统燃油乘用车销量的 90% 左右。车辆购置税优惠政策的出台对乘用车市场起到了快速提振效果，在政策生效的首月，即 2022 年 6 月，乘用车产销便分别完成 223.9 万辆和 222.2 万辆，较上年同期分别增长了 43.6% 和 41.2%，环比上月分别增长 31.6% 和 36.9%。

发布汽车促消费细化措施，全面促进市场潜力释放。2022 年 7 月 7 日，商务部等 17 个部门发布了《关于搞活汽车流通 扩大汽车消费若干措施的通知》，从支持新能源汽车购买使用、活跃二手车市场、促进汽车更新消费、支持汽车平行进口、优化汽车使用环境、丰富汽车金融服务六大方面提出了 12 条政策措施。该政策进一步细化落实了国务院发布的《扎实稳住经济的一揽子政策措施》中关于稳定增加汽车消费的相关政策措施；同时，针对二手车市场"小散弱"、交易登记有待优化、新能源汽车市场地方保护、车辆充电不便等诸多问题进一步提出了多项有力举措，促进汽车市场潜力全面释放。

开展新一轮新能源汽车下乡活动，促进农村地区推广应用。2022 年 5 月，工业和信息化部、农业农村部、商务部、国家能源局联合印发《关于开展 2022 新能源汽车下乡活动的通知》（以下简称《通知》），部署开展 2022 年度新能源汽车下乡活动。《通知》鼓励各地出台更多新能源汽车下乡支持政策，改善新能源汽车使用环境，推动农村充换电基础设施建设；鼓励参与活动企业研发更多质量可靠、先进适用车型，加大活动优惠力度，加强售后运维服务保障。本次新能源汽车下乡活动时间为 2022 年 5—12 月，其间在山西、吉林、江苏、浙江、河南、山东、湖北、湖南、海南、四川、甘肃等地，选择三四线城市、县区举办了若干场专场、巡展、企业活动。下乡活动的深入推进继续拉动新能源汽车销量增长，自 2022 年新一轮新能源汽车下乡活动启动以来，下乡车型销量近 266 万辆，较上年同期增长了 87%。

（二）行业管理政策法规进一步完善，为汽车产业高质量发展保驾护航

新修订"双积分"政策公开征求意见，与时俱进推动产业高质量发展。2022 年 7 月 7 日，工业和信息化部发布《关于修改〈乘用车企业平均燃料消耗量与新能源汽车积分并行管理办法〉的决定》（征求意见稿），对管理办法中的内容进行了详细的修订完善，包括重构新能源汽车积分计算方法与考核比例、创立积分交易市场调节机制、首次建立积分池制度、完善积分核查与处罚要求、根据产业发展情况和碳排放管理工作需要适时研究建立与其他碳减排体系的衔接机制等，以更适应我国节能与新能源汽车产业所面临的产业、技术发展需要。其中积分计算和考核部分，2024 年和 2025 年新能源汽车积分比例要求分别为 28% 和 38%，较 2021—2023 年的 14%、16%、18% 有较为明显的提升；此外，征求意见稿还对动力电池能量密度、燃料电池汽车续航里程等指标系数进行调整。作为平稳过渡新能源汽车补贴退出后的重要政策，"双积分"管理办法对营造更加良好的产业发展环境，助力汽车产业转型升级意义重大，可进一步促进汽车企业加快先进节能技术的研发与应用，大幅降低乘用车新车平均油耗，推动新能源汽车产业的健康发展。

启动汽车安全沙盒监管试点，充分激发产业创新活力。2022 年 4 月 1 日，国家市场监督管理总局、工业和信息化部、交通运输部、应急部、海关总

署五部门联合发布《关于试行汽车安全沙盒监管制度的通告》，面向车辆环境感知、智能决策、协同控制等前沿技术，以及各级别自动驾驶、远程升级等新功能新模式，启动汽车安全沙盒监管试点工作。通过在后市场阶段针对车辆应用的新技术、新功能进行深度安全测试，引导企业查找问题、改进设计、降低风险，有助于将创新技术所带来的潜在风险更早地纳入监管范围，同时有效规避了对新技术潜在创新力的盲目扼杀，有利于鼓励企业技术创新，为汽车产业智能化发展打造良好环境。

持续完善管理政策，推动新能源汽车产业健康有序发展。2022 年 10 月，工业和信息化部会同有关部门公开征求对《道路机动车辆生产准入许可管理条例》（征求意见稿）的意见，强调智能网联汽车生产企业应当建立车辆产品网络安全、数据安全、个人信息保护、车联网卡安全管理、软件升级管理制度，同时推进行业诚信体系建设，督促、引导生产企业诚实守信生产经营。2022 年 4 月，工业和信息化部、公安部等五部门联合制定发布《关于进一步加强新能源汽车企业安全体系建设的指导意见》，从规范产品安全性设计、强化供应商管理、严格生产质量管控、提高动力电池安全水平等方面，完善安全管理机制，保障产品质量安全，指导新能源汽车企业加快构建系统、科学、规范的安全体系，推动产业高质量发展。2022 年 4 月 15 日，工业和信息化部装备工业发展中心发布《关于开展汽车软件在线升级备案的通知》，提出汽车整车生产企业及其生产的具备 OTA 升级功能的汽车整车产品和实施的 OTA 升级活动，应进行备案，要求企业在 OTA 升级活动前，须依次完成企业管理能力备案、车型及功能备案和具体升级活动备案，对汽车 OTA 升级活动进行了有效规范。

（三）多措并举支撑产业转型升级和跨产业融合发展

加快提升充电基础设施服务能力，支撑电动汽车产业高质量发展。2022 年 1 月，国家发改委、国家能源局等十部门印发《关于进一步提升电动汽车充电基础设施服务保障能力的实施意见》（以下简称《意见》），明确到"十四五"末，我国电动汽车充电保障能力将进一步提升，形成适度超前、布局均衡、智能高效的充电基础设施体系，满足超过 2000 万辆电动汽车的充电需求。《意见》从 7 个方面提出共 22 条政策措施，对于指导"十四五"时期充电基础设施发展具有重要意义。随后，为进一步落实《意见》的相关要求，如广东、上海、重庆、河北、山东、湖南等省市相继出台充换电基础设施地方政策及规划，推动"十四五"期间新能源汽车相关基础设施建设，同时鼓励智能有序充电，车网互动技术，以及无线充电、自动无人充电等新技术、新模式的推广应用。

氢能与燃料电池汽车政策频出，推动燃料电池汽车加速产业化。2022年 3 月，国家发展改革委、能源局发布《氢能产业发展中长期规划（2021—2035 年）》，进一步明确了氢能产业的战略定位和发展方向，随后各地加快了出台政策的步伐。据统计，上海、山东、辽宁、山西、广东、陕西、河南、吉林、宁夏、安徽、湖南、福建等相继发布了省（含直辖市）氢能产业发展规划及燃料电池汽车专题政策，包括产业发展规划、产业高质量发展指导意见、行动方案、支持产业发展政策措施等多种类型。截至 2022 年年底，国内已有 23 个省（含直辖市）发布了省级氢能及燃料电池汽车相关专题政策，此外，还有部分氢能及燃料电池汽车相关政策内容出现在各省市"十四五"规划、碳达峰实施方案、新能源与储能产业、战略性新兴产业、新能源汽车产业、制造业高质量发展、绿色低碳和新型基础设施建设等政策中。随着系列政策的密集出台，氢能与燃料电池汽车产业发展上层保障和产业环境将呈现持续完善态势，以适应未来产业多元化发展需求。

自动驾驶立法更进一步，商业化落地进程持续提速。为适应自动驾驶技术发展，鼓励和规范自动驾驶汽车在运输服务领域应用，保障运输安全，2022 年 8 月，交通运输部组织起草了《自动驾驶汽车运输安全服务指南（试行）》（征求意见稿）（以下简称《服务指南》），并向社会公开征求意见。《服务指南》围绕运输经营者、车辆及人员、安全制度等核心要素，从事前安全预防、事中安全保障、事后监督管理等环节，提出了使用自动驾驶汽车参与运输服务活动、从事实际市场经营的基本要求，分场景明确了相关发展导向。《服务指南》征求意见的发布以及后续的正式出台，不仅为自动驾驶技术在真实场景中的有序安全应用提供了指导，也标志着自动驾驶的示范应用和商业化试点将逐步从试点城市扩展到全国范围，释放了自动驾驶将进入高速发展阶段的有利信号。

智能网联汽车上路试点工作加速推进，产业发展环境不断优化。为促进智能网联汽车推广应用，提升智能网联汽车产品质量安全和道路运行安全水平，2022 年 11 月，工业和信息化部、公安部发布《关于开展智能网联汽车准入和上路通行试点工作的通知（征求意见稿）》，为搭载自动驾驶功能的智能网联汽车加快进入市场提供了合规路径。征求意见稿提出，将遴选符合条件的道路机动车辆生产企业和具备量产条件的搭载自动驾驶功能的智能网联汽车，开展准入试点；对通过准入试点的智能网联汽车产品，在试点城市的限定公共道路区域内开展上路通行试点，并要求涉及车辆需搭载国家标准定义的 3 级、4 级自动驾驶功能。该项工作的实施，将有利于加快相关技术和产品研发应用，并通过实证积累经验，支撑相关法律法规、技术标准制修订，不断健全完善智能网联汽车生产准入管理体系和道路交通安全管理体系。

三　汽车市场实现稳中有增，汽车出口实现跨越式发展

（一）我国汽车产销量逆势增长，连续 14 年位居全球第一

汽车产销量逆势上扬，产业经济指标持续向好。2022 年，相比于美、日、

欧等主要市场的持续低迷，我国汽车市场克服多重不利因素实现了产销量的稳中有增。2022 年，我国汽车产销量分别完成 2702.1 万辆和 2686.4 万辆，同比分别增长了 3.4% 和 2.1%（见图 7-1），连续 14 年位居全球第一。汽车产业经济效益持续向好，2022 年，汽车制造业增加值同比增长 6.3%，高于同期制造业平均增幅 3.3 个百分点，实现营业收入 92899.9 亿元，较上一年度增长 6.8%，在规模以上企业营业收入总额中的占比达到 6.7%；利润总额达到 5319.6 亿元，实现同比增长 0.6%。

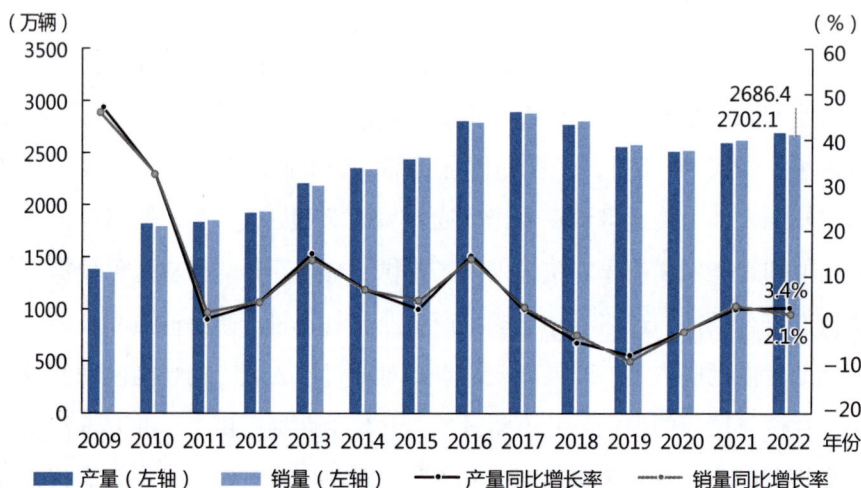

图 7-1　2009—2022 年我国汽车产销量走势

数据来源：中国汽车工业协会。

汽车出口持续跃升，成为世界第二大出口国。继 2021 年我国汽车出口实现跨越式增长后，2022 年汽车出口向上向好势头不减，汽车出口量达到 311.1 万辆，同比增长 54.4%（见图 7-2），首次超越德国成为全球第二大汽车出口国。海关总署数据显示，2022 年我国汽车出口总值同比增长 82.2%，中国品牌汽车出口实现量价齐升。从车型来看，乘用车出口 252.9

万辆，同比增长 56.7%；商用车出口 58.2 万辆，同比增长 44.9%。从出口
国角度看，2022 年整车出口数量排名前三的国家为墨西哥、沙特阿拉伯、
智利，出口数量分别达到 25.45 万辆、22.24 万辆、21.18 万辆；从出口金
额来看，对比利时、英国、俄罗斯的出口排在前三位，出口额分别达到
55.81 亿美元、42.94 亿美元、40.26 亿美元，同比增长均超过 80%。

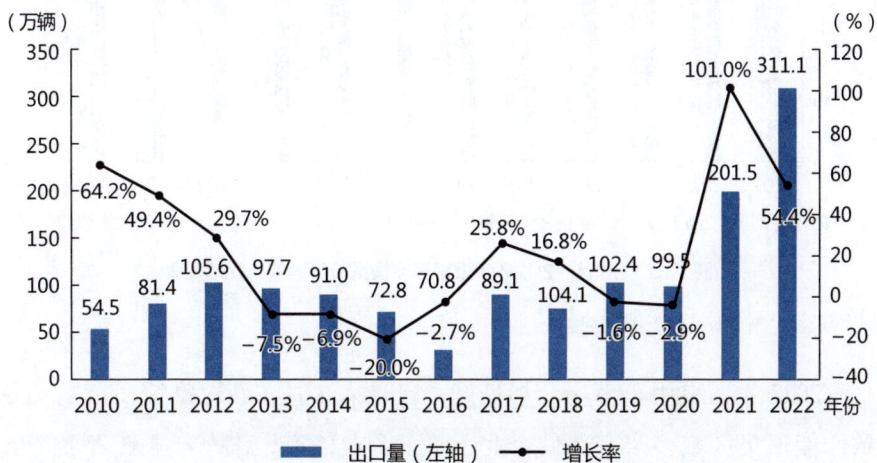

图 7-2　2010—2022 年我国汽车出口量走势

数据来源：中国汽车工业协会。

（二）乘用车在促消费政策影响下实现较大程度增幅

多重挑战下仍现增长，乘用车市场展现较强韧性。2022 年，我国乘
用车产销量分别达到 2383.6 万辆和 2356.3 万辆，同比分别上涨 11.2% 和
9.5%，增幅较 2021 年分别扩大了 4.1 个和 3.0 个百分点，整体增幅明显（见
图 7-3）。

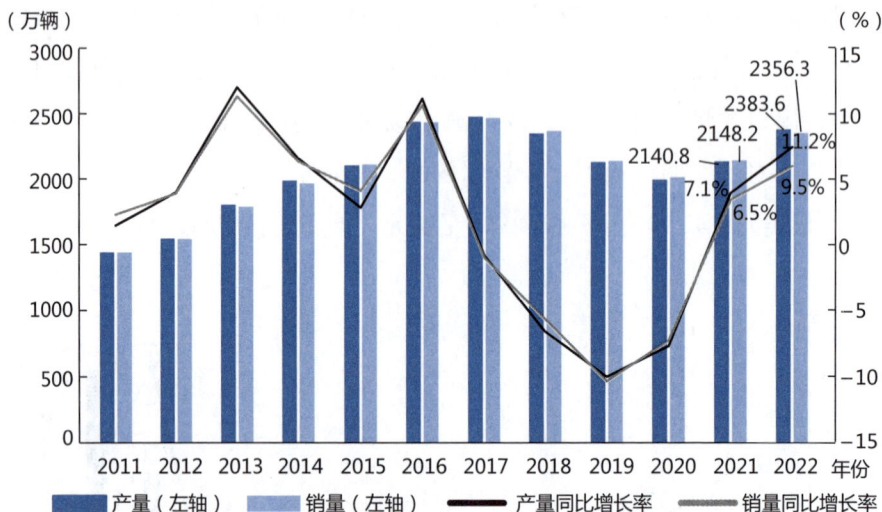

图 7-3　2011—2022 年乘用车产销量及产销量同比增长率

数据来源：中国汽车工业协会。

2022 年，乘用车市场开局良好，自进入 3 月，新冠疫情多点频发导致产能聚集区域多家零部件企业、整车企业停产，汽车产业链经受严峻挑战，4 月乘用车销量增长率呈现断崖式下跌，销量跌至百万辆以下。同年 6 月起，得益于一系列促消费政策特别是乘用车购置税减征政策的出台，乘用车市场迅速回暖，连续 4 个月实现高于 30% 的同比增长（见图 7-4）。受疫情影响，2022 年年末的乘用车市场未出现翘尾现象，但从全年来看，乘用车市场在多方面不利因素挑战下仍实现了逆势复苏，展现出了我国汽车产业迅速的反应力和强大的韧性。

高端化趋势延续，30 万元以上车型销量增速超越乘用车整体水平。随着居民消费水平提高、购车需求多元化，我国乘用车消费呈现消费升级趋势。2022 年 30 万元以上高端车型市场份额达到 12.2%，较上年提高 1.7 个百分点，同比增长率达到 19.2%（见图 7-5），高于同口径下乘用车销量增长水平。高端化趋势是车企完善产品矩阵、提升利润水平的新机遇，高端化路线也是未来传统豪华车企与自主品牌、造车新势力的重要竞争点。

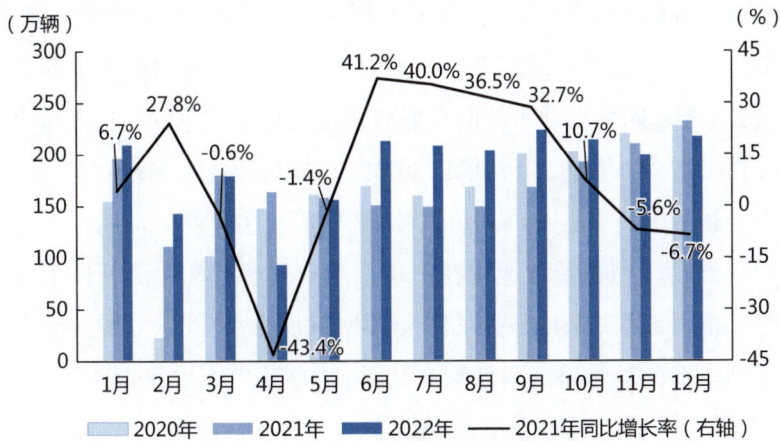

图 7-4　2020—2022 年乘用车月度销量走势

数据来源：中国汽车工业协会。

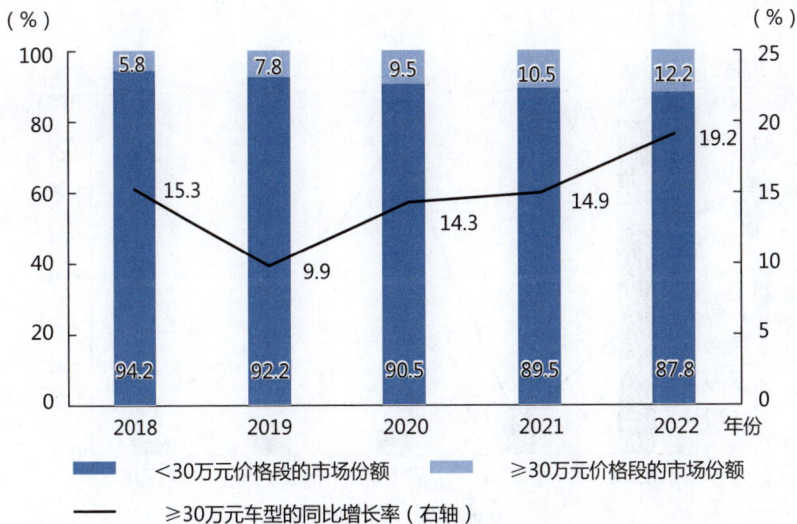

图 7-5　2018—2022 年乘用车分价格段车型市场份额变化走势

数据来源：乘用车市场信息联席会。

混动车型销量持续提升，自主品牌产品矩阵日益丰富。2022 年我国插电式混合动力乘用车（含增程式）销量达 148.3 万辆，首次突破"百万"

大关，同比增长 1.6 倍，占到新能源乘用车销量的 22.8%，较去年提升 5.4 个百分点。自主企业纷纷打造专用混动系统，扩充混动产品矩阵。比亚迪凭借其 DM-i 超级混动系统的良好表现迅速抢占插电混动式汽车市场，2022 年销量达 94.6 万辆，同比增长 307%，市场份额达到 63.8%（见图 7-6）。吉利雷神智擎 Hi·X、上汽超级电驱 EDU 等自主品牌混动系统也加快装车量产，混动车型销量增速均在一倍以上。理想、赛力斯等自主企业推出增程式混动系统，销量持续提升，为混动车型注入了发展新活力，丰富了混动车型的技术路线与爆款产品，其中理想 L8 增程式 SUV 在 2022 年 9~12 月连续四个月蝉联中国大型 SUV 销量榜首。48V 轻混动产品稳中有升，长城、上汽大通、启辰、奇瑞和北汽等企业已开始涉足 48V 轻混领域，并发布相应的混动产品，2022 年国产 48V 轻混车型达到 34 款，较上年同期增加 10 款。

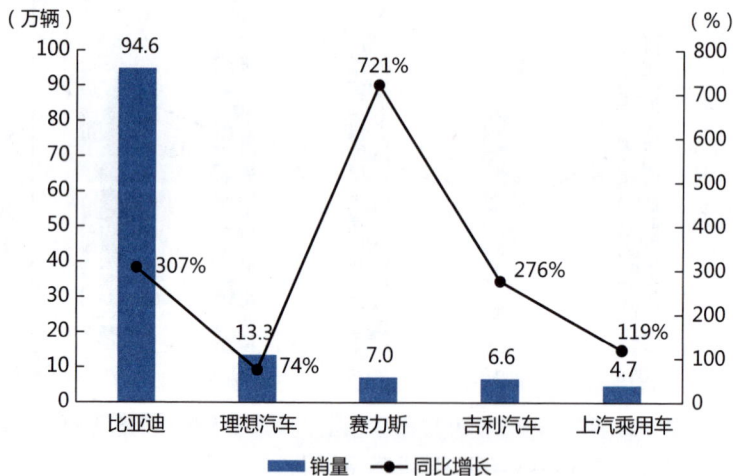

图 7-6　2022 年自主品牌插电混动乘用车销量情况

数据来源：乘用车市场信息联席会。

比亚迪销量问鼎，自主品牌市场份额创下新高。随着我国汽车产品供给逐渐丰富、质量品质有效提升，特别是电动化转型实现引领，自主品牌汽车逐渐撑起我国车市半边天，推动乘用车市场格局加速重构。从自主品牌整体份额来看，2022 年自主品牌乘用车市场份额达到 47.2%，创下了历史最好成绩（见图 7-7）。外资品牌在我国市场进一步萎缩，自 2020 年起，欧系、日系、韩系、美系品牌的市场份额分别下跌了 4.4%、2.7%、2.1%、0.8%。少部分合资品牌因产品竞争力不足、转型发展缓慢等问题遭遇较大经营压力，逐渐退出市场。

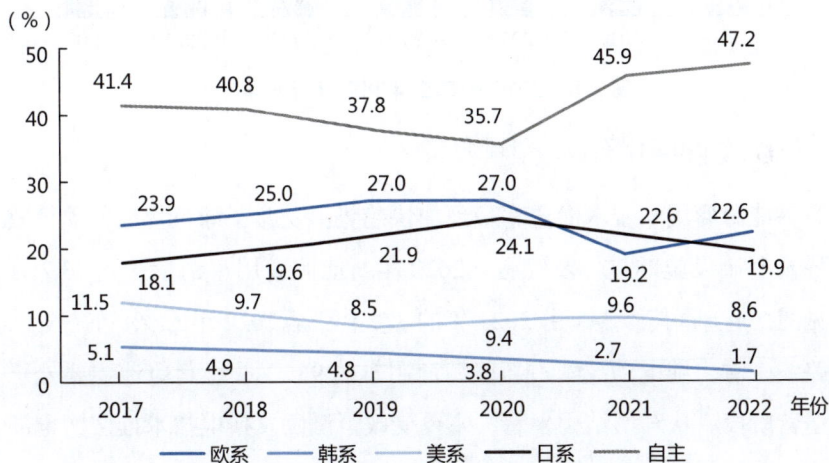

图 7-7　2017—2022 年乘用车分系别市场份额占比变化

数据来源：乘用车市场信息联席会。

（三）受多重因素影响，商用车销量整体呈现较大幅度下跌，新能源技术加速渗透

商用车销量连续两年呈现下滑态势。受新冠疫情影响，我国固定资产投资及消费疲软，叠加国六排放标准实施带来的商用车新增需求提前释放，2022 年商用车销量仅为 262.2 万辆，较 2021 年下滑超过 35%（见图 7-8），已连续两年呈现下滑态势。从销量结构来看，除轻型客车外，2022 年重卡、中卡、轻卡、微卡、大中型客车的销量均出现不同程度的下滑，其中，重卡销量降幅最大，较 2021 年下滑超过 65%。

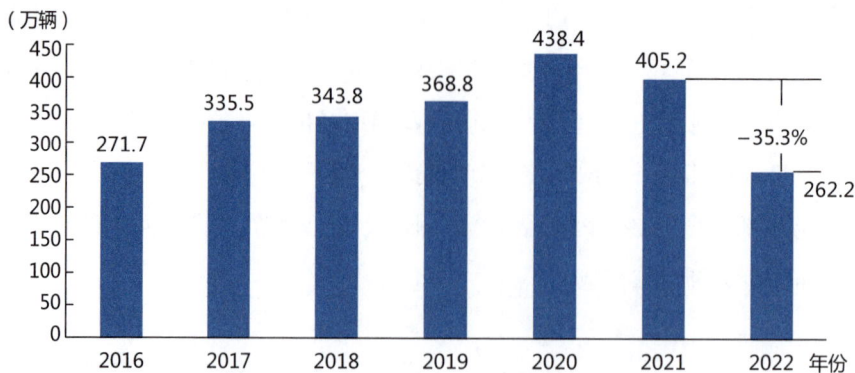

图 7-8 2016—2022 年中国商用车销量情况

数据来源：原中国银行保险监督管理委员会。

新能源商用车技术渗透率呈现加快趋势。受益于绿色货运行动等政策引导及基础设施的进一步完善，2022 年新能源商用车销量达到 23.2 万辆（见图 7-9），其渗透率由 2021 年的 3% 上涨至 2022 年的 9% 左右。从技术路线来看，纯电动技术占新能源商用车的 96.7%，燃料电池主要处于示范运营阶段。从车型结构来看，主要受政策激励及换电技术推广的推动，

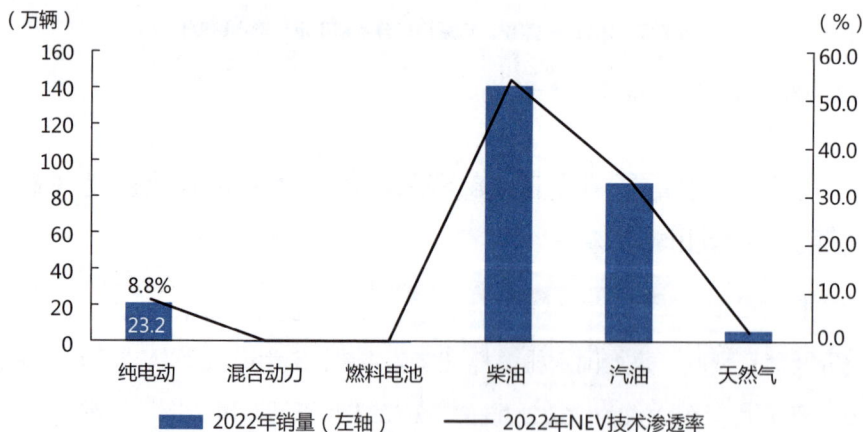

图 7-9 2022 年不同技术路线商用车销量结构

数据来源：中国商业联合会。

2022 年新能源重卡增长最为明显，增长到 2.5 万辆，其新能源技术渗透率由 2021 年的 0.7% 上涨至 2022 年的 5% 以上，其中，2022 年换电重卡销量超过 1.2 万辆，是 2021 年的 2.7 倍；轻微卡价格敏感度高，纯电动轻微卡的价格为传统燃油车的一倍以上，受经济性不足制约，轻微卡新能源技术渗透进展较慢。

四 新能源汽车产业进入高速发展新阶段，形成领跑全球的发展优势

（一）产业规模继续引领，进入全面市场化拓展新阶段

新能源汽车销量迈上新台阶，市场渗透率提前完成规划目标。2022 年我国新能源汽车销量达到 688.7 万辆，同比增长 93.4%（见图 7-10），已连续 8 年位居世界第一，市场渗透率达到 25.6%，提前完成《新能源汽车产业发展规划（2021—2035 年）》提出的 2025 年目标，进入全面市场化拓展新阶段。截至 2022 年年末，我国新能源汽车累计推广量近 1600 万辆。

车型结构持续优化，中端产品销量大幅增长。2022 年，我国 A00 级新能源乘用车销量同比增长 21.5%，增速较上年明显放缓，市场份额由上年的 30.1% 大幅下滑至 19.3%，相较而言，A 级新能源乘用车销量大幅增长，同比增幅达到 125%，市场份额由上年的 29.5% 提升至 35.0%（见图 7-11），B 级及以上新能源乘用车市场份额也呈现一定幅度增长，低端车型的市场份额逐渐降低，中高端车型的市场份额稳步上升，整体新能源市场车型结构逐渐由以往的哑铃型向纺锤型转变，新能源汽车市场在保持高速增长的同时实现了车型结构优化和健康稳定发展。

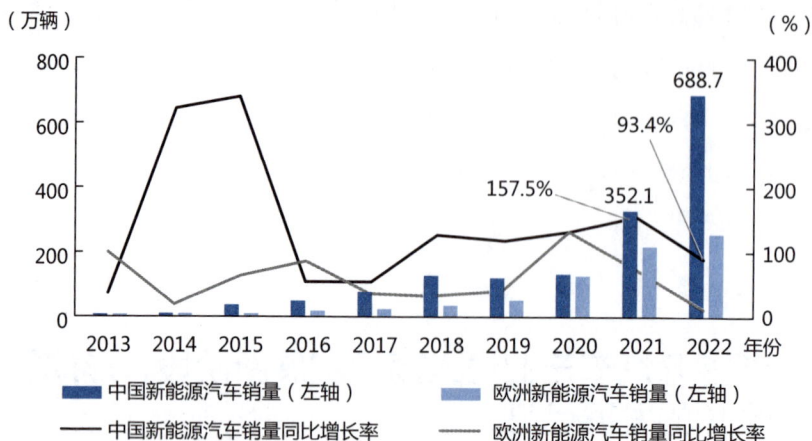

图 7-10　2013—2022 年新能源汽车销量走势

数据来源：中国汽车工业协会、欧洲汽车工业协会。

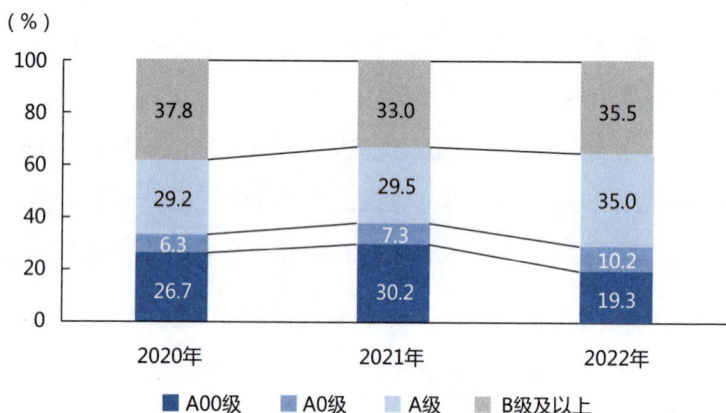

图 7-11　2020—2022 年新能源乘用车分级别市场份额情况

数据来源：乘用车市场信息联席会。

　　电动 MPV 产品矩阵日益丰富，高端化趋势明显。随着汽车产业电动化、智能化转型加速发展，新能源 MPV 车型这一蓝海市场逐渐受到企业的重视与消费市场的认可。2022 年，新能源 MPV 销量达 8.9 万辆，同比大幅增长 124.1%，市场份额由 2020 年的 1% 上升至 1.6%，虽然市场份额依旧处于低位，但增长势头强劲，国内各大主流车企也纷纷加速布局 MPV 市场，规划车型产品，抢占新能源 MPV 市场，并逐步展现出 MPV 高端化发展趋势。岚图梦想家、腾势 D9、红旗 HQ9、上汽大通 MIFA 9 等高端新能源 MPV 车型陆续上市，价格区间保持在 30 万～50 万元。

新能源汽车加速海外市场拓展。依靠在三电技术、智能驾驶和智控系统等方面的优势，新能源车出口实现了跨越式突破性发展。销量方面，2022 年新能源汽车出口达 67.9 万辆（见图 7-12），同比增长 1.2 倍，占总出口量的 21.8%，贡献较上年增加了 6.4 个百分点。价格方面，2022 年中国汽车出口均价达到 1.82 万美元，较上年上升 0.19 万美元，其中新能源车均价为 2.29 万美元，较上年上升了 0.33 万美元，出口额贡献超过了39.7 个百分点。

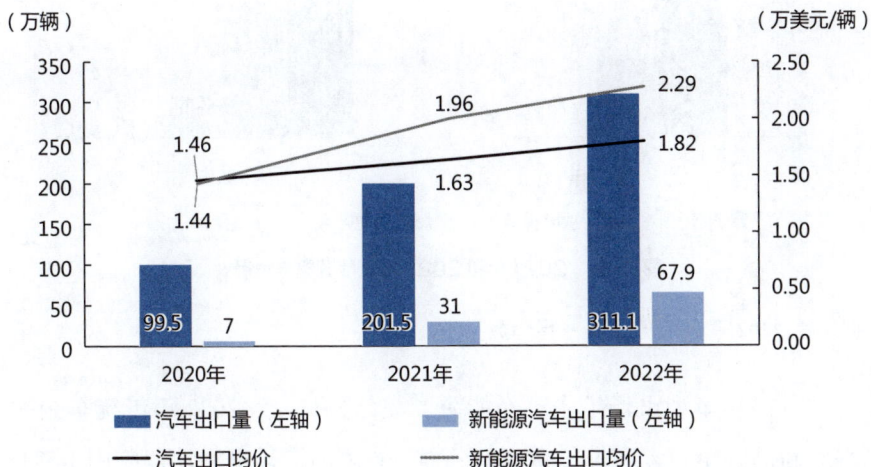

图 7-12 2020—2022 年新能源汽车销量走势

数据来源：中国汽车工业协会。

示范运营引领换电、燃料电池重卡扩大应用。2021 年 10 月以来，全国布局试点、各省份同步推进换电模式的步伐加快，带动换电设施规划、建设、运营和监管等标准规范持续优化。2021 年 9 月和 2022 年 1 月，两批燃料电池汽车示范城市群分别获批，其商业化运营进程有序推进，京津冀作为五大氢燃料电池汽车示范城市群之首，完成 4 年示范期推广总任务5300 辆的 22.58%，助力北京冬奥会实现全球最大规模燃料电池商用车示范。结合新能源汽车购置补贴 2023 年完全退出，供需两侧呼应，换电重卡、燃料电池重卡销量猛增，2022 年分别完成 12431 辆和 2465 辆（见图 7-13），同比分别增长 273.6% 和 216.4%，领涨新能源重卡市场。

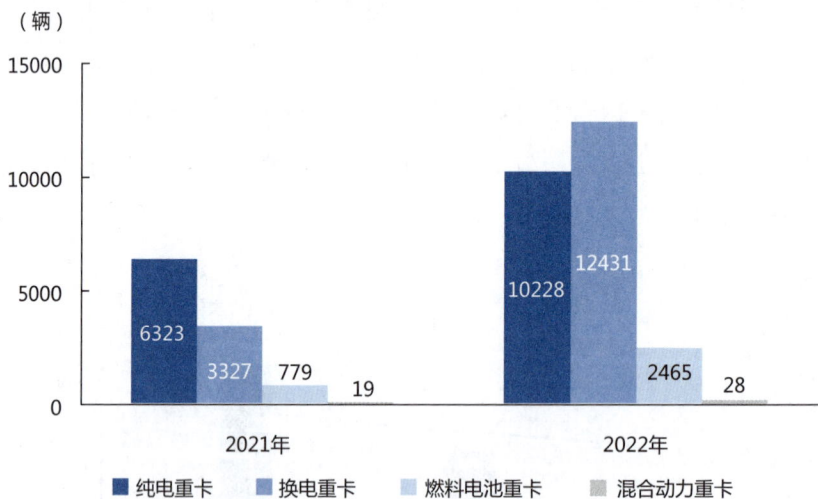

图 7-13　2021 年和 2022 年新能源重卡销量

数据来源：2021—2022 年商用车保险数。

插电混动车型市场扩张，新能源产品结构调整。2022 年传统车企插电混动新品频出，吉利推出帝豪 L 雷神 Hi·X 超级插电混动，应用 1.5TD高效发动机、3 挡混动电驱 DHT Pro 和 BMA 超强混动三大技术，续航达 1300 千米；长安推出首款插电混动 SUV 长安 UNI-K IDD，应用蓝鲸NE1.5T 混动专用发动机、18.4 千瓦时高聚能电池和蓝鲸三离合电驱变速箱技术，NEDC 综合油耗 0.8 升 / 100 千米；长城、奇瑞等自主品牌也推出插电混动新车，续航、油耗不断优化。插电混动汽车在动力性能、续航、成本、补能等方面的相对优势得到消费者关注，补贴标准与纯电的差值也逐渐缩小，销量增速持续高于纯电动车（见图 7-14）。

（辆）
（%）

212.2 370.8 200.1 152.5 192.4 150.6 175.7 160.3 170.7 156.3 12.5 123.6

■ 插电混动销量（左轴）　　■ 纯电动销量（左轴）
── 插电混动销量同比增速　　── 纯电动销量同比增速

图 7-14　2022 年 1—12 月插电混动、纯电动汽车销量走势

数据来源：中国汽车工业协会。

配套基础设施建设提速。受政策扶持与企业投入力度加大影响，截至 2022 年年底，充电桩累计建成 521 万台，其中 259.3 万台为 2022 年新增，公共充电桩增量同比上涨 91.6%，随车配建私人充电桩增量同比上涨 225.5%。换电基础设施方面，换电站累计建成 1973 座，其中 675 座为 2022 年新增，较上年同期增长 52%。加氢基础设施方面，截至 2022 年 6 月底，加氢站累计建成超过 270 座，北京冬奥会期间 30 余座配套加氢站保障了运输服务氢能供应，大部分站点每日供氢 1000～2000 千克。中石化规划在 2025 年前建设 1000 座加氢站，在京津冀、长三角、珠三角、广西、贵州、重庆等地已开始布局。

（二）产业集中度进一步提升，企业盈利能力仍需加强

品牌结构变化加剧，企业"洗牌"局面进一步加快。2022年新能源汽车销量排名前十的企业销量合计约567.5万辆，同比增长1.1倍，占新能源汽车销量的82.4%，较上年提升了5.9个百分点，市场集中度持续提升。前三名比亚迪、上汽集团、特斯拉的企业市场集中度共计52.7%，前五名企业市场集中度达64.8%，其中居于销量首位的比亚迪市场份额达27%（见表7-1），新能源汽车市场"马太效应"日益凸显，市场竞争日趋激烈。

表7-1　2022年新能源汽车销量排名前十位企业市场集中度情况

排名	2022年市场集中度	企业简称	2022年销量（万辆）	同比增长（%）	市场份额（%）
1	前三名企业52.7%	比亚迪	186.2	207.2	27
2		上汽	105.9	45.5	15.4
3		特斯拉	71.1	46.8	10.3
4	前五名企业64.8%	东风	50.2	146.1	7.3
5		吉利	32.9	300.1	4.8
6	前十名企业82.4%	广汽	31.1	117.9	4.5
7		长安	28.4	160.1	4.1
8		奇瑞	24.7	117.5	3.6
9		江汽	19.8	43.1	2.9
10		一汽	17.2	49.4	2.5

数据来源：中国汽车工业协会。

实现盈利企业数量较少，大多企业处于亏损状态。销量与市场集中度的提升，并未给大多数企业带来盈利，仅有特斯拉、比亚迪等少数企业实现盈利。2022年，特斯拉净利润为855.4亿元，同比增长了127.8%；比亚迪净利润跃升至166.2亿元，同比大幅增长4.5倍，其余企业均出现持续亏损的情况，其中新势力车企蔚来、理想、小鹏等企业亏损进一步加大，2022年净亏损分别为145.6亿元、20.1亿元和91.4亿元，同比分别扩大了

37.7%、526.0% 和 87.9%（见图 7-15），未来发展形势不甚乐观，亟须提升企业盈利能力。

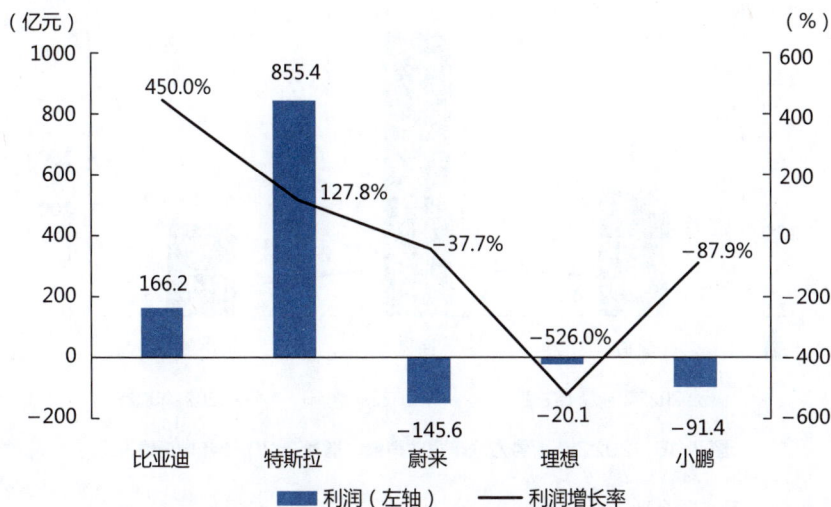

图 7-15　2022 年主流汽车企业利润及增长率情况

数据来源：各汽车企业 2022 年财报。

传统自主品牌加速新能源转型，产品销量实现大幅跃升。在 2022 年销量排名前十的企业中仅有特斯拉一家外企，其余企业均为自主品牌，其中比亚迪全年销量为 186.2 万辆，同比增长 207.2%，占据国内市场首位；第二名上汽销量为 105.9 万辆，同比增长 45.5%；吉利销量增速超过 300%；东风、广汽、长安、奇瑞等老牌自主品牌全年销量增速均超过 100%，自主品牌市场竞争力持续增强。

新势力汽车企业销量增长乏力，市场份额出现下滑趋势。2022 年新势力车企销量占据新能源乘用车市场份额达 32.71%，同比下降 3.95%，头部企业销量虽保持同比增长，但增速明显放缓，其中蔚来、理想、小鹏销量同比增速分别为 34.0%、47.2%、23.0%，相较于上年 109.1%、177.4% 和 263.0% 的高增速有了明显的下滑（见图 7-16），逐渐呈现出增长乏力的态势，新能源汽车品牌竞争加剧，市场即将迎来"大洗牌"阶段。

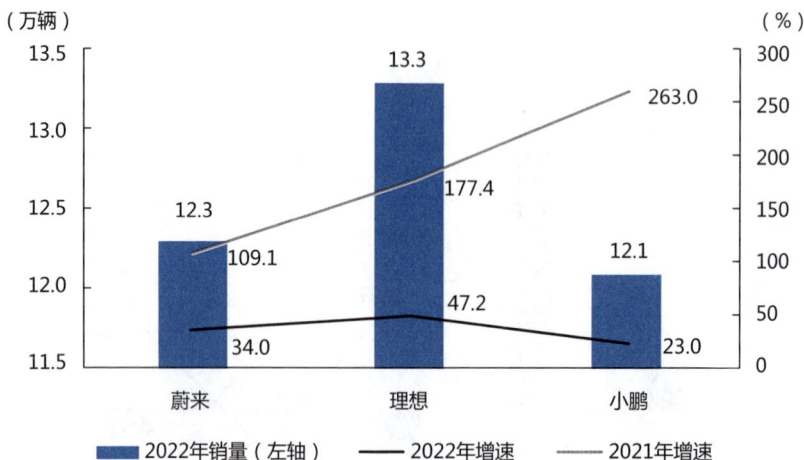

图 7-16　2022 年新势力汽车企业销量、增速及 2021 年增速情况

数据来源：各汽车企业 2022 年财报。

合资汽车企业加速电动化转型，发展现状不及预期。2022 年主流合资品牌新能源乘用车销量为 31.8 万辆，同比增长 57.6%，市场份额仅为 5.6%，远低于自主品牌的 84.6%；新能源乘用车渗透率仅为 3%，远低于自主品牌渗透率 49.5%。面对较低的新能源市场份额与渗透率，各合资品牌企业纷纷加快电动化转型，试图抢占新能源汽车市场。以丰田、日产为代表的日系品牌陆续推出平台化纯电车型，丰田基于 E-TNGA 平台打造的首款纯电平台车型 BZ4X 于 2022 年 11 月正式发布，2 个月内销量仅为 1624 辆，广汽丰田新能源市场渗透率不足 0.5%；东风日产同年 9 月发布基于 CMF-EV 平台打造的纯电动 SUV 车型 ARIYA，3 个月的销量仅为 1205 辆，而东风日产新能源汽车 2022 年销量也只有 4.3 万辆，市场份额仅占 0.8%，日系合资品牌的电动化转型发展较为困难。德系合资品牌电动化转型稍早，2020 年便已推出 MEB、MQB 等纯电平台，但销量表现同样不佳，一汽大众、上汽大众两家主流德系合资品牌 2022 年新能源汽车销量为 18.4 万辆，市场份额仅为 3.5%，远低于其传统燃油车 15.1% 的占比，转型之路异常艰难。

（三）关键核心技术加速突破，企业标志性产品层出不穷

电动化全球领先，智能网联快速发展。我国纯电动汽车续驶里程普遍达到 500 千米以上，能耗低至 12 千瓦时 / 100 千米，插电式、增程式混合动力汽车综合油耗普遍降至 2.0 升 / 100 千米以下，处于国际领先水平；规模量产动力电池单体能量密度达 270 瓦时 / 千克，达到国际领先水平，燃料电池电堆及发动机已经由样品、样机研究阶段进入小批量供货阶段，电堆体积功率密度达到 3.8 千瓦 / 升，低温启动温度达到 −30 摄氏度；北京冬奥会、冬残奥会示范运营近 1200 辆氢燃料电池汽车，示范规模居全球首位。智能网联汽车技术发展加速，驾驶辅助系统在新能源乘用车市场中的渗透率达到 40% 以上，全自动驾驶（L4 级）实现特定场景示范应用；跨芯片模组、跨终端、跨整车、跨平台的 C-V2X 互联互通示范应用全面展开，支撑自主 C-V2X 智能网联汽车技术在头部企业率先实现产业化突破。

科技攻关持续引领创新，技术标志性成果迎来爆发。动力电池方面，宁德时代开发出的麒麟电池系统集成度创全球新高，体积利用率突破 72%，能量密度可达 255 瓦时 / 千克，可实现整车 1000 千米续航，达到国际领先水平；中创新航开发的全球独创 One-Stop 电池技术，电芯结构减重 40%、体积利用率提升 5%、零部件数量减少 25%、装配工序减少 40%、成本降低 15%，实现设计与制造技术的高度融合。电驱系统方面，长安汽车开发全球首款具备脉冲加热功能的超集电驱系统，并实现大规模量产，系统最高效率突破 95%，低温条件下（−30 摄氏度）电池温升可达 4 摄氏度 / 分钟，整体性能达到国际先进水平。整车方面，比亚迪推出纯电驱动 B 级乘用车"海豹"，整车 CLTC 能耗达到 12.6 千瓦时 / 100 千米，提前达成路线图 2025 年目标，达到国际领先水平；整车平台集成 CTC/CTB 技

术实现"海豹"车型装车应用，通过电池车身一体化设计，动力电池系统体积利用率高达 66%，系统能量密度提升 10%，同时提升生产效率，降低开发与生产成本。

五 智能网联汽车产业发展进程加快，关键技术逐步形成与全球并跑趋势

2022 年我国汽车智能化水平持续提升，L2 级乘用车销量达到 695 万辆，渗透率约为 35%（见图 7-17）。与 2020 年（销量 302.4 万辆，渗透率 16.2%）相比，我国 L2 级智能网联乘用车销量和渗透率均实现翻一番，呈现逐年快速增长的良好发展势头。

（万辆）

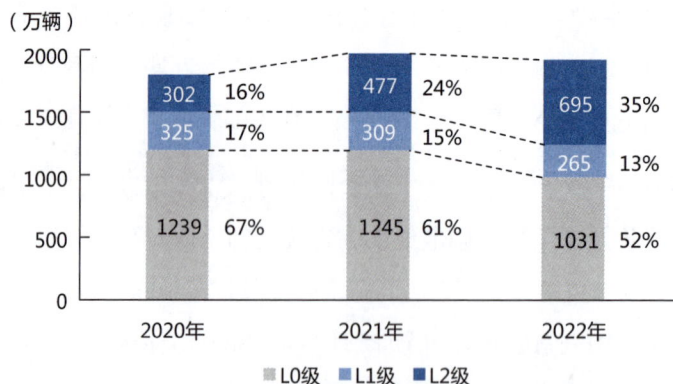

图 7-17　2020—2022 年中国智能网联乘用车上险量

注：图中百分数表示市场占有率，L2 级智能网联乘用车上险量数据统计范围为已具备自适应巡航功能同时又配备车道保持系统的车型。
数据来源：智能网联汽车产业创新联盟《中国智能网联乘用车市场分析报告》。

随着智能化、网联化深入人心，智能网联汽车产业机遇日渐凸显。整车企业纷纷深化布局智能化战略，科技公司大力转型汽车产业，初创公

司经过数年发展也取得显著成效。一汽、长安、北汽、上汽、广汽、智己、岚图等主流车企积极推进智能化车型的规划布局。除了已推出的L2级辅助驾驶车型之外，也具备了L3级自动驾驶技术储备，即将在准入政策及标准落地后迅速进入市场化推广，预计2023—2024年将实现L3级车型量产。

在智能网联汽车蓬勃发展的背后，是我国智能网联汽车产业链各环节共同发力形成较为完备的智能网联汽车产业链。在上游，关键传感器、车规级计算芯片、线控执行器等产业关键环节相对齐备；在中游，各类自动驾驶解决方案集成商、智能座舱方案集成商以及共性基础技术服务商等形成了较为成熟的解决方案；在下游，各整车制造企业纷纷推出智能网联车型投放市场，Robotaxi、Robobus、无人末端配送、无人港口/矿山运输等智能化应用在多场景下百花齐放。此外，也得益于我国智能网联汽车产业技术基础体系和智能基础设施的发展和应用，对产业落地发挥了有力支撑。智能网联汽车产业将充分发挥带动相关产业转型升级、促进产业深度交叉融合的作用，全面赋能构建我国智能交通体系与智慧城市的新型产业生态。

（一）智能网联汽车增量技术不断突破

高性能、低成本的半固态激光雷达国产化及上车速度明显加快，纯固态激光雷达有望实现量产。华为、览沃科技、禾赛科技、速腾聚创等国内企业量产的半固态激光雷达探测距离超过200米，整机性能接近国际同类产品，产品价格已经降至1000美元级别。据不完全统计，目前已经装备或筹划装备激光雷达的车型超过20款，不同车型普遍搭载1～4颗激光雷达。以Flash为代表的纯固态激光雷达补盲方案进入实验开发阶段并有望于2023年实现量产。2022年5月，亮道智能发布自研纯固态Flash侧向激光雷达LDSense Satellite，该产品内部结构采用纯芯片化设计的电子扫描式 Flash 技术，垂直视场角达 75°，可实现对近场盲区的大范围覆盖，帮助车辆及时快速应对各类场景，系国内首款兼具性能与成本优势的同类型车规级产品。

国产车载芯片性能不断提升，主流算力已超过 100TOPS，算法等进一步迭代升级，车型搭载也有明显进展。面向高等级自动驾驶功能与车辆中央计算等需求，华为、地平线、黑芝麻智能、芯驰科技等国内厂商不断推出车规级计算芯片产品，芯片算力、能效比逐步赶超进口芯片产品，已经开始在长城、长安、北汽、理想、上汽等车企的车型上实现搭载应用。其中，地平线征程 5 芯片算力 128TOPS，可独立支持 L0～L4 级别自动驾驶，依托异构、多指令、多数据新型 BPU 2.0 处理器架构，实现对神经网络的运算加速和效率提升，通过软硬件的协同优化，在保证高速处理能力的同时实现最优能效比。目前该芯片正在进入大规模量产和上车阶段，有望进一步推动高级别自动驾驶解决方案落地和普及。

虚拟显示等智能抬头显示技术（HUD）正在快速步入规模化应用推广，智能座舱人机交互技术应用领先国际水平。华为发布 AR-HUD 产品，使用 ODP 光显示引擎（Optical Display Processor），具有业界最大 FOV 体积比（以 10 升的体积提供 13°×5° FOV）以及 2K 清晰度、7.5 米虚像距离和 70 寸画幅，可提供更宽的车道覆盖能力和更丰富的展示布局，更易于进行 AR 贴合，光场屏通过拉远成像，打破车内空间限制，提供舒适的车载大屏观看体验，并可结合人因研究数据，极大降低用户观看车载屏幕的晕车感和视疲劳。该技术首发搭载于飞凡 R7，在车载显示领域具备一定的代表性和前沿性，有助于智能车载光技术在智能座舱应用场景实现快速规模推广。

（二）智能网联汽车基础支撑关键技术持续发展完善

我国已初步形成由封闭测试场和开放道路组成的智能网联汽车道路测试验证体系。从封闭测试场来看，工业和信息化部、公安部、交通运输部支持建设了 17 个国家级智能网联汽车测试示范区。封闭测试场运营主体积极完善场地建设和基础设施布局，强化软硬件部署，加快开展测试验证工作，在为测试主体提供委托研发测试服务、为道路测试与示范应用提供检测支撑等方面发挥重要作用。从开放道路来看，我国 27 个省份已发放道路测试与示范应用牌照，申请总量 1000 余张。各地开放测试道路逾 6000 千米，公开报道的自动驾驶车辆道路测试里程累计超千万千米。

我国已基本建成典型驾驶场景数据库。2021 年，国家智能网联汽车创新中心在世界智能网联汽车大会上正式发布"中国智能网联汽车基础数据服务平台"。其中，"中国智能网联汽车场景库"是其核心基础数据库，包括自然驾驶场景库、标准法规数据库、交通场景数据库、驾驶行为数据库等多种专项场景数据库。通过大量采集国内实际路况信息，逐步积累具有中国特色的典型驾驶场景的覆盖范围不断扩大。目前已形成百万千米自然驾驶数据库，通过数据库构建了丰富的中国典型驾驶场景库。整合现有资源，汇聚行业力量，使数据应用贯穿了"产品定义—功能开发—场景落地"整个过程，加快数据应用进程，推动智能网联汽车技术快速落地。未来，中国智能网联汽车场景数据库将丰富自然驾驶数据采集手段和数据来源，全面支持中国智能汽车测试工况与评价方法的制定，支撑国家有关部门开展行标与国标的研究与编制，推动行业内各领域技术升级。

我国将进一步加快落地迭代开发虚拟仿真测试平台。利用虚拟仿真系统实现回归测试和算法验证是自动驾驶落地破局的关键基础支撑技术。自动驾驶头部企业谷歌旗下的无人车公司 Waymo 实际路测距离只有 2000 万英里，而仿真测试距离已达到了 150 亿英里。仿真测试平台支持车辆数据模型训练、交通流仿真、测试评价系统等工作，全面满足从数据采集到应用的全流程技术能力积累，提供一站式全流程自动驾驶开发平台服务。"中国智能网联汽车基础数据服务平台"提供的开放式仿真云平台系统可支持云端并行测试加速、集群规模弹性扩展、代测算法集成部署自动化等需求，适用于自动驾驶仿真测试对海量场景库快速验证的需求，大大加快了"场景数据库＋仿真测试"的迭代开发速度。

（三）支撑车路云一体化发展的智能基础设施加速布局

全国范围内大力推动车联网基础设施建设和应用实践。工业和信息化部已批复江苏（无锡）、天津（西青）、湖南（长沙）、重庆（两江新区）创建国家级车联网先导区，分别侧重探索路侧基础设施建设、标准认证评价体系建设、应用场景及运营模式创新、山地特色车路协同创新应用，四川（成都）、广西（柳州）也正在积极申创国家级车联网先导区。住房和城乡建设部、工业和信息化部着力推进 16 个智慧城市基础设施与智能网联汽车协同发展试点城市建设，探索汽车产业转型和城市建设转型的新路径。截至 2022 年年底，全国车路云一体化系统相关建设项目投资总额已超过百亿元规模，自动驾驶测试道路总里程达上万千米，路侧基础设施点位超过 6000 个。

地方积极探索智能网联汽车"中国方案"产业落地，形成可复制的建设成果与经验。北京市于 2020 年 9 月正式设立全球首个网联云控式高级别自动驾驶示范区，统筹车、路、云、网、图等各类要素资源，形成智慧城市基础设施和智能网联汽车协同发展的"北京模式"。截至 2022 年年底，示范区已建成 329 个智能网联标准路口，双向 750 千米城市道路和 10 千米高速公路，实现了车路云一体化功能覆盖。示范区已实现 Robotaxi、Robobus、无人零售车、无人配送车、无人巡逻车、干线物流等七大智能网联汽车应用场景全面示范，累计部署智能网联车辆近 470 台，累计自动驾驶里程超过 1000 万千米，Robotaxi 累计服务超过 93 万人次，无人配送订单超过 25 万件，无人零售订单总量超过 240 万人次。

多地推进基础设施标准化建设，强化标准引领支撑作用。2021 年 9 月，雄安新区制定发布《雄安新区数字道路分级标准》，打造全国首个数字道路标准体系，在容东片区打造全国首个规模化区域级数字化道路，为智能交通、车路协同的技术攻关提供数字试验场景。2021 年 10 月，《粤港澳大湾区城市道路智能网联设施技术规范》正式发布，为城市道路智能网络设施建设提供标准指导。2022 年 4 月，武汉市地方标准《智能网联道路智能化建设规范（总则）》发布，明确拟开放用于智能网联汽车进行道路测试和示范应用的智能网联道路建设全流程和总体要求。2022 年 7 月，无锡市地方标准《智能网联道路基础设施建设指南 第 1 部分：总则》正式发布，进一步推动构建完备的智能网联道路建设标准体系。

IV

附录

附录一
汽车产业相关统计数据

产销量及保有量

表1　2002—2022 年中国汽车产销量及占世界汽车产销量的比重

年份	产量			销量		
	中国汽车产量（万辆）	世界汽车产量（万辆）	中国占世界产量比重（%）	中国汽车销量（万辆）	世界汽车销量（万辆）	中国占世界销量比重（%）
2002	325	5878	5.5	325	5763	5.6
2003	444	6058	7.3	439	5964	7.4
2004	507	6450	7.9	507	6403	7.9
2005	571	6655	8.6	576	6592	8.7
2006	728	6922	10.5	722	6835	10.6
2007	888	7327	12.1	879	7156	12.3
2008	935	7053	13.3	934	6832	13.7
2009	1379	6170	22.4	1364	6557	20.8
2010	1826	7761	23.5	1806	7497	24.1
2011	1842	7999	23.0	1851	7817	23.7
2012	1927	8414	22.9	1931	8213	23.5

续表

年份	产量			销量		
	中国汽车产量（万辆）	世界汽车产量（万辆）	中国占世界产量比重（%）	中国汽车销量（万辆）	世界汽车销量（万辆）	中国占世界销量比重（%）
2013	2212	8751	25.3	2198	8561	25.7
2014	2372	8975	26.4	2349	8834	26.6
2015	2450	9078	27.0	2460	8968	27.4
2016	2811	9498	29.6	2803	9385	29.9
2017	2902	9730	29.8	2888	9566	30.2
2018	2781	9563	29.1	2808	9565	29.4
2019	2572	9179	28.0	2577	9124	28.2
2020	2523	7762	32.5	2531	7879	32.1
2021	2608	8014	32.5	2627	8275	31.7
2022	2702	8502	31.8	2686	8162	32.9

注：笔者对部分历史数据进行了修正。

数据来源：2002—2018 年的中国汽车产销量数据来自《中国汽车工业年鉴》，2019—2022 年的数据则来自中国汽车工业协会相应年份的《汽车工业经济运行情况》。2002—2004 年的世界汽车产销量数据来自 Automotive News，2005—2022 年的数据则来自国际汽车制造商协会。

表 2　2005—2021 年中国品牌轿车市场占有率

年份	全国轿车销量（万辆）	中国品牌销量（万辆）	市场占有率（%）
2005	276.77	72.66	26.3
2006	386.95	98.35	25.4
2007	479.77	124.53	26.0
2008	504.69	130.82	25.9
2009	747.10	221.73	29.7
2010	949.43	293.30	30.9

续表

年份	全国轿车销量（万辆）	中国品牌销量（万辆）	市场占有率（%）
2011	1012.27	294.64	29.1
2012	1074.47	304.96	28.4
2013	1200.97	330.61	27.5
2014	1237.67	277.49	22.4
2015	1172.02	243.03	20.7
2016	1214.99	234.00	19.3
2017	1184.80	235.45	19.9
2018	1152.80	239.90	20.8
2019	1030.80	204.60	19.8
2020	927.50	195.20	21.0
2021	993.40	315.10	31.7

数据来源：相应年份的《汽车工业产销快讯》，2019—2021 年的数据来自中国汽车工业协会相应年份的《汽车工业经济运行情况》。

表3　2021年中国汽车销量（含改装车）分地区构成

地区名称	汽车销量（万辆）	地区名称	汽车销量（万辆）
广东	265.32	辽宁	59.02
山东	198.76	山西	57.55
江苏	188.16	江西	56.87
浙江	181.60	重庆	52.55
河南	165.97	贵州	52.26
河北	141.86	新疆	47.05
四川	123.06	天津	42.53
安徽	88.51	内蒙古	38.03
湖南	87.16	吉林	34.93
湖北	86.00	黑龙江	34.93

续表

地区名称	汽车销量（万辆）	地区名称	汽车销量（万辆）
上海	74.00	甘肃	32.06
云南	69.57	海南	20.26
陕西	69.56	宁夏	12.07
福建	63.09	青海	9.51
广西	61.84	西藏	5.99
北京	59.61		

数据来源：《中国汽车工业年鉴》2022 年版。

表 4　2021 年中国汽车分车型产销情况

车型	产量（万辆）	同比增长（%）	销量（万辆）	同比增长（%）
汽车总计	2608.2	3.4	2627.5	3.8
乘用车：	2140.8	7.1	2148.1	6.5
轿车	990.8	7.8	993.4	7.1
MPV	107.3	6.1	105.5	0.1
SUV	1003.0	6.7	1010.1	6.8
交叉型	39.7	0.6	39.1	0.8
商用车：	467.4	−10.7	479.3	−6.6
客车	49.2	13.1	48.8	13.6
客车非完整车辆	1.6	−9.5	1.6	−9.6
货车	292.8	−7.5	297.3	−5.3
半挂牵引车	64.5	−24.1	67.7	−18.9
货车非完整车辆	59.3	−22.3	63.9	−10.0

数据来源：《中国汽车工业年鉴》2022 年版。

表5　2001—2022年中国民用汽车保有量

年份	全国汽车保有量（万辆）	私人汽车		
		保有量（万辆）	占全国汽车保有量比重（%）	轿车保有量（万辆）
2001	1802	771	42.80	—
2002	2053	969	47.20	—
2003	2383	1219	51.20	430
2004	2694	1485	55.12	600
2005	3159	1848	58.50	861
2006	3697	2333	63.11	1149
2007	4358	2876	66.00	1522
2008	5099	3501	68.66	1947
2009	6280	4575	72.85	2605
2010	7802	5939	76.12	3443
2011	9356	7327	78.31	4322
2012	10933	8839	80.85	5308
2013	12670	10502	82.89	6410
2014	14598	12339	84.53	7590
2015	16284	14099	86.58	8793
2016	18559	16559	89.22	10152
2017	20923	18695	89.35	11416
2018	24028	20730	86.27	12589
2019	26150	22635	86.56	13701
2020	28087	24393	86.85	14674
2021	30151	26246	87.05	15732
2022	31903	27873	87.37	16685

数据来源：2001—2015年的数据来自相应年份的《中国汽车工业年鉴》，2016—2022年的数据来自相应年份的《国民经济和社会发展统计公报》。

经济效益

表6　2001—2022 年中国汽车工业总产值

年份	汽车工业总产值 （亿元）	全国工业总产值 （亿元）	汽车工业总产值占全国 工业总产值比重（%）
2001	4433.2	95449.0	4.64
2002	6224.6	110776.5	5.62
2003	8357.2	142271.2	5.87
2004	9463.2	201722.2	4.69
2005	10223.3	251619.5	4.06
2006	13937.5	316589.0	4.40
2007	17242.0	386747.0	4.50
2008	18780.5	507448.0	3.70
2009	23437.8	548311.0	4.27
2010	30248.6	698591.0	4.33
2011	33155.2	844269.0	3.93
2012	35774.4	869597.1	3.59
2013	39225.4	1019405.3	3.85
2014	42324.2	1092198.0	3.88
2015	45014.6	1104026.7	4.08
2016	83345.3	1158998.5	7.19
2017	88207.3	1133160.8	7.78
2018	83372.6	1049490.5	7.94
2019	80846.7	1057824.9	7.64
2020	81557.7	1061433.6	7.68
2021	86706.2	1279226.5	6.78
2022	92899.9	1210207.0	7.68

注：1. 表中产值数据均为当年价，部分数据为约数；

2. 2001—2006 年全国工业总产值数据为"全部国有及规模以上非国有企业"工业总产值，2007 年以后的数据为"全国规模以上企业"工业总产值，2013—2015 年全国工业总产值数据为工业销售产值；2016—2022 年汽车工业总产值数据为规模以上汽车工业企业营业收入；2016—2022 年全国工业总产值数据为规模以上工业企业营业收入。

数据来源：相应年份《中国汽车工业年鉴》、国家统计局。

表7　2001—2022年中国汽车工业增加值

年份	汽车工业增加值（亿元）	全国GDP总量（亿元）	汽车工业增加值占GDP比重（%）
2001	1055.6	110863.1	0.95
2002	1518.8	121717.4	1.25
2003	2153.4	137422.0	1.57
2004	2187.8	161840.2	1.35
2005	2209.9	187318.9	1.18
2006	3362.7	219438.5	1.53
2007	4141.4	270092.3	1.53
2008	4104.1	319244.6	1.29
2009	5378.7	348517.7	1.54
2010	6759.7	412119.3	1.64
2011	7451.7	487940.2	1.53
2012	7940.4	538580.0	1.47
2013	8606.2	592963.2	1.45
2014	9174.3	641280.6	1.43
2015	10578.0	685992.9	1.54
2016	12164.7	740060.8	1.64
2017	13648.8	820754.3	1.66
2018	14317.6	919281.0	1.56
2019	14575.3	986515.0	1.48
2020	15537.3	1015986.0	1.53
2021	16391.9	1149237.0	1.43
2022	17375.4	1210207.0	1.44

注：笔者对部分历史数据进行了修正。

数据来源：国家统计局、中国汽车工业协会。

表 8　2001—2022 年中国汽车工业利润及主营业务收入情况

年份	主营业务收入（亿元）	利润总额（亿元）	利税总额（亿元）
2001	4253.7	204.7	502.1
2002	5947.7	373.8	752.0
2003	8144.1	556.8	1032.8
2004	9134.3	575.5	1063.6
2005	10108.4	430.4	981.9
2006	13818.9	738.2	1482.3
2007	17201.4	1027.0	1916.9
2008	18766.9	923.6	1821.6
2009	23817.5	1687.7	3033.9
2010	30762.9	2598.6	4205.5
2011	33617.3	2842.1	4600.2
2012	36373.1	3166.6	5063.6
2013	37155.3	2717.1	4862.2
2014	39942.0	2844.8	5135.6
2015	44617.5	3117.5	5871.5
2016	86553.2	7248.5	10228.2
2017	84826.4	7274.3	10858.5
2018	87316.5	7299.3	9126.7
2019	80846.7	5345.2	7766.0
2020	81557.7	5093.6	—
2021	86706.2	5305.7	—
2022	92899.9	5319.6	

数据来源：2001—2019 年的数据来自相应年份的《中国汽车工业年鉴》；2019 年、2020 年主营业务收入数据为当年营业收入；2020—2022 年的数据来自国家统计局。

进出口、对外投资等

表 9 2001—2021 年中国整车产品出口量

年份	乘用车（万辆）					商用车（万辆）				
	总量	轿车	越野车	小客车 ≤9座	其他	总量	载货车	客车 >9座	专用汽车	其他
2001	0.37	0.08	0.09	0.01	0.19	2.25	0.85	0.11	0.08	1.21
2002	0.23	0.10	0.04	0.03	0.06	2.64	1.05	0.21	0.12	1.26
2003	0.77	0.28	0.06	0.07	0.36	3.76	2.61	0.26	0.05	0.84
2004	7.32	0.93	0.08	0.28	6.03	6.31	5.28	0.48	0.13	0.42
2005	3.87	3.11	0.18	0.58	0.00	12.55	10.02	0.64	0.16	1.73
2006	11.55	9.33	0.80	1.42	0.00	22.80	16.31	1.29	0.45	4.75
2007	26.45	18.86	2.57	4.32	0.70	34.99	27.58	4.19	1.23	1.99
2008	31.85	24.13	2.44	4.05	1.23	36.24	28.77	3.39	1.44	2.64
2009	15.30	10.24	1.23	1.79	2.04	21.70	17.79	2.33	0.89	0.69
2010	28.23	17.99	2.25	3.99	4.00	28.43	23.21	3.65	0.87	0.70
2011	47.17	37.21	2.43	6.41	1.32	38.01	32.21	4.24	1.28	0.28
2012	58.78	49.55	0.49	7.12	1.62	42.80	35.55	5.45	1.67	0.15
2013	55.34	42.45	0.31	10.31	2.27	39.52	31.07	6.31	1.73	0.41
2014	50.76	37.09	0.52	9.93	3.22	44.02	32.95	8.81	1.76	0.50
2015	42.34	30.80	0.30	5.92	5.32	33.19	25.21	5.92	1.71	0.35
2016	42.34	33.41	0.29	8.45	0.19	28.07	20.54	5.79	1.48	0.26
2017	75.46	50.79	0.62	9.63	14.42	30.89	23.09	5.64	1.69	0.47
2018	70.21	51.04	0.62	14.68	3.87	30.68	20.03	6.57	3.91	0.17
2019	66.01	37.73	1.42	24.38	2.48	35.27	21.36	6.41	3.96	3.54
2020	80.54	—	—	—	—	27.63	18.98	4.07	1.26	3.32
2021	164.06	—	—	—	—	47.82	36.02	3.99	1.77	6.04

注：2005 年和 2006 年乘用车分类与其他年份有所不同。

数据来源：2001—2019 年的数据根据相应年份的《中国汽车工业年鉴》整理得出；
2018 年、2019 年的专用车数据为特种车数据；2020 年、2021 年的数据根据海关统计
数据整理得出。

表 10　2001—2021 年中国整车产品出口贸易额

年份	乘用车（亿美元）					商用车（亿美元）				
	总金额	轿车	越野车	小客车 ≤9座	其他	总金额	载货车	客车 >9座	专用 汽车	其他
2001	0.33	0.13	0.08	0.01	0.11	1.80	0.55	0.54	0.47	0.24
2002	0.34	0.17	0.11	0.02	0.04	2.14	0.72	0.48	0.59	0.35
2003	0.62	0.31	0.14	0.04	0.13	3.11	1.59	0.43	0.79	0.29
2004	1.73	0.84	0.15	0.16	0.58	4.83	2.75	0.81	0.85	0.42
2005	3.25	2.71	0.22	0.32	0.00	11.86	6.82	1.97	1.18	1.89
2006	8.39	6.30	1.00	1.09	0.00	22.95	11.82	4.16	3.32	3.65
2007	20.86	14.02	2.72	3.53	0.59	52.20	32.58	9.01	9.55	1.06
2008	24.59	17.95	2.57	3.20	0.87	71.71	43.16	10.82	16.02	1.71
2009	11.02	8.04	1.10	1.27	0.61	40.88	25.46	6.38	7.94	1.10
2010	18.61	12.76	1.94	2.94	0.97	51.24	31.84	10.37	8.16	0.87
2011	33.40	25.98	2.26	4.42	0.74	76.06	48.13	15.36	11.84	0.73
2012	42.90	35.89	0.54	5.22	1.25	94.37	57.32	19.35	17.28	0.42
2013	41.05	31.13	0.46	8.26	1.20	87.93	48.49	21.42	17.19	0.83
2014	39.53	29.33	0.83	8.32	1.05	98.42	53.30	28.20	16.02	0.90
2015	35.79	29.17	0.85	4.36	1.41	88.50	48.02	23.11	16.68	0.69
2016	43.37	28.44	1.13	13.46	0.34	69.69	34.50	21.70	12.83	0.66
2017	65.59	48.64	1.65	12.46	2.84	75.36	41.54	20.94	12.08	0.80
2018	77.77	46.65	1.00	18.52	11.60	81.61	27.70	22.97	21.64	9.30
2019	75.12	36.66	2.08	29.17	7.21	83.82	35.36	24.52	21.25	2.69
2020	89.92	—	—	—	—	67.44	27.16	18.82	8.76	12.70
2021	224.33	—	—	—	—	120.23	59.04	20.42	13.42	27.35

注：2005 年和 2006 年乘用车分类与其他年份有所不同。

数据来源：2001—2019 年的数据根据相应年份的《中国汽车工业年鉴》整理得出；2018 年、2019 年的专用车数据为特种车数据；2020 年、2021 年数据根据海关统计数据整理得出。

表 11　2001—2021 年中国整车产品进口量

年份	乘用车（辆）					商用车（辆）				
	合计	轿车	越野车	小客车 ≤ 9 座	其他	合计	载货车	客车 > 9 座	专用 汽车	其他
2001	61776	46632	10336	4551	257	9613	3138	4056	1171	1248
2002	115047	70329	32179	12348	191	13148	6692	3356	1112	1988
2003	153591	103017	39669	10812	93	18119	9862	4600	1285	2372
2004	162077	116085	35308	10510	174	13577	8078	2493	962	2044
2005	154834	76542	65966	12326	0	6490	3032	1336	552	1570
2006	218312	111777	86273	20262	0	9461	5582	1840	625	1414
2007	302096	139867	142228	19144	857	12034	9147	1558	435	894
2008	395799	154521	215062	24674	1542	13970	10171	2311	498	990
2009	409225	164837	207381	35693	1314	11471	8201	1902	375	993
2010	791126	343653	351408	89919	6146	22219	14977	5092	333	1817
2011	1011871	410270	430886	162911	7804	26751	19453	5196	214	1888
2012	1108730	446992	456362	179508	25868	23301	19452	2526	235	1088
2013	1179979	423439	505343	230915	20282	15061	11197	2386	224	1254
2014	1411561	469639	588921	344179	8822	14285	11501	1031	298	1455
2015	1091386	352460	471750	264340	2836	10380	7062	899	211	2208
2016	1062509	377373	465739	206190	13207	14395	11542	737	179	1937
2017	1228346	447740	528361	224796	27449	18169	15459	1073	170	1467
2018	1134681	485724	448400	181027	19530	19491	14315	383	232	4561
2019	—	487747	337877	204957	—	—	16126	175	519	—
2020	912249	—	—	—	—	20856	14912	—	258	—
2021	927362	—	—	—	—	11633	5452	—	189	—

注：2005 年和 2006 年乘用车分类与其他年份有所不同。

数据来源：2001—2019 年的数据根据相应年份的《中国汽车工业年鉴》整理得出；2020 年、2021 年的数据根据海关统计数据整理得出。

表 12　2001—2021 年中国整车产品进口贸易额

年份	乘用车（亿美元）					商用车（亿美元）				
	合计	轿车	越野车	小客车 ≤ 9 座	其他	合计	载货车	客车 > 9 座	专用 汽车	其他
2001	12.62	9.47	2.46	0.66	0.03	4.51	1.20	0.93	1.88	0.50
2002	26.06	16.14	7.67	2.21	0.04	6.03	2.60	0.86	1.86	0.71
2003	44.38	30.83	11.36	2.17	0.02	8.39	4.26	0.76	2.33	1.04
2004	45.94	32.69	10.94	2.24	0.07	8.21	4.04	0.57	2.54	1.06
2005	46.74	25.94	18.19	2.61	0.00	4.89	1.93	0.50	1.62	0.84
2006	69.27	39.94	25.38	3.95	0.00	6.34	3.31	0.69	1.64	0.70
2007	98.28	50.10	43.74	4.27	0.17	11.76	8.95	0.54	1.96	0.31
2008	140.33	63.56	71.21	5.23	0.33	12.30	8.14	0.89	2.80	0.47
2009	143.54	65.66	70.79	6.79	0.30	11.17	7.68	0.83	2.20	0.46
2010	288.99	141.48	127.11	18.57	1.83	18.87	13.16	2.32	2.58	0.81
2011	408.71	186.30	178.85	41.62	1.94	24.15	18.53	2.57	2.14	0.91
2012	454.68	195.70	204.95	47.76	6.27	22.14	18.63	1.49	1.22	0.80
2013	474.54	176.21	232.03	60.34	5.96	15.46	11.23	1.24	1.63	1.36
2014	596.87	210.36	284.24	96.85	5.42	12.39	8.66	0.63	1.59	1.51
2015	441.82	137.97	226.54	75.21	2.10	9.05	5.01	0.48	1.24	2.32
2016	439.88	135.00	226.76	68.97	9.15	9.56	6.61	0.34	0.75	1.86
2017	498.98	153.13	251.49	74.66	19.70	11.20	8.78	0.47	0.68	1.27
2018	494.08	193.72	236.25	64.11	0.00	10.9	8.13	0.17	0.87	1.73
2019	—	203.72	183.56	82.86	—	11.16	0.10		1.92	—
2020	449.17	—	—	—	—	17.85	12.01		1.72	—
2021	528.50	—	—	—	—	10.65	4.83		1.37	—

注：2005 年和 2006 年乘用车分类与其他年份有所不同。

数据来源：2001—2018 年的数据根据相应年份的《中国汽车工业年鉴》整理得出；

2019—2021 年的数据根据海关统计数据整理得出。

表 13　2001—2022 年中国汽车配件进出口情况

年份	进口金额（亿美元）	出口金额（亿美元）	净出口额（亿美元）
2001	26.18	16.32	−9.86
2002	23.12	16.61	−6.51
2003	73.84	54.20	−19.64
2004	86.80	79.46	−7.34
2005	76.85	98.89	22.04
2006	105.25	192.48	87.23
2007	120.00	286.91	166.91
2008	126.81	271.97	145.16
2009	145.73	254.74	109.01
2010	211.67	362.48	150.81
2011	250.93	459.53	208.60
2012	257.23	511.81	254.58
2013	427.30	632.92	205.62
2014	371.00	701.29	330.29
2015	317.22	643.00	325.78
2016	341.33	577.70	236.37
2017	388.21	685.95	297.74
2018	351.05	550.21	199.16
2019	324.00	602.50	278.50
2020	324.40	565.20	240.80
2021	376.40	755.70	379.30
2022	313.00	810.90	497.90

注：笔者对部分历史数据进行了修正。

数据来源：2001—2017 年的数据根据《中国汽车工业年鉴》2018 年版整理得出，2018—2022 年的数据根据海关统计数据整理得出。

表14　2001—2022年中国汽车产品（含整车和零部件）进出口贸易额

年份	进口额（亿美元）	出口额（亿美元）	全国货物出口总额（亿美元）	汽车出口贸易额占全国货物出口贸易总额比重（%）
2001	47.0	27.1	2661.0	1.02
2002	65.9	33.6	3256.0	1.03
2003	148.4	80.3	4382.3	1.83
2004	168.6	124.2	5933.2	2.09
2005	154.3	167.7	7619.5	2.20
2006	212.7	289.1	9689.8	2.98
2007	267.7	412.6	12204.6	3.38
2008	322.3	476.3	14306.9	3.33
2009	341.9	383.5	12016.1	3.19
2010	581.9	541.4	15777.5	3.43
2011	759.9	719.7	18983.8	3.79
2012	799.2	800.5	20487.1	3.91
2013	842.2	850.7	22090.0	3.85
2014	1004.1	914.9	23422.9	3.91
2015	788.4	842.1	22734.7	3.70
2016	813.0	758.8	20976.3	3.62
2017	882.7	834.1	22633.5	3.69
2018	857.8	698.8	24866.8	2.81
2019	791.3	683.8	24994.8	2.74
2020	791.5	722.5	25899.5	2.79
2021	915.6	1100.2	33689.5	3.27
2022	845.4	1412.5	35936.0	3.93

数据来源：进出口额根据相应年份的《中国汽车工业年鉴》整理得出，2018—2022年的数据根据海关统计数据整理得出；2001—2020年全国货物出口总额来自相应年份的《中国统计年鉴》。

表 15　2021 年与中国汽车商品进出口贸易额超过 10 亿美元的国家和地区

国家和地区	进出口贸易总额（万美元）	进口贸易额（万美元）	出口贸易额（万美元）
欧盟	6422573.89	4326038.42	2096535.47
美国	3293274.57	1384031.94	1909242.63
德国	3158568.49	2629900.47	528668.02
日本	2135108.10	1605862.21	529245.89
英国	898447.54	511685.78	386761.76
泰国	465873.23	230835.56	235037.67
韩国	449638.22	155849.95	293788.27
俄罗斯	428433.95	115.58	428318.37
比利时	398467.90	18399.16	380068.74
越南	362226.94	52518.61	309708.33
澳大利亚	343494.30	1353.10	342141.20
意大利	295198.56	125716.32	169482.24
法国	271701.45	97656.81	174044.64
菲律宾	247466.01	5906.97	241559.04
智利	247187.95	0.46	247187.49
中国台湾	244535.35	71769.79	172765.56
加拿大	241411.67	14211.41	227200.26
荷兰	226553.91	46429.23	180124.68
沙特阿拉伯	221828.89	0.92	221827.97
马来西亚	215607.89	10364.95	205242.94
瑞典	213094.03	158464.98	54629.05
巴西	210809.89	2102.51	208707.38
印度	206606.95	18732.21	187874.74

续表

国家或地区	进出口贸易总额（万美元）	进口贸易额（万美元）	出口贸易额（万美元）
奥地利	200100.30	183764.54	16335.76
印度尼西亚	195460.71	29495.79	165964.92
阿拉伯联合酋长国	150693.96	117.59	150576.37
西班牙	128921.71	36551.97	92369.74
土耳其	113857.55	7463.44	106394.11
南非	113738.43	4708.78	109029.65
中国香港	104690.18	91.93	104598.25
伊朗	102870.16	18.07	102852.09

数据来源：根据海关统计数据整理。

表 16　2001—2022 年中国石油对外依存情况

年份	原油产量（亿吨）	石油表观消费量（亿吨）	对外依存度（%）
2001	1.65	2.28	27.6
2002	1.70	2.48	31.5
2003	1.70	2.71	37.3
2004	1.75	3.17	44.8
2005	1.81	3.25	44.3
2006	1.84	3.47	47.0
2007	1.86	3.64	48.9
2008	1.90	3.87	50.9
2009	1.89	3.99	52.6
2010	2.02	4.48	54.9
2011	2.01	4.66	56.9
2012	2.05	4.89	58.1
2013	2.08	5.00	58.4

年份	原油产量（亿吨）	石油表观消费量（亿吨）	对外依存度（%）
2014	2.09	5.18	59.7
2015	2.13	5.40	60.6
2016	1.98	5.55	64.3
2017	1.92	5.88	67.3
2018	1.89	6.25	69.8
2019	1.91	6.56	70.9
2020	1.95	约 7.36	73.5
2021	1.99	约 7.12	72.1
2022	2.05	约 7.13	71.2

数据来源：中国石油集团经济技术研究院相应年份的《国内外油气行业发展报告》、中国海关总署；石油表观消费量数据为笔者计算所得。

世界汽车工业

表 17　2001—2022 年世界主要汽车生产国汽车产量

单位：万辆

年份	美国	德国	法国	意大利	英国	日本	韩国	印度
2001	1143	569	363	158	169	978	295	85
2002	1227	547	369	143	182	1026	315	89
2003	1211	551	362	132	185	1029	318	116
2004	1199	557	367	114	186	1051	347	151
2005	1198	576	355	104	180	1080	370	163
2006	1129	582	317	121	165	1148	384	202
2007	1078	621	302	128	175	1160	409	225
2008	871	604	257	102	165	1156	381	231
2009	573	521	205	84	109	793	351	264

续表

年份	美国	德国	法国	意大利	英国	日本	韩国	印度
2010	776	591	223	86	139	963	427	354
2011	865	631	224	79	146	839	466	394
2012	1033	565	197	67	158	994	456	415
2013	1108	573	174	66	159	963	452	389
2014	1166	591	182	70	160	977	452	384
2015	1208	603	197	101	168	928	456	412
2016	1220	606	208	110	182	920	423	449
2017	1119	565	223	114	175	969	411	478
2018	1131	512	227	106	160	973	403	517
2019	1088	466	220	92	138	968	395	451
2020	882	374	132	78	99	807	351	339
2021	917	331	138	80	93	785	346	440
2022	1006	368	138	80	88	784	376	546

数据来源：2001—2016 年的数据来自相应年份的《中国汽车工业年鉴》；2017—2022年的数据来自国际汽车制造商协会。

表 18　2001—2022 年世界主要汽车生产国汽车销量

单位：万辆

年份	美国	德国	法国	意大利	英国	日本	韩国	印度
2001	1747	363	275	264	277	591	145	82
2002	1713	355	261	257	289	579	162	88
2003	1697	350	244	249	294	583	132	108
2004	1729	356	247	252	296	584	109	134
2005	1744	362	255	248	283	585	114	144
2006	1705	377	249	259	273	574	116	175
2007	1645	348	258	279	279	535	122	199
2008	1349	343	257	243	248	508	124	198

续表

年份	美国	德国	法国	意大利	英国	日本	韩国	印度
2009	1060	405	269	236	222	461	146	226
2010	1177	319	271	217	231	496	157	304
2011	1304	351	269	194	219	421	159	329
2012	1479	339	233	153	234	537	156	358
2013	1588	326	221	142	260	538	154	324
2014	1693	331	218	146	284	556	166	318
2015	1783	356	236	172	304	505	192	342
2016	1787	371	248	205	312	497	182	367
2017	1755	381	255	219	291	524	183	406
2018	1770	382	263	212	273	527	183	440
2019	1748	402	269	213	268	520	180	382
2020	1445	327	210	156	196	460	191	294
2021	1541	297	214	166	204	445	173	378
2022	1423	296	193	151	194	420	168	473

数据来源：2001—2015 年的数据来自相应年份的《中国汽车工业年鉴》；2016—2022 年的数据来自国际汽车制造商协会。

表 19 2001—2021 年世界主要汽车生产国整车出口情况

单位：万辆

年份	美国	德国	法国	西班牙	英国	日本	意大利	韩国	巴西
2001	1146.2	391.6	373.5	—	98.6	41.6	—	150.1	38.6
2002	165.9	387.5	391.7	232.7	119.7	469.9	73.4	150.6	41.5
2003	161.4	393.6	404.6	249.5	123.6	475.6	70.4	181.5	53.5
2004	179.4	392.4	426.9	247.9	130.8	495.8	59.6	237.9	64.8
2005	206.4	408.1	431.9	224.7	131.6	505.3	49.8	258.6	89.7
2006	205.5	418.3	312.6	227.3	124.2	596.7	59.6	264.8	63.4

续表

年份	美国	德国	法国	西班牙	英国	日本	意大利	韩国	巴西
2007	239.6	466.4	469.7	238.9	131.7	654.9	65.1	284.7	64.4
2008	196.6	450.0	432.2	218.1	125.4	672.7	56.1	268.4	56.9
2009	110.7	358.4	388.3	188.3	82.9	361.6	38.3	214.9	47.5
2010	150.2	448.1	478.6	208.0	104.7	484.1	44.0	277.2	76.7
2011	172.8	482.7	489.3	212.1	119.4	446.4	42.4	315.2	57.9
2012	194.1	—	440.4	172.9	127.5	480.4	40.7	317.0	47.3
2013	209.1	440.5	437.3	187.9	124.9	467.4	39.3	308.9	59.1
2014	222.8	466.6	—	206.0	123.0	446.6	43.9	306.3	33.4
2015	211.7	465.0	—	227.4	127.5	457.8	67.6	297.4	41.7
2016	207.1	498.7	—	243.2	140.9	463.4	—	262.1	52.0
2017	211.1	—	—	231.8	—	470.6	—	253.0	78.5
2018	—	399.3	655.7	230.4	123.8	481.7	85.4	245.0	62.9
2019	—	348.7	—	231.0	105.6	481.8	73.6	241.2	42.8
2020	—	263.3	—	195.1	75.0	374.0	—	188.7	32.5
2021	—	237.4	—	—	—	381.9	—	—	—

数据来源：2001—2013 年数据来自相应年份的《中国汽车工业年鉴》；2014—2017 年数据来自北京富欧睿；2018—2021 年数据来自中国汽车工业协会及各国汽车协会。

表20　2020—2021 年全球汽车整车和零部件企业研发投入百强

排名	公司名称	国家和地区	2021—2022年研发投入（百万欧元）	研发投入年度增长（%）	销售额（百万欧元）	销售额年度增长（%）	研发投入强度（%）
1	VOLKSWAGEN 大众	德国	15583.0	12.2	250200.0	12.3	6.2
2	MERCEDES-BENZ 梅赛德斯－奔驰	德国	8973.0	6.3	167971.0	8.9	5.3

排名	公司名称	国家和地区	2021—2022年研发投入（百万欧元）	研发投入年度增长（%）	销售额（百万欧元）	销售额年度增长（%）	研发投入强度（%）
3	TOYOTA MOTOR 丰田汽车	日本	8691.3	3.1	242585.8	15.3	3.6
4	GENERAL MOTORS 通用汽车	美国	6975.1	27.4	112134.9	3.7	6.2
5	BMW 宝马	德国	6870.0	9.4	111239.0	12.4	6.2
6	FORD MOTOR 福特汽车	美国	6710.2	7.0	120378.7	7.2	5.6
7	HONDA MOTOR 本田汽车	日本	6372.7	4.1	112502.6	10.5	5.7
8	ROBERT BOSCH 博世	德国	6328.0	4.7	78748.0	10.1	8.0
9	STELLANTIS 斯泰兰蒂斯	荷兰	5889.0	52.3	149419.0	72.4	3.9
10	DENSO 电装	日本	3846.5	1.1	42638.8	11.7	9.0
11	NISSAN MOTOR 日产汽车	日本	3742.2	−3.9	65128.0	7.1	5.7
12	TATA MOTORS 塔塔汽车	印度	3067.0	46.5	32705.7	10.9	9.4
13	SAIC MOTOR 上汽集团	中国	2854.5	37.6	102623.0	5.1	2.8
14	CONTINENTAL 大陆	德国	2636.6	−25.8	38197.9	1.3	6.9
15	ZF 采埃孚	德国	2466.0	21.8	38313.0	17.5	6.4
16	RENAULT 雷诺	法国	2361.0	−14.1	46213.0	6.3	5.1
17	HYUNDAI MOTOR 现代汽车	韩国	2305.1	0.0	87511.6	13.1	2.6
18	TESLA 特斯拉	美国	2289.4	73.9	47521.6	70.7	4.8

续表

排名	公司名称	国家和地区	2021—2022年研发投入（百万欧元）	研发投入年度增长（%）	销售额（百万欧元）	销售额年度增长（%）	研发投入强度（%）
19	RIVIAN AUTOMOTIVE Rivian 集团	美国	1633.4	141.5	48.6	—	3360.9
20	VALEO 法雷奥	法国	1555.0	-0.2	17262.0	5.0	9.0
21	AISIN 爱信精机	日本	1501.0	2.3	30284.5	11.1	5.0
22	GREAT WALL MOTOR 长城汽车	中国	1253.2	75.6	17907.4	31.5	7.0
23	SUZUKI MOTOR 铃木汽车	日本	1242.7	9.9	27586.1	12.3	4.5
24	FAURECIA 佛吉亚	法国	1206.3	1.6	15617.8	8.1	7.7
25	MAZDA MOTOR 马自达汽车	日本	1040.7	5.6	24122.5	8.3	4.3
26	FERRARI 法拉利	荷兰	936.8	10.6	4270.9	23.4	21.9
27	WEICHAI POWER 潍柴动力	中国	910.0	13.2	27401.1	3.6	3.3
28	APTIV 安波福	英国	909.4	0.6	13789.5	19.5	6.6
29	DONGFENG MOTOR 东风汽车	中国	901.2	23.8	15662.7	4.2	5.8
30	HYUNDAI MOBIS 现代摩比斯	韩国	868.7	15.3	31029.7	13.9	2.8
31	SUBARU 斯巴鲁	日本	800.8	-0.5	21217.1	-3.0	3.8
32	EVERGRANDE 恒大	中国	758.9	493.8	2146.4	174.8	35.4
33	SCHAEFFLER 舍弗勒	德国	751.0	4.6	13852.0	9.9	5.4
34	BRIDGESTONE 普利司通	日本	738.1	0.3	28703.4	24.0	2.6

续表

排名	公司名称	国家和地区	2021—2022年研发投入（百万欧元）	研发投入年度增长（%）	销售额（百万欧元）	销售额年度增长（%）	研发投入强度（%）
35	YAMAHA MOTOR 雅马哈	日本	736.6	1.4	14011.9	23.2	5.3
36	GUANGZHOU AUTOMOBILE 广汽集团	中国	707.9	1.3	10488.5	19.8	6.7
37	MITSUBISHI MOTORS 三菱汽车	日本	701.3	−10.5	15762.2	40.1	4.4
38	MICHELIN 米其林	法国	682.0	5.6	23795.0	16.2	2.9
39	MAHLE 马勒	德国	665.6	3.4	10933.1	11.9	6.1
40	LUCID Lucid 集团	美国	662.4	46.8	23.9	581.9	2771.5
41	GEELY AUTOMOBILE 吉利汽车	中国	631.9	−4.6	14083.1	10.3	4.5
42	BORGWARNER 博格华纳	美国	624.2	48.5	13100.8	46.0	4.8
43	NIO 蔚来	中国	606.7	96.1	5008.4	122.3	12.1
44	XPENG 小鹏汽车	中国	570.2	138.4	2908.9	259.1	19.6
45	MAGNA 麦格纳	加拿大	559.8	−23.6	31998.9	11.0	1.7
46	IVECO 依维柯	荷兰	509.0	29.5	12651.0	21.5	4.0
47	CHONGOING CHANGAN 重庆长安	中国	499.4	39.0	13682.9	23.8	3.6
48	SINOTRUK 中国重汽	中国	456.7	25.6	12939.1	−4.9	3.5
49	KIA 起亚汽车	韩国	448.0	1.2	51983.1	18.1	0.9
50	LI AUTO 理想汽车	中国	448.0	206.4	3743.5	185.6	12.0
51	GOODYEAR 固特异	美国	437.9	27.2	15431.7	41.9	2.8

续表

排名	公司名称	国家和地区	2021—2022年研发投入（百万欧元）	研发投入年度增长（%）	销售额（百万欧元）	销售额年度增长（%）	研发投入强度（%）
52	FAW JIEFANG 一汽解放	中国	437.2	15.4	13186.5	-13.5	3.3
53	TOYOTA BOSHOKU 丰田纺织	日本	344.8	6.6	10988.8	11.7	3.1
54	AUTOLIV 奥托立夫	美国	324.9	3.7	7266.5	10.5	4.5
55	TOYOTA IND US TRIES 丰田工业	日本	309.4	4.6	20913.0	27.7	1.5
56	RHEINMETALL 莱茵金属	德国	282.0	-5.4	5658.0	-3.7	5.0
57	CHONGQING SOKON IND US TRY GROUP 重庆小康工业集团	中国	262.6	6.0	2158.3	16.4	12.2
58	NINGBO JOYSON ELECTRONIC 均胜电子	中国	259.7	-34.7	6222.9	-4.3	4.2
59	NIKOLA 尼古拉	美国	258.7	57.8	—	—	—
60	JIANGLING MOTORS 江铃汽车	中国	258.6	26.1	4651.6	5.9	5.6
61	FISKER 菲斯克	美国	253.3	1262.6	0.1	—	2533.0
62	KOITO MANUFACTURING 小糸制作所	日本	252.6	-9.6	5880.9	7.7	4.3
63	LORDSTOWN 洛兹敦汽车	美国	250.8	285.4	—	—	—
64	ZHEJIANG CENTURY HUATONG 世纪华通	中国	247.5	21.6	1900.0	-6.8	13.0

排名	公司名称	国家和地区	2021—2022年研发投入（百万欧元）	研发投入年度增长（%）	销售额（百万欧元）	销售额年度增长（%）	研发投入强度（%）
65	PIRELLI 倍耐力	意大利	240.4	23.5	5331.5	23.9	4.5
66	WEBASTO 伟巴斯特	德国	239.6	23.3	3707.0	12.2	6.5
67	TOKAI RIKA 东海理化	日本	235.6	13.0	3767.2	10.7	6.3
68	NEXTEER 耐世特	美国	228.9	−1.4	2965.5	10.8	7.7
69	ASTON MARTIN LAGONDA GLOBAL HOLDINGS 阿斯顿马丁拉贡达	英国	226.8	5.0	1299.2	79.0	17.5
70	REE AUTOMOTIVE	以色列	222.9	753.1	0.0	−98.5	—
71	CANOO	美国	217.4	72.4	—	—	—
72	BRP 庞巴迪	加拿大	198.9	19.6	5248.7	28.5	3.8
73	SUMITOMO RUBBER IND US TRIES 住友橡胶工业	日本	196.7	5.1	7236.2	18.4	2.7
74	AUTOHOME 汽车之家	中国	193.8	2.5	1003.0	−16.4	19.3
75	TOYODA GOSEI 丰田合成	日本	187.4	9.8	6418.4	15.1	2.9
76	YUTONG 郑州宇通	中国	185.8	−6.1	2869.9	4.4	6.5
77	VISTEON 伟世通	美国	168.6	−5.0	2448.3	8.8	6.9
78	EBERSPAECHER 埃贝赫	德国	167.9	5.1	4911.8	−1.1	3.4
79	WUHU SANQI 芜湖三七	中国	164.7	8.9	2242.3	12.7	7.3
80	VDL GROEP VDL 集团	荷兰	159.0	1.3	4583.9	−18.3	3.5

续表

排名	公司名称	国家和地区	2021—2022年研发投入（百万欧元）	研发投入年度增长（%）	销售额（百万欧元）	销售额年度增长（%）	研发投入强度（%）
81	DANA 德纳	美国	157.2	21.9	7897.8	25.9	2.0
82	HARLEY-DAVIDSON 哈雷戴维森	美国	154.6	−13.5	4711.6	31.6	3.3
83	FARADAY 法拉第	美国	154.5	766.6	—	—	—
84	STANLEY ELECTRIC 斯坦雷电气	日本	145.6	19.0	2957.5	6.4	4.9
85	MANDO CORPORATION 万都	韩国	141.8	14.7	4574.2	10.5	3.1
86	CHENG SHIN RUBBER 正新橡胶	中国台湾	138.4	−4.9	3237.6	5.5	4.3
87	RED BULL TECHNOLOGY 红牛科技	英国	131.1	−14.8	374.2	−6.5	35.0
88	QUANTUMSCAPE 固态电池开发商	美国	128.4	130.0	—	—	—
89	HANON SYSTEMS 翰昂汽车零部件	韩国	126.5	−3.2	5470.0	7.0	2.3
90	MINTH 敏实集团	中国	125.5	23.4	1929.2	11.7	6.5
91	NHK SPRING 弹簧制造商	日本	124.3	2.6	4537.2	2.5	2.7
92	GARRETT MOTION 盖瑞特	美国	120.1	22.5	3207.7	19.7	3.7
93	YOKOHAMA RUBBER 横滨轮胎	日本	118.3	8.3	5185.8	17.6	2.3

排名	公司名称	国家和地区	2021—2022年研发投入（百万欧元）	研发投入年度增长（%）	销售额（百万欧元）	销售额年度增长（%）	研发投入强度（%）
94	HANKOOK TIRE & TECHNOLOGY 韩泰轮胎	韩国	117.8	4.7	5313.6	10.7	2.2
95	SHANDONG LINGLONG TYRE 玲珑轮胎	中国	115.7	20.7	2519.2	0.9	4.6
96	MAHINDRA & MAHINDRA 马恒达	印度	108.1	4.7	9211.2	27.2	1.2
97	GENTEX 真泰克	美国	104.0	1.6	1528.5	2.5	6.8
98	AMERICAN AXLE & MANUFACTURING 美国车桥控股	美国	103.1	-0.5	4552.9	9.5	2.3
99	HYSTER-YALE MATERIALS HANDLING 海斯特-耶鲁物料运输	美国	95.6	7.8	2715.6	9.4	3.5
100	ADIENT 安道拓	爱尔兰	93.6	-27.9	12078.4	8.0	0.8

数据来源：欧盟产业研究与创新经济学项目。

附录二
2022年1月至12月发布或开始实施的部分汽车政策法规

本部分全面梳理2022年1月至12月，中共中央、国务院以及各有关部委发布的汽车产业相关政策与法规等，并从中筛选出对产业影响较大、与产业发展紧密相关的44条，涵盖新能源汽车（10条）、营商与消费（10条）、智能网联汽车（7条）、认证与准入（7条）、财税（3条）、交通运输（3条）、节能环保（2条）、外贸发展（2条），供读者参考（见表21）。

表21　2022年1—12月汽车产业相关政策与法规

序号	政策名称	发布部门	内容要点	发布/实施时间	分类
1	《关于进一步加强轻型货车、小微型载客汽车生产和登记管理工作的通知》（工信部联通装〔2022〕3号）	工业和信息化部、公安部	明确了关于轻型货车和小微型载客汽车的生产与登记管理工作的有关事项。主要有以下几方面：①提高轻型货车、小微型载客汽车安全技术要求；②落实生产企业产品安全质量、生产一致性主体责任；③严把车辆产品检验机构产品检测关；④强化车辆产品生产一致性监管；⑤严格轻型货车、小微型载客汽车登记管理；⑥推进在用"大吨小标"轻型货车治理	2022年1月7日	认证与准入

序号	政策名称	发布部门	内容要点	发布/实施时间	分类
2	《关于进一步提升电动汽车充电基础设施服务保障能力的实施意见》（发改能源规〔2022〕53号）	国家发展改革委、国家能源局、工业和信息化部、财政部、自然资源部、住房和城乡建设部、交通运输部、农业农村部、应急部、国家市场监管总局	到"十四五"末，我国电动汽车充电保障能力进一步提升，形成适度超前、布局均衡、智能高效的充电基础设施体系，能够满足超过2000万辆电动汽车充电需求，展现国家花大功夫、下大力气提升纯电动新能源汽车充电便利性的坚定决心，让新能源汽车的充电服务能够更好与新能源汽车产量和销量的快速增长相适应，推动我国新能源汽车产业持续健康发展	2022年1月10日	新能源汽车
3	《关于印发〈"十四五"市场监管现代化规划〉的通知》（国发〔2021〕30号）	国务院	提到健全缺陷产品召回制度，加强大中型客货车、新能源汽车与智能网联汽车、智能家居、儿童用品、电子电器等重点产品召回管理，强化重大案件调查与召回后续监督工作，完善缺陷产品召回技术支撑体系	2022年1月27日	智能网联汽车
4	《关于印发〈计量发展规划（2021—2035年）〉的通知》（国发〔2021〕37号）	国务院	提出开展新能源汽车电池、充电设施等计量测试技术研究和测试评价，加强智能汽车计量测试方法研究和基础设施建设	2022年1月28日	新能源汽车
5	《关于完善能源绿色低碳转型体制机制和政策措施的意见》（发改能源〔2022〕206号）	国家发展改革委、国家能源局	完善交通运输领域能源清洁替代政策。推广交通运输绿色低碳转型，优化交通运输结构，推行绿色低碳交通设施装备。对交通供能站布局和建设在土地空间等方面予以支持，开展多能融合交通供能站建设，推进新能源汽车与电网能量互动试点示范，推动车桩、船岸协同发展	2022年1月30日	节能环保

320

序号	政策名称	发布部门	内容要点	发布/实施时间	分类
6	《关于促进工业经济平稳增长的若干政策的通知》（发改产业〔2022〕273号）	国家发展改革委、工业和信息化部、财政部、人力资源社会保障部、自然资源部、生态环境部、交通运输部、商务部、人民银行、税务总局、原银保监会、国家能源局	提出延长阶段性税费缓缴政策，将2021年四季度实施的制造业中小微企业延缓缴纳部分税费政策，延续实施6个月；继续实施新能源汽车购置补贴、充电设施奖补、车船税减免优惠政策	2022年2月18日	财税
7	《关于印发〈车联网网络安全和数据安全标准体系建设指南〉的通知》（工信厅科〔2022〕5号）	工业和信息化部办公厅	聚焦车联网终端与设施网络安全、网联通信安全、数据安全、应用服务安全、安全保障与支撑等重点领域，着力增加基础通用、共性技术、试验方法、典型应用等产业急需标准的有效供给，覆盖车联网网络安全、数据安全的关键领域和关键环节	2022年2月25日	智能网联汽车
8	《关于试行汽车安全沙盒监管制度的通告》（2022年第6号）	市场监管总局、工业和信息化部、交通运输部、应急部、海关总署	汽车安全沙盒监管坚守产品安全底线，采用目录清单制，在部分车型、部分地区试行开展，确保制度适度、安全、可控。沙盒监管的对象是在车辆中使用的环境感知、智能决策、协同控制等前沿技术，或实现各级别自动驾驶、远程升级等新功能新模式	2022年2月25日	认证与准入

序号	政策名称	发布部门	内容要点	发布／实施时间	分类
9	《汽车驾驶自动化分级》国家推荐标准（GB/T 40429-2021）	国家市场监管总局	明确了在各级别同等功能均被划分为1级驾驶自动化等级中，驾驶员应承担的职责，比如开启自适应巡航功能时，驾驶员应和自动化系统共同完成驾驶操作。驾驶员还应承担突发事件的应急操作，并在关键时刻介入动态驾驶任务，以保证车辆与乘客的安全	2022年3月1日	认证与准入
10	《2022年汽车标准化工作要点》	工业和信息化部	提出加快智慧网联车领域标准研制，推动智慧网联车产业高质量可持续发展，并加强信息安全建设，分阶段完成智能网联汽车操作系统系列标准制定，开展符合我国交通特征的测试设备等标准研制工作；进一步优化完善信息安全与数据安全标准体系、智能网联汽车企业及产品的市场准入体系以及车辆网联功能技术标准子体系，推动智慧网联车产业高质量可持续发展	2022年3月18日	智能网联汽车
11	《关于印发〈"十四五"现代能源体系规划〉的通知》（发改能源〔2022〕210号）	国家发展改革委、国家能源局	提出积极推动新能源汽车在城市公交等领域应用，到2025年，新能源汽车新车销量占比达到20%左右。优化充电基础设施布局，全面推动车桩协同发展，推进电动汽车与智能电网间的能量和信息双向互动，开展光、储、充、换相结合的新型充换电场站试点示范	2022年3月22日	新能源汽车

序号	政策名称	发布部门	内容要点	发布/实施时间	分类
12	《氢能产业发展中长期规划（2021—2035年）》	国家发展改革委、国家能源局	提出氢能产业发展各阶段目标：到2025年，基本掌握核心技术和制造工艺，燃料电池车辆保有量约5万辆，部署建设一批加氢站，可再生能源制氢量达到10万～20万吨/年，实现二氧化碳减排100万～200万吨/年。到2030年，形成较为完备的氢能产业技术创新体系、清洁能源制氢及供应体系，有力支撑碳达峰目标实现	2022年3月23日	新能源汽车
13	《关于进一步加强新能源汽车企业安全体系建设的指导意见》（工信厅联通装〔2022〕10号）	工业和信息化部办公厅、公安部办公厅、交通运输部办公厅、应急部办公厅、国家市场监管总局办公厅	从完善安全管理机制、保障产品质量安全、提高监测平台效能、优化售后服务能力、加强事故响应处置、健全网络安全保障体系及组织实施7个方面共22条展开，覆盖了事前、事中、事后全过程，对新能源车企的安全体系建设提出了全面要求	2022年3月29日	新能源汽车
14	《关于开展汽车软件在线升级备案的通知》（装备中心〔2022〕229号）	工业和信息化部装备工业发展中心	包括备案范围、备案要求、备案工作流程、实施安排和企业责任5个部分。规定获得道路机动车辆生产准入许可的汽车整车生产企业及其生产的具备OTA升级功能的汽车整车产品和实施的OTA升级活动，应进行备案	2022年4月15日	认证与准入

序号	政策名称	发布部门	内容要点	发布／实施时间	分类
15	《关于进一步释放消费潜力促进消费持续恢复的意见》（国办发〔2022〕9号）	国务院办公厅	提出一系列促消费政策措施，政策针对性强、支持力度大，特别是对促进汽车、家电等大宗消费做出明确部署、提出具体要求，这不仅对释放大宗消费潜力、促进消费持续恢复具有重要意义，对畅通国内大循环、构建新发展格局也将起到重要作用	2022年4月25日	营商与消费
16	《关于开展2022新能源汽车下乡活动的通知》（工信厅联通装函〔2022〕107号）	工业和信息化部办公厅、商务部办公厅、农业农村部办公厅、国家能源局综合司	四部门将联合组织在2022年5—12月开展新一轮新能源汽车下乡活动，在山西、吉林、江苏、浙江、河南、山东、湖北、湖南、海南、四川、甘肃等地，选择三四线城市、县区举办若干场专场、巡展、企业活动。鼓励各地出台更多新能源汽车下乡支持政策，改善新能源汽车使用环境，推动农村充换电基础设施建设	2022年5月16日	营商与消费
17	《关于印发〈财政支持做好碳达峰碳中和工作的意见〉的通知》（财资环〔2022〕53号）	财政部	提出支持优化调整运输结构。大力支持发展新能源汽车，完善充换电基础设施支持政策，稳妥推动燃料电池汽车示范应用工作；加大新能源、清洁能源公务用车和用船政府采购力度，机要通信等公务用车除特殊地理环境等因素外原则上采购新能源汽车，优先采购提供新能源汽车的租赁服务，公务用船优先采购新能源、清洁能源船舶	2022年5月25日	新能源汽车

序号	政策名称	发布部门	内容要点	发布/实施时间	分类
18	《关于印发〈扎实稳住经济一揽子政策措施〉的通知》（国发〔2022〕12号）	国务院	提出各地区不得新增汽车限购措施，逐步增加汽车增量指标数量、放宽购车人员资格限制；全面取消二手车限迁政策，取消对符合国五排放标准小型非营运二手车的迁入限制；支持汽车整车进口口岸地区开展平行进口业务，完善平行进口汽车环保信息公开制度；加快推进高速公路服务区、客运枢纽等区域充电桩（站）建设	2022年5月31日	营商与消费
19	《关于减征部分乘用车车辆购置税的公告》（财政部税务总局公告2022年第20号）	财政部、国家税务总局	提出对购置日期在2022年6月1日至2022年12月31日内且单车价格（不含增值税）不超过30万元的2.0升及以下排量乘用车，减半征收车辆购置税；明确公告所称乘用车，是指在设计、制造和技术特性上主要用于载运乘客及其随身行李和（或）临时物品，包括驾驶员座位在内最多不超过9个座位的汽车	2022年5月31日	财税
20	《扩大内需战略规划纲要（2022—2035年）》	中共中央、国务院	提到要释放出行消费潜力，优化城市交通网络布局，大力发展智慧交通。推动汽车电动化、网联化、智能化，加强停车场、充电桩、换电站、加氢站等配套基础设施。便利二手车交易	2022年5月31日	营商与消费

续表

序号	政策名称	发布部门	内容要点	发布/实施时间	分类
21	《关于实施道路机动车辆生产企业和产品准入管理便企服务措施的通告》（工信部通装函〔2022〕119号）	工业和信息化部	提出车辆生产企业申报《道路机动车辆生产企业及产品公告》（以下简称《公告》）新产品申报变更扩展时，可暂不报送第三方检测机构检测报告，实行容缺受理、先办后补。企业应当确保申报产品符合道路机动车辆产品准入有关技术要求，自行进行相关安全、环保性能测试验证，提交测试验证结果和承诺书，承担相关法律责任	2022年6月1日	认证与准入
22	《关于印发〈减污降碳协同增效实施方案〉的通知》（环综合〔2022〕42号）	生态环境部、国家发展改革委、工业和信息化部、住房城乡建设部、交通运输部、农业农村部、国家能源局	明确提出到2030年，大气污染防治重点区域新能源汽车新车销售量达到汽车新车销售量的50%左右。加快淘汰老旧船舶，推动新能源、清洁能源动力船舶应用，加快港口供电设施建设，推动船舶靠港使用岸电。制定实施《碳排放权交易管理暂行条例》，完善汽车等移动源排放标准，推动污染物与温室气体排放协同控制	2022年6月10日	节能环保
23	《关于印发〈科技支撑碳达峰碳中和实施方案（2022—2030年）〉的通知》（国科发社〔2022〕157号）	科技部、国家发展改革委、工业和信息化部、生态环境部、住房城乡建设部、交通运输部、中国科学院、中国工程院、国家能源局	提出10项具体行动。其中，与汽车产业直接相关的行动有以下两点：一是在"三、城乡建设与交通低碳零碳技术攻关行动"中提出，促进交通领域绿色化、电气化和智能化。力争到2030年，动力电池、驱动电机、车用操作系统等关键技术取得重大突破，新能源汽车安全水平全面提升，纯电动乘用车新车平均电耗大幅下降	2022年6月24日	新能源汽车

续表

序号	政策名称	发布部门	内容要点	发布/实施时间	分类
24	《关于搞活汽车流通扩大汽车消费若干措施的通知》（商消费发〔2022〕92号）	商务部、国家发展改革委、工业和信息化部、公安部、财政部等17部门	提出支持新能源汽车购买使用、活跃二手车市场、促进汽车更新消费、支持汽车平行进口、研究免征新能源汽车车辆购置税政策到期后延期问题。深入开展新能源汽车下乡活动，鼓励有条件的地方出台下乡支持政策，引导企业加大活动优惠力度，促进农村地区新能源汽车消费使用等，提出了6个方面、12条政策措施	2022年7月5日	营商与消费
25	《关于印发贯彻实施〈国家标准化发展纲要〉行动计划的通知》	国家市场监管总局、中央网信办、国家发展改革委、科技部、工业和信息化部、公安部等16部门	提出加强工业互联网、车联网、能源互联网、时空信息等新型基础设施规划、设计、建设、运营、升级等方面标准研制。积极发展创新基础设施标准	2022年7月6日	智能网联汽车
26	《关于印发〈工业领域碳达峰实施方案〉的通知》（工信部联节〔2022〕88号）	工业和信息化部、国家发展改革委、生态环境部	提出实施绿色低碳产品供给提升行动，加大交通运输领域绿色低碳产品供给。具体内容包括：大力推广节能与新能源汽车，强化整车集成技术创新，提高新能源汽车产业集中度；提高城市公交、出租汽车、邮政快递、环卫、城市物流配送等领域新能源汽车比例，提升新能源汽车个人消费比例等	2022年7月7日	新能源汽车

327

序号	政策名称	发布部门	内容要点	发布/实施时间	分类
27	《关于印发〈"十四五"认证认可检验检测发展规划〉的通知》（国市监认证发〔2022〕69号）	国家市场监管总局	提出以电力、化工、建材、钢铁、有色、造纸、汽车等行业为重点，研究制定全过程、全生命周期的合格评定解决方案，加强碳排放合格评定能力建设；完善新能源认证制度，开展新能源汽车动力电池梯次利用产品认证，提高动力电池余能检测技术水平，加强燃油、天然气、氢能、充电桩、新型储能设施等领域检验检测能力建设，促进能源安全高效利用和转型发展	2022年7月29日	新能源汽车
28	《关于印发〈加快推进公路沿线充电基础设施建设行动方案〉的通知》（交公路发〔2022〕80号）	交通运输部、国家能源局、国家电网有限公司、中国南方电网有限责任公司	提出力争到2022年年底前，全国除高寒高海拔以外区域的高速公路服务区能够提供基本充电服务；到2023年年底前，具备条件的普通国省干线公路服务区（站）能够提供基本充电服务；到2025年年底前，高速公路和普通国省干线公路服务区（站）充电基础设施进一步加密优化，农村公路沿线有效覆盖，基本形成"固定设施为主体，移动设施为补充，重要节点全覆盖，运行维护服务好，群众出行有保障"的公路沿线充电基础设施网络	2022年8月1日	交通运输

续表

序号	政策名称	发布部门	内容要点	发布/实施时间	分类
29	《关于做好智能网联汽车高精度地图应用试点有关工作的通知》（自然资办函〔2022〕1480号）	自然资源部	提出在北京、上海、广州、深圳、杭州、重庆6个城市首批开展智能网联汽车高精度地图应用试点，形成可在全国复制、推广的自动驾驶相关地图安全应用技术路径和示范模式	2022年8月2日	智能网联汽车
30	《绿色交通标准体系（2022年）》（交办科技〔2022〕36号）	交通运输部办公厅	主要包括综合交通运输和公路、水路领域与绿色交通发展直接相关的技术标准和工程建设标准。标准体系包括5个部分，即100基础通用标准，200节能降碳标准，300污染防治标准，400生态环境保护修复标准，500资源节约集约利用标准	2022年8月10日	认证与准入
31	《关于〈自动驾驶汽车运输安全服务指南（试行）〉（征求意见稿）公开征求意见的通知》	交通运输部运输服务司	分为九部分，从适用范围、发展导向、运输经营者要求、车辆要求、人员要求、安全保障、监督管理等多方面着手，对车辆保险、运输安全保障、车辆动态监控、问题整改等多维度提出了具体要求	2022年8月14日	交通运输
32	《关于促进智能网联汽车发展维护测绘地理信息安全的通知》（自然资规〔2022〕1号）	自然资源部	通知提出，各类车载传感器以及智能网联汽车的制造、集成、销售等，不属于法定的测绘活动。对智能网联汽车运行、服务和道路测试过程中产生的空间坐标、影像、点云及其属性信息等测绘地理信息数据进行收集、存储、传输和处理者，是测绘活动的行为主体，应遵守相关规定并依法承担相应责任	2022年8月30日	智能网联汽车

序号	政策名称	发布部门	内容要点	发布/实施时间	分类
33	《关于完善二手车市场主体备案和车辆交易登记管理的通知》（商办消费函〔2022〕239号）	商务部办公厅、公安部办公厅	推出系列便利二手车交易登记新措施，进一步降低二手车交易登记成本，更好促进汽车梯次消费和二手车市场持续健康发展。内容包括：完善二手车市场主体备案，加强部门信息共享；便利办理二手车交易登记，促进汽车梯次消费；强化事中事后监管，规范二手车经营行为	2022年9月6日	营商与消费
34	《关于印发〈关于深化机动车检验制度改革优化车检服务工作的意见〉的通知》	公安部、国家市场监管总局、生态环境部、交通运输部	提出在综合评估检验机构数量、分布和检测能力等基础上，选择3～5个城市，允许具备一类、二类维修资质的部分汽车品牌销售企业试点开展本品牌非营运小微型载客汽车检验，实现非营运小微型载客汽车维修、保养、检验一站式服务。在确保安全标准不降低的前提下，允许试点企业使用举升式设备开展底盘检验，不强制要求建设试验车道、驻车坡道、侧滑检测仪、驻车制动拉力计等设施或设备	2022年9月9日	认证与准入
35	《关于延续新能源汽车免征车辆购置税政策的公告》（2022年第27号）	财政部、国家税务总局、工业和信息化部	提到2022年继续对购置的新能源汽车免征车辆购置税。免征车辆购置税的新能源汽车是指纯电动汽车、插电式混合动力汽车（含增程式）及燃料电池汽车，截止日期为2022年12月31日	2022年9月18日	财税

续表

序号	政策名称	发布部门	内容要点	发布/实施时间	分类
36	《关于印发〈海关总署支持广州南沙深化面向世界的粤港澳全面合作若干措施〉的通知》	海关总署	提出要助力汽车产业链发展。支持在南沙综保区开展平行进口汽车符合性整改等业务。支持企业依托综保区开展平行进口汽车保税展示交易业务。综合运用综保区、出口监管仓等政策优势，支持新能源汽车、智能汽车等产业发展，对汽车整车及核心零配件便捷通关	2022年9月20日	营商与消费
37	《关于修改〈道路运输车辆技术管理规定〉的决定》（中华人民共和国交通运输部令2022年第29号）	交通运输部	为落实国务院"放管服"改革决定和《道路运输条例》相关修改内容，将道路货物运输站（场）经营许可改为备案管理，明确备案材料要求、程序要求、备案公开监督要求以及不按规定备案的罚则。在保留现有监管措施的基础上，按照国务院关于推动站（场）运营标准化和加强信用监管、建立诚信考核制度的要求，对货运站标准化运营和信用管理作了原则性规定	2022年9月26日	交通运输
38	《关于印发〈第十次全国深化"放管服"改革电视电话会议重点任务分工方案〉的通知》（国办发〔2022〕37号）	国务院办公厅	提出延续实施新能源汽车免征车辆购置税政策，组织开展新能源汽车下乡和汽车"品牌向上"系列活动，支持新能源汽车产业发展，促进汽车消费	2022年10月26日	营商与消费

序号	政策名称	发布部门	内容要点	发布/实施时间	分类
39	《关于〈进口汽车商品检验管理办法（征求意见稿）〉公开征求意见的通知》	海关总署	一是明确海关在进口汽车商品检验中的职责和范围。二是明确基于风险监测和风险评估，动态调整检验模式，服务国家外贸外交大局。三是明确进口汽车商品检验工作内涵。四是优化了进口汽车检验方式。五是将质量安全风险预警和快速反应管理要求作为进口汽车检验监管的支撑管理理念。六是明确企业责任和义务。七是为进口汽车商品检验业务发展预留空间	2022年11月1日	外贸发展
40	《公开征求对〈关于开展智能网联汽车准入和上路通行试点工作的通知（征求意见稿）〉的意见》	工业和信息化部装备工业一司	包括在全国智能网联汽车道路测试与示范应用工作基础上，工业和信息化部、公安部遴选符合条件的道路机动车辆生产企业和具备量产条件的搭载自动驾驶功能的智能网联汽车产品，开展准入试点；对通过准入试点的智能网联汽车产品，在试点城市的限定公共道路区域内开展上路通行试点	2022年11月2日	智能网联汽车
41	《关于进一步扩大开展二手车出口业务地区范围的通知》（商贸函〔2022〕537号）	商务部、公安部、海关总署	提出为贯彻落实国务院关于二手车出口工作的决策部署，积极有序扩大二手车出口，推动外贸保稳提质，决定新增辽宁省、福建省、河南省、河北省（石家庄市）等14个地区开展二手车出口业务	2022年11月8日	外贸发展

序号	政策名称	发布部门	内容要点	发布/实施时间	分类
42	《关于巩固回升向好趋势加力振作工业经济的通知》（工信部联运行〔2022〕160号）	工业和信息化部、国家发展改革委、国务院国资委	提出深挖市场潜能扩大消费需求。进一步扩大汽车消费，落实好2.0升及以下排量乘用车阶段性减半征收购置税、新能源汽车免征购置税延续等优惠政策，启动公共领域车辆全面电动化城市试点	2022年11月21日	营商与消费
43	《关于印发〈促进绿色消费实施方案〉的通知》（发改就业〔2022〕107号）	国家发展改革委、工业和信息化部、住房城乡建设部、商务部、国家市场监管总局、国管局、中直管理局	大力推广新能源汽车，逐步取消各地新能源车辆购买限制，推动落实免限行、路权等支持政策，加强充换电、新型储能、加氢等配套基础设施建设，积极推进车船用LNG发展。推动开展新能源汽车换电模式应用试点工作，有序开展燃料电池汽车示范应用	2022年12月14日	新能源汽车
44	《汽车金融公司管理办法（征求意见稿）》	原银保监会	提出汽车金融公司名称中应标明"汽车金融"字样。未经批准，任何单位和个人不得在机构名称中使用"汽车金融""汽车信贷""汽车贷款"等字样。汽车金融公司的出资人为中国境内外依法设立的非银行企业法人，其中主要出资人须为汽车整车制造企业或非银行金融机构。前款所称主要出资人是指出资数额最多并且出资额不低于拟设汽车金融公司全部股本30%的出资人	2022年12月29日	营商与消费

333